Simone Rauthe

Historisch-Narrative Kompetenz

Reihe
Geschichtsdidaktik
Band 15

Simone Rauthe

Historisch-Narrative Kompetenz

Ein qualitatives Experiment
im darstellungsorientierten Geschichtsunterricht

Centaurus Verlag & Media UG

Zur Autorin:
1993–1998 Lehramtsstudium (Sek. II/I) der Fächer Geschichte und Germanistik, 1998 Erstes Staatsexamen, 2001 Promotion zum Dr. phil. bei Hans Süssmuth (Düsseldorf), 2001–2003 freiberufliche Tätigkeit als Historikerin für die Evangelische Kirche im Rheinland, 2004–2008 Zweites Staatsexamen und Studienrätin im Kirchendienst, 2008–2014 Lehrkraft für besondere Aufgaben (Universität zu Köln), derzeit Studienrätin am evangelischen Theodor-Fliedner-Gymnasium, Düsseldorf.
Kontakt: simone.rauthe@gmx.de

Bibliografische Informationen der Deutschen Nationalbibliothek
Die Deutsche Nationalbibliothek verzeichnet diese Publikation in der Deutschen Nationalbibliografie; detaillierte bibliografische Daten sind im Internet über http://dnb.d-nb.de abrufbar.

ISBN 978-3-86226-266-3   ISBN 978-3-86226-891-7 (eBook)
DOI 10.1007/978-3-86226-891-7
ISSN 0933-047X

Gedruckt auf säurefreiem und chlorfrei gebleichtem Papier.

© *CENTAURUS Verlag & Media UG (haftungsbeschränkt), Herbolzheim 2014*
www.centaurus-verlag.de

Umschlagabbildung: Schülerhandschrift aus dem Experiment
Umschlaggestaltung: Jasmin Morgenthaler, Visuelle Kommunikation
Korrektorat und Satz: Anja Borkam, Jena

Vorwort

Die Welt der Public History bietet den Schülerinnen und Schülern ein immenses Angebot an fertigen Geschichtsdarstellungen. Der kritische Umgang mit bereits gedeuteter Vergangenheit erfordert von den Lernenden ein hohes Maß an historisch-narrativer Kompetenz. Ich halte daher ihren Erwerb für das Schlüsselproblem erfolgreichen Geschichtsunterrichts.

Meine qualitativ-experimentelle Studie basierte auf der Idee, in einem Grundkurs Geschichte den „darstellungsorientierten Geschichtsunterricht" mittels Lektüre und Erarbeitung einer Ganzschrift einzuführen und die historisch-narrative Kompetenz der Lernenden durch entsprechende methodische Figuren zu triggern. Diese und weitere Eingriffe in den Geschichtsunterricht ermöglichten mir schließlich, in der für die universitäre Geschichtsdidaktik so ertragreichen induktiven Vorgehensweise die historisch-narrative Kompetenz der Lerngruppe im alltäglichen Geschichtsunterricht zu rekonstruieren.

Die Methode des qualitativen Experiments verband ich mit der den hiesigen Lesegewohnheiten leicht angepassten amerikanisch-pragmatischen Darstellungsweise, um größtmögliche Transparenz in allen Forschungsschritten herzustellen.

Meinen Forschungspartnerinnen und -partnern, der Kollegin und dem Kollegen, den Schülerinnen und Schülern des Grundkurses und der Schulleiterin bin ich für den umfassenden Einblick in ihren Unterrichtsalltag zu großem Dank verpflichtet.

Für den wissenschaftlichen Austausch, wertvolle Hinweise und persönliche Gespräche danke ich Sebastian Barsch, Wolfgang Hasberg, Susanne Krauß, Jochen Pahl und Jens Ruppenthal. Georg Harzheim verdanke ich viel Ermutigung und weiterführende Diskussionen über das Experiment in der Physik.

Simone Rauthe

Inhalt

1. Einleitung

1.1 Das Problem: Historiografie verstehen lernen

Im Fach Geschichte bieten die Schulbücher für die Oberstufe den Schülerinnen und Schülern viele „Häppchen" aus der Historiografie: Die Beschäftigung mit kurzen Passagen aus den Standardwerken bekannter Historikerinnen und Historiker wie Elisabeth Fehrenbach, Fritz Fischer, Wolfgang Hardtwig, Ian Kershaw, Eberhard Kolb, Thomas Nipperdey, Hans-Ulrich Wehler, Hagen Schulze und Heinrich August Winkler soll die Urteilskompetenz der Lernenden fördern. Zu den im Schulbuch als Traditionsquellen präsentierten Auszügen aus der Geschichtsschreibung formulieren die Schulbuchverfasserinnen und -verfasser Arbeitsaufträge, anhand derer die Schülerinnen und Schüler zu einer eigenen Position gelangen sollen. Dabei wird gern auf in der Geschichtswissenschaft kontrovers diskutierte Fragen und Probleme wie die Bedeutung der Revolution von 1848/49, die außenpolitische Strategie im Deutschen Kaiserreich, die Gründe für das Scheitern der Weimarer Republik, die Ursachen für den Aufstieg des Nationalsozialismus oder die Verantwortung für die deutsche Teilung zurückgegriffen.

Nicht selten führt der Schreibstil von Historikerinnen und Historikern, an der Spitze der Jargon der Bielefelder Schule, zu Verstehensbarrieren und entsprechendem Frust bei den Lernenden. Zum Beispiel werden im ersten Band des Schulbuchs „Zeiten und Menschen" aus dem Schöningh-Verlag (Lendzian, 2006) zwei zentrale Textstellen aus der Geschichtsschreibung von Thomas Nipperdey und Hans-Ulrich Wehler unter der Überschrift „Der Ort des Kaiserreichs in der deutschen Geschichte" angeboten (S. 497–499). Schon der Begriff der „Verortung", der in der Sprache von Historikerinnen und Historikern etabliert ist, wird den Schülerinnen und Schülern Schwierigkeiten bereiten.

Im gedruckten, eine Schulbuchseite umfassenden Auszug aus Hans-Ulrich Wehlers „Deutscher Gesellschaftsgeschichte" werden drei gemeineuropäische, aber auch spezifisch deutsche Konflikte dieser Epoche zur Erläuterung seiner (modifizierten) Sonderwegs-These vorgestellt:

„Zum Zusammenprall zwischen säkularisiertem Staat und katholischer Amtskirche, die mit neuem ultramontan-fundamentalistischen Diktatorialanspruch allen Gefahren der Moderne entgegentreten wollte, ist es in nicht wenigen europäischen Staaten gekommen. Im Reich aber schlugen die il-liberalen Repressivgesetze des ‚Kulturkampfes' und die Diskriminierung einer konfessionellen Minderheit besonders tiefe Wunden.

In allen europäischen Ländern warf die Gewöhnung an eine systemkritische sozialistische Opposition gravierende Probleme auf. Im Reich aber verband sich erneut ein il-liberales Ausnahmerecht mit unnachgiebiger Klassenfeindschaft und preußischem Obrigkeitsstil, um die ‚vaterlandslosen Gesellen' dauerhaft auszugrenzen.

Der moderne Antisemitismus trat in vielen Teilen Europas auf. Im Reich aber führte der Hass gegen ‚die' Juden als Verkörperung aller Übel der Moderne zu einer auf der Rassendoktrin beruhenden rechtsradikalen Agitationsbewegung […]" (Wehler, 1995, S. 1292–1295).

Der selbstständige Umgang der Schülerinnen und Schüler mit Wehlers Deutung ist kaum denkbar: Die Textstelle zu verstehen erfordert die fortgeschrittene Kenntnis historisch-politischer Begriffe wie „säkularisiert", „ultramontan", „Moderne", „Klassenfeindschaft", „Obrigkeit", „Antisemitismus" und „Doktrin". Zudem muss die Vergleichs- und Steigerungsrhetorik („die europäischen Staaten"/„im Reich aber") identifiziert werden.

Hans-Ulrich Wehlers Historiografie wird für Jugendliche immer eine Herausforderung bleiben. Auch wenn die Sprache anderer Historikerinnen und Historiker ihnen zugänglicher sein mag, bleibt offen, wie die Kolleginnen und Kollegen das Leseverstehen von Historikertexten als Voraussetzung für deren kritische Betrachtung fördern können.

Wer an Bücher glaubt, wird auf den Gedanken kommen, den Fertigprodukten der Geschichtswissenschaft im Geschichtsunterricht einfach mehr Raum zu verschaffen: Schon Heinz Dieter Schmid (1975, S. 10) hielt die Lektüre einer Ganzschrift „unter dem Gesichtspunkt der Auswahl und Strukturierung der Inhalte, Fragestellung und der leitenden Gesichtspunkte, der Perspektive, der Urteile, des Erklärungsmodells, der Ideologiekritik" für eine facheigene Verfahrensweise des Geschichtsunterrichts. Wenigstens ganze Kapitel aus der Historiografie zu behandeln böte auch die Chance, Geschichtsschreibung endlich als Darstellung in den Geschichtsunterricht einzuführen (vgl. zu Narrationsprüfung von Borries, 2013), die auf Quelleninterpretation basiert und je nach Fragestellung selbst zur historischen Quelle werden kann (vgl. zu „Quelle" und „Darstellung" auch Schönemann, Thünemann & Zülsdorf-Kersting, 2010, S. 123).

Wenn der Umgang mit Historiografie im Geschichtsunterricht auf den Erwerb der historisch-narrativen Kompetenz der Schülerinnen und Schüler gerichtet wäre, ließe sich vielleicht auch das Leseverstehen dieses Genres verbessern. Vermutlich besteht eine Wechselwirkung zwischen dem differenzierten Leseverstehen und der historisch-narrativen Kompetenz der Lernenden, ihrem „Vermögen, Geschichten bilden, erzählen und verstehen zu können" (Barricelli, 2005, S. 78).

Gemessen an den Jahrzehnte anhaltenden geschichtstheoretischen und geschichtsdidaktischen Diskussionen um die Bedeutung des historischen Erzählens für die Geschichtsschreibung und den Geschichtsunterricht (Quandt & Süssmuth, 1982) erstaunt, wie wenig wir über die historisch-narrative Kompetenz von Jugendlichen im alltäglichen Geschichtsunterricht wissen.

1.2 Der Forschungsprozess und seine Darstellung: Die Erkundung historisch-narrativer Kompetenz

Der vorläufige Forschungsgegenstand des hier vorgestellten qualitativen Experiments war daher die historisch-narrative Kompetenz der Schülerinnen und Schüler einer Lerngruppe im alltäglichen Geschichtsunterricht. Die Struktur der historisch-narrativen Kompetenz sollte in ihren Elementen und deren Relationen unter den Bedingungen des institutionalisierten Unterrichts erkundet und expliziert werden.

Das Erzählen gilt in verschiedenen Disziplinen, in Linguistik und Literaturwissenschaft sowie in Psychologie und Soziologie, nicht nur als ein anthropologisches Grundbedürfnis des Menschen und als Mittel der Identitäts- und Sinnstiftung, sondern auch als eine *zentrale Kulturtechnik* (Boueke, Schülein, Büscher, Terhart & Wolf, 1995; Nünning, 2007; Straub, 2011). Für Jörn Rüsen war das spezifisch historische Erzählen als „Sinnbildung über Zeiterfahrung" für das Geschichtsbewusstsein konstitutiv und damit die grundlegende Operation historischen Denkens (1997, S. 58; 2008, S. 31–32, 75).

Die Fähigkeit, historisch zu erzählen, wird wie in anderen Disziplinen seit Jahrzehnten als narrative Kompetenz (Becher, 1982, S. 33) bezeichnet. Als „vernünftiges historisches Erzählen" war sie bei Jörn Rüsen (2008, S. 50) das Lernziel des Geschichtsunterrichts. Hans-Jürgen Pandel (2010, S. 127) definierte auf der Grundlage geschichtsdidaktischer Theorie den „Soll-Zustand" narrativer Kompetenz als „die Fähigkeit, aus zeitdifferenten Ereignissen durch Sinnbildung eine kohärente Geschichte herzustellen und mit erzählter Geschichte umzugehen". Dabei war die „schriftliche Erzählfähigkeit" (ebd.) ausdrücklich inkludiert. Später (2013) unterschied er unter dem Oberbegriff „Erzählkompetenz" zwei Verfahren: die „narrative Kompetenz" im Sinne von „Ereignisse [zu] temporalisieren und sinnbildend [zu] verbinden" und „Interpretationskompetenz", genauer „Techniken der Interpretation [zu] kennen und anwenden [zu] können" (S. 222).

Saskia Handro differenzierte im Zusammenhang „fachspezifischer Erzählkompetenz" zwischen „Narrativieren" und „Erzählen", die in der sprachlichen Verknüpfungsleistung Schnittmengen mit „Darstellen" bilden:

„Das Narrativieren bildet als Teil der Interpretation den Abschluss eines historischen Erkenntnisprozesses, das Darstellen hingegen den Beginn eines historischen Kommunikationsprozesses. Erst durch die Darstellung können die Ergebnisse des

Erkenntnisprozesses vermittelt und damit diskutiert werden. Das Narrativieren als Abschlusshandlung der Interpretation ist zunächst nur ein subjektiver Sinnbildungsakt des Historikers/Schülers. Das Darstellen zielt auf intersubjektive Überprüfbarkeit, da der Historiker/Schüler seine historischen Erkenntnisse bewusst einem Diskurs und einer Überprüfung aussetzt" (Handro, 2010, S. 39).

Die im Rahmen der Studie zu rekonstruierende historisch-narrative Kompetenz der Lernenden sollte nicht mit deren Geschichtsbewusstsein gleichgesetzt werden. Zudem wurde sie auf den Umgang mit der Historiografie und der „Hintergrundnarration" im Schulbuch (Pandel, 1982, S. 41) sowie auf das Vermögen, selbstständig Geschichte darzustellen, verengt. Die für den Umgang mit anderen darstellenden Genres wie dem historischen Jugendbuch oder der populärwissenschaftlichen Biografie sowie für kreative Schreibaufträge (Memminger, 2007; Hartung, 2012) und Rollenspiele (Barricelli, 2005, S. 202–213) im Geschichtsunterricht ebenso grundlegende historisch-narrative Kompetenz war nicht gemeint.

Die Erkundung der historisch-narrativen Kompetenz basierte auf der Methodologie der Qualitativen Heuristik nach Gerhard Kleining (1986). Seine Grundmethode, das qualitative Experiment, war ein kreativer und kommunikativer Prozess, der dem Dialogprinzip folgte: „Der Forscher stellt ‚Fragen' an den Gegenstand und dieser ‚beantwortet' sie mit dem Ergebnis des Experiments" (S. 734). Das im alltäglichen Geschichtsunterricht durchgeführte Experiment entsprach damit den allgemeinen Regeln der Qualitativen Sozialforschung (Kleining, 1982, S. 231–237; 1986, S. 733–734).

Bei diesem heuristischen Vorgehen nach wissenschaftlichen Regeln handelt es sich um eine Findestrategie, die grundsätzlich auf den Entwurf einer gegenstandsbezogenen Theorie zielt. Das qualitative Experiment ist kein kategorien- oder kriterienengeleitetes Verfahren, und es dient nicht der Generierung von Hypothesen oder Kategorien. Auch für die vielgeforderte Wirkungsprüfung (z. B. Günther-Arndt, 2012, S. 233) ist es ungeeignet und damit nicht der „evidenzbasierten Pädagogik" (Spitzer, 2010; Bellmann & Müller, 2011) zuzurechnen.

Für die Studie war der Kompetenzbegriff von Franz E. Weinert (2001) grundlegend, der Kompetenzen verstand als

> „die bei Individuen verfügbaren oder von ihnen erlernbaren kognitiven Fähigkeiten und Fertigkeiten, bestimmte Probleme zu lösen, sowie die damit verbundenen motivationalen, volitionalen und sozialen Bereitschaften und Fähigkeiten, die Problemlösungen in variablen Situationen erfolgreich und verantwortungsvoll nutzen zu können" (S. 27–28).

Diese Definition steht in der Tradition der Arbeiten von Noam Chomsky, dem Begründer der generativen Transformationsgrammatik. Er unterschied seit den 1960er Jahren zwischen der „Kompetenz" und der „Performanz": Bei dem generativen Sys-

tem der Kompetenz handele es sich um eine in der kognitiven Tiefenstruktur angesiedelte Disposition menschlichen Handelns. Die Performanz beschreibe hingegen
die Realisierung der Disposition, das tatsächliche menschliche Handeln (Chomsky,
1965, S. 10–14; Klieme & Hartig, 2007, S. 15–16; Martens & Asbrand, 2009, S. 211;
Martens, 2010, S. 287–288).

Mit Gerhard Kleinings Methode des qualitativen Experiments wurde zunächst die
historisch-narrative Performanz der Schülerinnen und Schüler genauer expliziert.
Als Erhebungsinstrument dienten wiederholt angefertigte schriftliche Schülerdarstellungen. Infolge der experimentellen Eingriffe, der Variation der Unterrichtsgegenstände, des Leitmediums und der Lehrkraft in einer geteilten Lerngruppe sollten
weitere oder alternative Strukturelemente der historisch-narrativen Performanz der
Schülerinnen und Schüler sichtbar werden. Ein besonderer Effekt wurde dabei durch
die Lektüre der Ganzschrift „Wie wir wurden, was wir sind. 19. Jahrhundert" (Hachtmann, Rohlfes & Ullrich, 2000) bei gleichzeitiger Implementierung einer eigens entwickelten Aufgabensammlung von 37 gegliederten methodischen Figuren erwartet.
Die Schülerprodukte wurden schließlich auf Gemeinsamkeiten hin untersucht, um
Strukturelemente der historisch-narrativen Performanz der Lerngruppe und deren
Tiefenbedeutungen zu ermitteln.

Die erzeugte historisch-narrative Performanz war eine Momentaufnahme und
konnte nach der Theorie von Chomsky mit der narrativen Kompetenz der Schülerinnen und Schüler nicht identisch sein. Daher stellte sich auch hier die in der Forschung
vieldiskutierte Frage, inwiefern die Struktur der (narrativen) Performanz auch die
der (narrativen) Kompetenz repräsentiert (Klieme & Hartig, 2007, S. 15–16). Der
Anspruch, das „generative, situations-unabhängige kognitive System" (Klieme &
Hartig, 2007, 16) der historisch-narrativen Kompetenz der Schülerinnen und Schüler
vollständig zu rekonstruieren, wurde dabei nicht erhoben.

Gleichwohl zeigte die im Rahmen dieser Studie identifizierte gemeinsame Basis
aller Schülerprodukte, wie sich „deklaratives Wissen, prozedurales Wissen und Fer-
tigkeiten, Einstellungen (beliefs)" (Klieme & Hartig, 2007, S. 19) auch auf der Ebene
narrativer Performanz verknüpfen. Diese Gemeinsamkeiten verwiesen auf das schon
vor dem Experiment bestehende „system of knowledge and belief" (Chomsky, 1968,
S. 4), also auf die „mentalen Bedingungen" (Klieme & Hartig, 2007, S. 19) auf der
Ebene historisch-narrativer Kompetenz, ohne mit ihnen identisch zu sein. Ebenso
konnten die Situiertheit (Klauer, 2006) des Schreibhandelns und der Darstellungsin-
halte erfasst werden. Die Methode des qualitativen Experiments war ebenso dazu
geeignet, Anteile des impliziten Wissen (Martens & Asbrand, 2009, S. 211–213;
Martens, 2010, S. 287–288) der Schülerinnen und Schüler im Zusammenhang der
Textproduktion zu rekonstruieren.

Die vorliegende weitmöglichst transparente Darstellung des qualitativen Experiments gemäß des „Publication Manuals" der American Psychological Association

(2010) und der „Richtlinien zur Manuskriptgestaltung" der Deutschen Gesellschaft für Psychologie (2007) orientierte sich an dem tatsächlichen Ablauf des Forschungsprozesses: Der Forschungsstand zum vorläufigen Forschungsgegenstand wurde auf die unmittelbar in Verbindung stehenden, neueren Arbeiten geschichtsdidaktischer Empirie und der internationalen Conceptual Change-Forschung beschränkt. Die folgende Darlegung der wissenschaftstheoretischen und wissenschaftsgeschichtlichen Grundlagen sowie der Methodologie der Qualitativen Heuristik nach Gerhard Kleining führte über die Technik des qualitativen Experiments schließlich zur konkreten experimentellen Anordnung. Sowohl die eigens für das Unterrichtsexperiment konzipierte Aufgabensammlung als auch ausgewählte Schülerdarstellungen wurden dokumentiert. Die detaillierte Schilderung der Vorgehensweise bei der Datenanalyse und die Verdichtung der Befunde in sieben Clustern sollten den Prozesscharakter der Auswertung und den engen Datenbezug der Studie verdeutlichen. Abschließend wurden die Befunde des qualitativen Experiments diskutiert sowie zwischen den Leistungen und den Grenzen des theoriegenerierenden Forschungsstils abgewogen, um die Ergebnisse schließlich der geschichtsdidaktischen Diskussion zu übergeben.

1.3 Zum Stand der empirischen Erforschung historisch-narrativer Kompetenz im Kontext des Geschichtsunterrichts

1.3.1 Die empirische Erforschung des Geschichtsunterrichts

In der deutschen Geschichtsdidaktik wird seit Jahrzehnten empirisch geforscht (ausführlich Hasberg, 2000, 2007; Beilner, 2003; Kölbl, 2010), dennoch hat sich kein ausgeprägtes empirisches Profil der Disziplin entwickelt (Martens, 2010, S. 90). Dies mag am verbreiteten Selbstverständnis der Geschichtsdidaktikerinnen und -didaktiker als Historikerinnen und Historiker, an mangelnder Aufgeschlossenheit gegenüber empirischen Forschungsmethoden und dem organisatorischen Aufwand der Forschung im Unterricht liegen (Barricelli, 2005, S. 119–120). Das eigentliche Problem ist aber der Abstraktionsgrad der geschichtsdidaktischen Theorie, die sich im Geschichtsunterricht kaum empirisch prüfen lässt. Insbesondere ist die geschichtsdidaktische Zentralkategorie, das Geschichtsbewusstsein und seine Genese, schwer zu operationalisieren, also messbar zu machen (z. B. von Borries, Pandel & Rüsen, 1991; von Borries, 1995; Kölbl, 2004). Andere Begriffe wie das historische Denken bleiben schillernd und unverbindlich auf die Zentralkategorie bezogen. Die Disziplin ist zudem von Einigkeit über die Bedeutung ihrer zentralen Begriffe weit entfernt. Carlos Kölbl postuliert daher: „[E]mpirische Forschung kann nicht – oder genauer: sie sollte nicht – beginnen, solange ihr Gegenstand nicht mehr oder weniger geklärt ist" (2010, S. 478).

Trotz des verstärkten Engagements in der empirischen Forschung im letzten Jahrzehnt (Werkstattberichte dokumentierten Günther-Arndt & Sauer, 2006; Hodel & Ziegler, 2009, 2011; Hodel, Waldis & Ziegler, 2013) sind gesicherte Erkenntnisse hinsichtlich der Voraussetzungen der Schülerinnen und Schüler und der Wirkung des Geschichtsunterrichts auf das historische Lernen rar. Dazu fehlen extern valide Untersuchungen, deren Ergebnisse auf andere Personen und Situationen übertragbar sind. Die Ergebnisse einer Untersuchung sind nur dann generalisierbar, wenn sie auf einer ausreichend großen Zufallsstichprobe basieren (vgl. die Definition „externe Validität" bei Hussy & Jain, 2002, S. 127). Nach Wolfgang Hasberg (2007, S. 31–32) ist sie die Voraussetzung, um aus den Befunden allgemeine pragmatische Aussagen ableiten zu können.

Die in den Jahren 2003 bis 2005 durchgeführte Studie „Geschichte und Politik im Unterricht" (Gautschi, Moser, Reusser & Wiher, 2007; Gautschi, 2009) basierte ausnahmsweise auf einer großen Zufallsstichprobe: In zufällig ausgewählten neunten Klassen aller Schulformen in drei schweizerischen Kantonen wurden 41 Geschichtsstunden videografiert. Diese qualitative Erhebung hinsichtlich der „Sichtstrukturen des Unterrichts" wurde gemäß der Forschungsstrategie der Triangulation (S. 11) um eine allgemeine und fachbezogene schriftliche Befragung der Lernenden zu Wissen und Interessen (86 Klassen; 1487 Probanden) und der Lehrenden zu Überzeugungen und Einstellungen (155 Probanden) quantitativ erweitert. Die Analyseergebnisse ausgewählter Aspekte sind vielfältig: die Stofforientierung als curriculare Ausrichtung des Geschichtsunterrichts, die Dominanz des fragend-entwickelnden Unterrichts, das Schulgeschichtsbuch als Leitmedium, aber auch die überwiegend positive Beurteilung des Geschichtsunterrichts durch die Schülerinnen und Schüler, ihre großen individuellen Unterschiede im geschichtlichen Wissen und das gesteigerte Interesse der Jungen in der neunten Jahrgangsstufe (S. 17). Es fällt allerdings schwer, die externe Validität der Schüler- und Lehrerbefragung zu beurteilen, da die Forschergruppe das Zustandekommen der Stichprobe nicht näher erläutert und die Übertragbarkeit der Ergebnisse auf die drei Kantone oder eine andere Grundgesamtheit nicht diskutiert.

Die Ergebnisse extern valider Untersuchungen können durch den zeitlichen Abstand zur Erhebung an Gültigkeit einbüßen. Dies gilt sowohl für die im Jahr 1992 durchgeführte repräsentative Untersuchung zum Geschichtsbewusstsein Jugendlicher (6479 Probanden) von Bodo von Borries und Mitarbeitenden (1995) als auch für das mit Einschränkungen extern valide Experiment der Gruppe um Karl Jeismann (1987) zu Wirkungen von Geschichtsunterricht auf historische Vorstellungen und politische Urteile im Jahr 1979 (30 Klassen, 653 Probanden). Dennoch bieten beide Studien für das vorliegende qualitative Experiment wichtige Referenzpunkte.

Die Generalisierbarkeit der Ergebnisse quantitativer Untersuchungen fordert allerdings ihren Preis: Die Mikroebene des Geschichtsunterrichts gerät aus dem Blick.

Qualitativ angelegte Studien sind daher als Voraussetzung und Ergänzung unverzichtbar. Sie gewährleisten die wertvolle Innensicht in den didaktischen Prozess der einzelnen Geschichtsstunde. Die Ergebnisse qualitativer Untersuchungen ermöglichen die Diagnostik historischer Kompetenzen (vgl. Körber, 2008, S. 82), können für Lernvorgänge sensibilisieren und bieten Reflexionspotential für unterrichtliches Handeln (vgl. Beilner, 2003, S. 284). Im empirischen Forschungsprozess werden sie zur Exploration und Rekonstruktion des Forschungsgegenstands, zur Generierung von Hypothesen und gegenstandsbezogener Theoriebildung sowie zur Entwicklung von Messinstrumenten verwandt.

Die neueren, vorwiegend qualitativ und teils interdisziplinär angelegten geschichtsdidaktischen Low-Budget-Studien sind unverbunden geblieben. Sie können in der Sprache der Pädagogischen Psychologie entweder der Lehr-Lern-Forschung, die auch als Unterrichtsforschung und Instruktionsforschung bezeichnet wird, oder der Bildungsforschung zugerechnet werden. Die Lehr-Lern-Forschung ist eine Mikroforschung, die unterschiedliche Forschungsstränge zur theoriegeleiteten Beschreibung, Erklärung und Optimierung von Lehr-Lern-Prozessen unter den Bedingungen des institutionalisierten Unterrichts integriert. Die Bildungsforschung richtet sich hingegen als Makroforschung auf Inhalte, Qualität und Effizienz von Bildungsprozessen im institutionellen, internationalen und interkulturellen Vergleich (vgl. Baumert & Stanat, 2006, S. 291–302; Niegemann, 2006, S. 386–392).

Das gesteigerte öffentliche Interesse am Schulunterricht nach dem PISA-Schock hat die im Geschichtsunterricht stattfindende Lehr-Lern-Forschung wenig beflügelt. Insbesondere wurde die Wirkung des Geschichtsunterrichts auf den Erwerb der Kompetenzen historischen Denkens noch viel zu wenig empirisch erforscht. Auch die Passung von fachspezifischen Aufgabenformaten und allgemeindidaktischen, auf Selbsttätigkeit der Lernenden gerichteten Sozial- und Arbeitsformen (z. B. Portfolioarbeit, Stationenlernen, Gruppenpuzzle) wurde nicht untersucht und die Wirkung dieses Lehr-Lern-Arrangements (Helmke, 2006, S. 3) auf das historische Lernen empirisch nicht nachgewiesen. Dazu müssten im Rahmen der Interventionsforschung (Gautschi, 2009, S. 110, 279–280) quantitativ ausgerichtete pädagogisch-psychologische Experimente (Klauer, 2005) durchgeführt werden.

1.3.2 Die historisch-narrative Kompetenz und Performanz im Geschichtsunterricht

Nach dem derzeitigen geschichtsdidaktischen Forschungsstand können empirisch gesicherte Aussagen über die altersspezifische, fachadäquate narrative Kompetenz oder Performanz der Schülerinnen und Schüler und darüber, wie diese im Geschichtsunterricht gefördert werden können, nicht getroffen werden. Die empirische

Erforschung von historisch-narrativer Kompetenz und Performanz sowie der ihr zugrunde liegenden epistemologischen Überzeugungen steht weitgehend am Anfang und bedarf der weiteren Exploration in qualitativ und quantitativ angelegten Studien. Das vorliegende, der Lern-Lern-Forschung zuzurechnende, qualitative Experiment stand in einem unmittelbaren, logischen Zusammenhang mit verschiedenen jüngeren Arbeiten (zum älteren Forschungsstand vgl. Kölbl, 2004, S. 56–89). Mit der Studie wurde der von Michele Barricelli (2005), Matthias Martens (2010), Olaf Hartung (2013) und der Forschungsgruppe „narratio" (Hodel, Waldis, Zülsdorf-Kersting & Thünemann, 2013) initiierte Forschungsstrang zur narrativen Kompetenz, zu den Kompetenzen historischen Verstehens und dem epistemischen Schreibhandeln fortgeführt, indem die narrative Performanz/Kompetenz der Lernenden einer Gruppe in ihren Strukturmerkmalen und deren Relationen auf heuristischem Wege herausgearbeitet wurden.

Zu Michele Barricellis theorieorientiert, deduktiv angelegter Studie „Schüler erzählen Geschichte" (2005) bestand eine vorwiegend thematische Verbindung. Er erhob im Rahmen einer „Forschungswerkstatt" mit drei neunten Klassen an einer Realschule und an einem Gymnasium in Berlin die narrative Kompetenz der Schülerinnen und Schüler, die er begrifflich sehr weit fasste. Der Versuchsleiter konzipierte daher ein die Selbsttätigkeit förderndes, produktorientiertes Unterrichtsvorhaben, das den Schülerinnen und Schülern unterschiedliche narrative Leistungen wie „Nacherzählen", „Umerzählen", „narrative Konstruktion" und „narrative Dekonstruktion" abverlangte (S. 179). Während die „ordentlichen Lehrpersonen" das Unterrichtsvorhaben vorwiegend im ersten Halbjahr des Jahres 2000 durchführten, zog sich Barricelli auf die Position der „unterrichtsnahen Beobachtung" zurück, die später der Analyse des Unterrichtsprozesses diente (S. 168–178). Die Auswertung der Schülererzählungen zeigte, dass sich die Narrativitätstheorie Hayden Whites in den schriftlichen Äußerungen in Bezug auf „Plotstrukturen" und „tropologische Gestaltungsmittel" identifizieren ließ (S. 274). Angesichts der Kritik Matthias Martens' an der „Art des empirischen Zugriffs und der Erkenntnisgewinnung durch eigentlich geschichtstheoretischen Kategorien folgende Auswertungsverfahren" (2010, S. 107) bleibt offen, inwiefern Barricelli mit seinem positiven Gesamtbefund: „[D]ie Schülerinnen und Schüler sind, in welchem Ausmaß auch immer [sic!], narrativ kompetent" (S. 273) überhaupt Gültigkeit beanspruchen konnte.

Besondere thematische und methodische Verdichtungspunkte besitzt die vorliegende Studie mit der Dissertation „Implizites Wissen und kompetentes Handeln"von Matthias Martens (2010), die im Rahmen des Göttinger DFG-Graduiertenkollegs „Passungsverhältnisse schulischen Lernens" entstand. Martens rekonstruierte eine komplexe Kompetenz aus Schülerperspektive, die er als „Umgang mit Darstellungen von Geschichte" bezeichnete. Die Dimensionen und Graduierungen dieser Kompetenz wurden in Gruppendiskussionen, die außerhalb des Geschichtsunterrichts statt-fanden, erhoben und beschrieben. Die Auswertung erfolgte mittels der dokumenta-rischen Methode nach Ralf Bohnsack (S. 23–32). Martens' induktives Vorgehen ba-sierte auf der Kritik an der bisherigen Praxis der Geschichtsdidaktik, Kompetenzmo-delle allein aus geschichtstheoretischen Erkenntnissen und normativen Vorstellun-gen vom historischen Denken heraus zu entwickeln (S. 104).

Der Autor wählte aus einem Sample neun audiografierte und transkribierte Grup-pendiskussionen (47 Probanden) mit doppeltem Vergleichshorizont aus: sieben Gruppen der achten Klasse (Gymnasium/Realschule/Hauptschule) und je eine Gruppe der zehnten und zwölften Klasse (Gymnasium). Er beobachtete, wie sich die Schülerinnen und Schüler mit kontrovers dargestellter Geschichte diskutierend be-fassten. Für das Textpaar I „Karl der Große und die Sachsenkriege" wurden Verfas-sertexte aus zwei Schulbüchern gewählt. Beim Textpaar II „Martin Luther und die Ursachen der Reformation" handelte es sich um Zusammenfassungen aus der wis-senschaftlichen Literatur (S. 111–140).

Matthias Martens ermittelte zunächst durch die Interpretation aller Diskussionen eine in allen Gruppen geteilte Basisorientierung (*tertium comparationis*), die als Ver-gleichshorizont für einzelne Fälle diente: Alle Schülerinnen und Schüler waren von der Darstellbarkeit einer historischen Wirklichkeit überzeugt. Für die zusammenfas-senden Diskursbeschreibungen wählte der Verfasser zentrale oder in der Interaktion sehr dichte Transkriptausschnitte („Fokussierungsmetaphern"). Inhaltlich unter-schied Martens die Kompetenzdimensionen „Verstehen und Wissen", „Erkennen von und Umgang mit Perspektivität" und „Schülervorstellungen zu Genese, Charak-ter und Rezeption historischen Wissens". In seinen Interpretationen verzichtete er auf geschichtsdidaktische Kategorien und Begriffe und betonte damit sein induktives Vorgehen (S. 141–299).

Der Verfasser charakterisierte seine Ergebnisse als „eher ernüchternde[n] Be-fund" (S. 333). Die Schülerinnen und Schüler verfügen nur über ein recht basales Verständnis von Geschichtsschreibung und haben Schwierigkeiten, zwischen „Quel-len" und „Darstellungen" zu unterscheiden. Ferner habe sich gezeigt, dass histori-sches Denken allgemein und der Umgang mit gedeuteter Vergangenheit im Beson-deren für die Lernenden komplex und anspruchsvoll sei. Die bereits vorhandenen, impliziten Geschichtsbilder der Schülerinnen und Schüler haben aber dennoch in den Gruppendiskussionen identifiziert werden können (S. 333–335).

Am Beispiel der normativen Kompetenzmodelle von Michael Sauer (2002) und der Gruppe „FUER Geschichtsbewusstsein" (Schreiber u.a., 2006) erläuterte Mar-tens zudem, dass er die dort konstatierten Zusammenhänge und Abfolgen empirisch nicht oder nur in Ansätzen rekonstruieren konnte. Seine Ergebnisse zeigten vielmehr die Gleichzeitigkeit von Entwicklungen und Niveaus historischen Denkens. Martens regte an, die von ihm erhobenen Dimensionen historischen Denkens und ihre Graduierung theoretisch zu verdichten, für eine weitere empirische Untersuchung zu operationalisieren und damit zur Grundlage eines domänenspezifischen Kompetenzmodells zu machen (S. 300–302). Außerdem legten die Ergebnisse der Studie nahe, geschlechterspezifisches historisches Denken und historisches Lernen in verschiedenen Schulformen empirisch zu erforschen (S. 314–323).

Im Kontext des vorliegenden qualitativen Experiments wurden Daten in Form von Schülerdarstellungen erhoben. Daher war auch die Habilitationsschrift von Olaf Hartung (2013), in der er sich mit empirischen Erkundungen zum konzeptionellen Schreibhandeln im Geschichtsunterricht befasste, eine wichtige Referenz. Der Verfasser beabsichtigte, „das Schreibhandeln von Schülerinnen und Schülern und dessen Bedingungen als wesentliches Werkzeug des historischen Lernens theoretisch zu fundieren und empirisch zu beschreiben" (S. 14). Er bildete ein konstantes „theoretisches Sample" aus 168 Probandinnen und Probanden der Jahrgangsstufen 9 bis 13 aus acht Lerngruppen unterschiedlicher Schulformen in Hessen (S. 149–155).

Hartungs Forschungsdesign, das in einen interdisziplinären Ansatz aus Geschichtsdidaktik, Schreibdidaktik, Schreibforschung und funktional-pragmatisch orientierter Textlinguistik eingebettet war, bestand aus drei aufeinander bezogenen empirischen Untersuchungs- und Auswertungsschritten: erstens der Erkundung der Schreibhaltungen per Fragebogen (S. 158–196), zweitens der Erforschung von Texthandlungen mittels instruierter Schreibaufgaben in einem „Unterrichtssetting" (S. 155–157) und drittens der Eruierung von Schreiberfahrungen durch Gruppeninterviews (S. 360–388). Die entstandenen Schülerprodukte bildeten das verschiedene Textsorten („fiktive Rede", „Erörterung", „Zeitschriftenessay") umfassende Textkorpus, das vorwiegend nach den Kategorien der Textlinguistik ausgewertet wurde (S. 196–360).

Besonders aufschlussreich erschien, dass Olaf Hartung zwischen den Schreibstrategien in der Vorstellung der Schülerinnen und Schüler und ihren tatsächlichen Schreibfähigkeiten keinen eindeutigen Zusammenhang identifizieren konnte (S. 399). Am Ende überwog jedoch der positive Befund: „Bei entsprechenden Aufgabenstellungen sind Schüler/innen in der Lage, konzeptionell über Geschichte zu schreiben, ihre Texthandlungen am kommunikativen Zweck des Textziels auszurichten und dabei auf Basis von Ausgangstexten und Vorwissen selbstständig Wissensstrukturen über historische Zusammenhänge zu generieren" (S. 401).

Ferner besteht eine enge inhaltliche Verbindung zu der Pilotstudie der Gruppe „narratio" (Hodel, Waldis, Zülsdorf-Kersting & Thünemann, 2013), die sich mit der empirischen Erforschung der „Struktur und Qualität von Schülernarrationen" im Hinblick auf die „historische Kompetenz" der Schülerinnen und Schüler und unter Berücksichtigung „relevanter Einflussfaktoren" beschäftigte (S. 126). Der deduktiven Vorgehensweise folgend wurde auf der Basis geschichtsdidaktischer Theorie das

Erhebungsinstrument der „Schülernarration" erarbeitet, das mit einem „curriculum-nahen Thema" („Nationalsozialismus") und einem „curriculumfernen Thema" („Japan") sowie mit verschiedenen Texttypen (einem Beitrag für eine Podiumsdiskussion, einem Blog oder einer Schülerzeitung) variiert wurde (S. 126–129).

Im Rahmen der Konvenienzstichprobe aus Schülerinnen und Schülern der 9. bis 11. Jahrgangsstufe verschiedener Schulformen in Deutschland und der Schweiz wurden 186 Schülertexte mittels „Aufgabenheft" generiert (S. 129–130), anhand derer Kodierkategorien und Ratinginventare erprobt wurden (S. 130–132). Die Schülernarrationen erwiesen sich in ihrer Ausprägung als „äußerst heterogen" (S. 140). Als wichtigstes Ergebnis erschien die Abhängigkeit der Variable „Fokus historischer Denkleistung" vom Thema und Texttyp: Mehr Schülernarrationen zum Thema „Nationalsozialismus" waren mit einem Werturteil verbunden als zum Thema „Japan". Die Zieltextformate „Podiumsdiskussion" und „Blog" provozierten mehr Werturteile als Schülerprodukte mit uneindeutiger Textsorte (S. 137–138).

Angesichts der Bedeutung von Historiografie im Geschichtsunterricht für das durchgeführte Experiment waren auch Teilergebnisse der Untersuchung von Bernd Schönemann, Holger Thünemann und Meik Zülsdorf-Kersting (2010) interessant. Sie analysierten, initiiert durch einen Evaluationsauftrag des Ministeriums für Schule und Weiterbildung des Landes Nordrehin-Westfalen, die Leistungen der Abiturienten des Jahrgangs 2008 anhand ihrer Leistungskursklausuren im Zentralabitur. In Anlehnung an das Verfahren der qualitativen Inhaltsanalyse nach Philipp Mayring wurden insgesamt 238 Klausuren von 40 Gymnasien und 25 Gesamtschulen aus 47 Städten in Nordrhein-Westfalen anhand von vorwiegend deduktiv gesetzten Kategorien („Einheitliche Prüfungsanforderungen in der Abiturprüfung Geschichte") und wenigen induktiv gewonnenen Kategorien (z. B. Alltagstheorien) strukturiert. Die Arbeitsgruppe interessierte sich dabei vorwiegend für die „Varianten einzelner Phänomene" und weniger für deren Häufigkeit (S. 22–24). Abschließend formulierte sie, dass die Schülerinnen und Schüler „en gros und mit Abstufungen im Detail […] zu wenig in der Lage waren, elementare historische Denkleistungen kontrolliert und reflektiert durchzuführen bzw. in Sprache zu fassen" (S. 124).

Im Kontext des vorliegenden Experiments interessierten besonders jene sechzig Klausuren mit gegliederter Aufgabenstellung, die sich auf einen Auszug aus Hans-Peter Ullmanns Darstellung des Deutschen Kaiserreichs, überschrieben mit: „Das Kaiserreich als Nationalstaat" (1995, S. 25–27), bezogen. Diese Passage aus der Historiografie handelte von der Sozialgeschichte der Idee des deutschen Nationalismus im 19. Jahrhundert, genauer von dem Inhalts- und Funktionswandel vom emanzipatorischen Nationalismus zum „Reichsnationalismus" (S. 134–135).

Die Schülerinnen und Schüler klassifizierten den Text von Hans-Peter Ullmann selten als Darstellung. Die Autorengruppe führte dies auf die mangelnde terminologische Unterscheidung zwischen Quelle und Darstellung und auf ein „begriffliches

Chaos" („Sekundärquelle"; „Traditionsquelle") zurück (Anforderungsbereich I; S. 36–39, 80–81, 94, 123). Sie vermuteten ferner eine enge Korrelation zwischen dem präzisen Umgang mit historischen Begriffen und Kategorien und der Urteilskraft der Schülerinnen und Schüler (S. 62–66). An anderer Stelle führten sie jedoch die vorwiegend schwach begründeten historischen Sachurteile auf eine nicht hinreichende historische Kontextualisierung zurück (Anforderungsbereich II; S. 82–83, 95). Die Autoren konnten historische Werturteile und reflexive Leistungen nur in Ausnahmen identifizieren. Diese waren allerdings in der dritten Klausuraufgabe auch nicht eingefordert worden (Anforderungsbereich III; S. 68–73, 83, 96). Sie tadelten außerdem den „blanken Positivismus" (S. 72) und die mangelnde analytische Distanz vieler Schülerinnen und Schüler (S. 49–50, 82, 95). Schließlich ermittelten sie in den Klausuren zwei angebliche Alltagstheorien: „die Personalisierung des Geschehens in der Person Bismarcks" und „die Personifizierung des Nationalismus zum anthropomorphen Akteur" (S. 72–73, 83, 96).

Wie sehr das Problem der historisch-narrativen Kompetenz mit der Frage nach der Genese und Struktur des Geschichtsbewusstseins der Schülerinnen und Schüler verbunden ist, verdeutlicht die Dissertation des Psychologen Carlos Kölbl (2004): Er legte im Rahmen der Studiengruppe „Lebensformen im Widerstreit. Identität und Moral unter dem Druck gesellschaftlicher Desintegration" am Kulturwissenschaftlichen Institut in Essen Grundzüge einer Entwicklungspsychologie historischen Bewusstseins im Jugendalter vor. Dabei rekonstruierte er das historische Bewusstsein von insgesamt 36 Schülerinnen und Schülern in der sechsten, achten und zehnten Klasse an einem Gymnasium und an einer Hauptschule mittels Gruppendiskussionen: Als Eingangsstimulus dienten von den Probanden mitgebrachte Gegenstände, die sie zunächst vorstellten und kommentierten und sie später zu einem Gespräch über ihr Interesse an Geschichte führten. Diese Erhebungsmethode wurde durch zwölf Einzelinterviews zur Erfassung historisch-narrativer Kompetenz ergänzt (S. 197–214). Carlos Kölbl diagnostizierte bei den zu Wort gekommen Jugendlichen schließlich ein spezifisch modernes Geschichtsbewusstsein als kleinsten gemeinsamen Nenner. Im Sprechen der Jugendlichen sei eine Verwissenschaftlichung ihres Geschichtsbewusstseins an den Themen „Zeit- und Geschichtsbegriff", „Kategorien zur Ordnung der Geschichte", „Konzepte historischer Entwicklung", „Formen der Geltungsbegründung historischer Aussagen sowie Modi historischen Verstehens und Erklärens" deutlich geworden. Kölbl konkretisierte diesen erstaunlichen Befund: Es sei offenbar geworden, „dass die Forschungspartner auch bei ihrer eigenen Gegenwart in der Historisierung der Wirklichkeit keine Ausnahme machen, den Horizont des geschichtlich Bedeutsamen nicht allein auf Europa oder allein auf die Geschichte „bedeutender Männer" beschränken, Wandel und Kontingenz als zentral erachten, die intersubjektive Nachvollziehbarkeit historischer Aussagen, nachprüfbare Belege sowie rational rekonstruierbare geschichtliche Behauptungen einfordern und schließlich historische Narrative zu erzählen vermögen, die unterschiedliche Begründungsstränge synthetisieren und auf kritische Nachfragen ausgerichtet sind" (S. 347).

Das hier vorgestellte qualitative Experiment ist methodisch mit Gabriele Magulls Arbeit „Sprache oder Bild?" (2000) verwandt. Sie führte einen Feldversuch mit einer Stichprobe von 238 Schülerinnen und Schülern der siebten Klasse eines Gymnasiums und einer Realschule durch, der im strengen Sinne nicht als pädagogisch-psychologisches Experiment gelten kann, aber durchaus Anleihen davon hat. Mit einem umfangreichen Katalog an Leitfragen untersuchte Magull die Leistungsfähigkeit von verbaler (Lehrervortrag) im Vergleich zu audiovisueller Narration (Film) in sechs verschiedenen Lerngruppen. Die Wirkung auf das individuelle Geschichtsbewusstsein der Schülerinnen und Schüler erhob sie in Form von schriftlichen „Kontrollarbeiten" und Zeichnungen in vier Bildern (Untersuchungsdesign S. 51–58).

Gabriele Magulls Studie zeigte bezogen auf die untersuchten Lerngruppen keine grundsätzliche Überlegenheit des einen oder des anderen Mediums. Vielmehr stellte sie unterschiedliche Vorzüge heraus, beispielsweise enthalte die Sprache einen größeren Spielraum für die Vorstellungsbildung der Schülerinnen und Schüler, das Bild mache hingegen die Geschichte als Erzählung anschaulich (S. 138–139).

Eine methodische Verwandtschaft bestand ebenso zu der älteren Studie von Renate El Darwich (1991), die Kategorien der Genese des Geschichtsbewusstseins bei fünf- bis vierzehnjährigen Kindern untersuchte. Ihre experimentelle Vorgehensweise im Unterricht und die anschließende mündliche und schriftliche Befragung der Kinder erinnerten an die Methodik Jean Piagets. Die Untersuchung von achtzehn Fällen hinsichtlich verschiedener Dimensionen des Geschichtsbewusstseins zeigte, dass das Geschichtsbewusstsein der Kinder auf ihrer kognitiven Entwicklung basierte und durch den Unterricht kaum beeinflusst wurde (S. 24–52).

1.3.3 Der Erwerb domänenspezifischer narrativer Kompetenz und das Paradigma des Conceptual Change

Der Forschungsstil des qualitativen Experiments zielte auf die Exploration von Strukturelementen historisch-narrativer Performanz/Kompetenz und deren Relationen. Die Schülerinnen und Schüler waren aufgefordert, fachadäquat Geschichte zu schreiben, und bedienten sich dabei vorhandener Wissensstrukturen. Die Frage, ob diese Strukturen durch experimentelle Eingriffe im Geschichtsunterricht veränderbar sind, tangierte auch ein Forschungsparadigma der internationalen Pädagogischen Psychologie und Kognitionspsychologie: den Conceptual Change, von Wolfgang Schnotz (2006, S. 77) als „Veränderung von Wissensstrukturen" definiert. Hilke Günther-Arndt (2006, S. 251–277) und Matthias Martens (2010, S. 95–102) wiesen bereits auf die Relevanz dieses Ansatzes für die geschichtsdidaktische Lehr-Lern- und Bildungsforschung hin.

In amerikanischen und europäischen Studien wurde für die Domäne Geschichte (VanSledright & Limón, 2006) untersucht, wie das lebensweltlich geprägte Wissensgefüge von Schülerinnen und Schülern beschaffen ist und inwiefern es durch den Unterricht in ein fachadäquates Geschichtsverständnis überführt werden kann. Dabei erwies sich die Geschichtswissenschaft als eine im Gegensatz zu den Naturwissenschaften schlecht definierte Domäne: Abgesehen von der historischen Methode ist es besonders die Pluralität der Forschungsansätze, die Vergangenheit zu deuten, die das Wesen der Disziplin ausmacht.

Die Analyse jüngerer empirischer Studien der psychologischen Kognitionsforschung zum Conceptual Change im Geschichtsunterricht zeigte, dass mit dem Begriff unterschiedliche Bedeutungsinhalte verbunden werden (vgl. VanSledright & Limón, 2006, S. 546), die nicht nur mit Übersetzungsproblemen zu erklären sind. Bruce VanSledright und Margarita Limón beschrieben das Wissensgebiet der Geschichte abweichend zu Ola Halldén (1997, S. 204: *concepts* und *colligatory concepts* als *higher order concepts*) sowie Peter Lee und Rosalyn Ashby (2000, S. 199–201: *substantive concepts* vs. *second-order concepts*) mit zwei grundsätzlichen Wissenstypen, die *substantive knowledge types* und den *procedural knowledge types*.

Zu dem grundlegenden Typ zählten sie die *first-order conceptual and narrative ideas and knowledge*, ein inhaltliches Wissen über die Vergangenheit, das sie mit den Beispielen „stories of nation building, change over time, capitalism, socialism, economic production, military exploits, democracy, chronology, political parties, names, dates, etc." erläuterten. Die *second-order conceptual ideas and knowledge* beinhalten hingegen die für die Erforschung der Vergangenheit notwendigen hilfswissenschaftlichen und historische Prozesse kennzeichnenden Begriffe wie „causation, progress, decline, evidence, primary and secondary sources, historical context, authors perspectives, source reliability, etc.". Der zweite Typ, *strategic knowledge*, umfasse die regel- und kriteriengeleiteten Verfahren historischer Forschung, beispielhaft werden genannt: „Assessing status of Sources", „Building cognitive maps of models", „Interpreting within historical context", „Constructing evidence-based arguments", „writing an account" (S. 546–548, insbesondere Abb. 23.1: „A characterization of history domain knowledge").

Die von VanSledright und Limón vorgelegte Systematisierung der Domäne Geschichte erinnerte zwar an den Ansatz der Begriffsgeschichte (Brunner, Conze & Koselleck, 2004), an die Geschichtstheorie (Lorenz, 1997) und die historische Methode, war aber nicht ganz konsequent: Die historischen Wandel charakterisierende Wendung *change over time* hätte den *second-order concepts* zugeordnet werden müssen.

Innerhalb der Conceptual Change-Forschung für das Fach Geschichte lassen sich mehrere Forschungsstränge ausmachen. In verschiedenen Studien (z. B. Carretero, Jacott, Limón, Lopez-Manjon & Leon, 1994; Lee, Dickinson & Ashby, 1997; Limón, 2002; van Drie & van Boxtel, 2003) wurde empirisch untersucht, wie Schülerinnen und Schüler *first-order concepts and ideas* verstehen. Dabei zeigte sich, dass die Herausforderung für die Lernenden in der Abstraktion der Begriffe, ihrem theoretischen Anspruch, ihrer Einbettung in Narrative, ihrer Mehrdeutigkeit und ihrer Unschärfe lag. In weiteren Studien wurden *second-order concepts and ideas* für das historische Lernen der Schülerinnen und Schüler erforscht (z. B. *historical evidence*: Lee & Ashby, 2000; *historical significance*: Seixas, 1997; *change over time*: Levstik & Barton, 1996). Margarita Limón (2002) charakterisierte diese Begriffsgruppe als *meta-concepts*, die Achsen bilden, anhand derer die Schülerinnen und Schüler *first-order concepts and ideas* organisieren. Sie betonte zudem die Scharnierfunktion dieser Metakonzepte, die bewegliche Verbindung der Ebene der *first-order concepts* mit der Ebene des *strategic knowledge* (S. 550).

Das Vorwissen der Lernenden (*prior knowledge*) soll im Idealfall durch ihren Lernprozess im Geschichtsunterricht in wissenschaftsadäquate *first-order concepts* überführt werden. Ihre epistemologischen Überzeugungen (*epistemologies, beliefs*) hinsichtlich der Natur des Wissens und des Lernens im Fach Geschichte sollen in *second-order concepts* und *strategic knowledge* gewandelt werden. Diesen subjektiven Theorien der Schülerinnen und Schüler und den Stadien des Übergangs zu historischem Denken wurde in den vergangenen Jahrzehnten viel Aufmerksamkeit gewidmet (vgl. das integrierte Stufenmodell des historischen Denkens bei Lee & Shemilt, 2003). In der weiteren Erforschung der inneren Zusammenhänge dieses Wissensumbaus könnte der Schlüssel zu einem wirksamen Geschichtsunterricht liegen.

Ola Halldén rekonstruierte (1986) die unterschiedlichen domänenspezifischen Wissensgefüge von Lernenden und Lehrenden, die er mit ihren abweichenden Bezugsrahmen (*alternative frame of reference*; vgl. Schnotz, 2006, S. 77) der Alltagswelt und der Geschichtswissenschaft begründete. Mit Silvia Caravita erarbeitete er ein Modell („Different contexts for interpretation"; 1994, S. 108), das jeweils drei Ebenen der Bezugsrahmen „Alltag" und „Wissenschaft" und ihre Interdependenzen abbildete. Die Verfasser betonten, dass die differierenden Bezugsrahmen im Unterricht zum Problem geraten können: Während Lehrende eine wissenschaftsadäquate Interpretation des eingeführten Unterrichtsmaterials anstreben, verstehen Lernende es im Sinne ihrer subjektiven Weltsicht. Dem Ansatz des Situierten Lernens folgend, rieten sie, die Situiertheit des Schülerwissens zu verändern, indem im Unterricht ein theoretischer Kontext eröffnet werde (ebd.).

Offenbar erschweren aber die epistemologischen Überzeugungen der Schülerinnen und Schüler die Aneignung geschichtswissenschaftlicher Kategorien und Begriffe und damit das historische Denken und Verstehen: Ola Halldén (1994, 1997) erkundete diese naiven Theorien in einer Studie mit schwedischen Gymnasiasten: Die Probandinnen und Probanden neigten in Interviews und schriftlichen Befragungen zu kausalen Erklärungen, zur Personalisierung von Strukturen (*mentalization*), zur Personifizierung von politischen und juristischen Konstrukten (Anthropomorphisierung) und schließlich zu der Vorstellung: „[...] a good historical narrative should mirror reality" (S. 207).

Samuel S. Wineburg diagnostizierte in mehreren amerikanischen Studien gravierende Unterschiede zwischen den epistemologischen Überzeugungen von Experten und Novizen. Historikerinnen und Historiker zeigten bei der Quellenarbeit eine hochdifferenzierte Lesekompetenz: Schon während des Leseprozesses beeinflusse das Regelwerk der historischen Methode, die *corroboration* (Verifizierung anhand weiterer Quellen), das *sourcing* (Quellenkritik) und die *contextualisation* (Einordnung in Zeit und Raum), ihr Leseverstehen (Wineburg, 1991a, S. 77–83; vgl. Leinhardt & McCarthy Young, 1996). Die Schülerinnen und Schüler glaubten hingegen an die Autorität der Quellen, nutzten sie zur Information, identifizierten ihre Perspektivität nur schwerlich und konnten tiefere Bedeutungsebenen (*subtext*) nicht erkennen (Wineburg, 1991b, S. 510–511). Ihnen mangelte es im Gegensatz zu den Historikern an einem geschichtlichen Wissensgefüge (*syntactic knowledge*, Wineburg, 1991a, S. 84). Zur Förderung des epistemologischen Wissens der Schülerinnen und Schüler im Geschichtsunterricht der *middle* und *high schools* legte Wineburg zuletzt ein Unterrichtsmodell „Reading like a Historian" (Wineburg, Martin & Monte-Sano, 2011) vor.

Die spanische Psychologin Margarita Limón folgerte aus eigenen Studien zur Argumentations- und Urteilskompetenz (Limón & Carretero, 1998), zum Potential kognitiver Konflikte (Limón & Carretero, 1999) und der Rolle der Motivation (Limón, 2000) beim Conceptual Change, dass die weitere Erkundung der epistemologischen Überzeugungen der Schülerinnen und Schüler eine wesentliche Voraussetzung erfolgreichen Geschichtsunterrichts sei. Als weiterführend erachtet sie die Frage, inwiefern sich individuelle epistemologische Überzeugungen hinsichtlich der Natur des Wissens und des Lernens innerhalb des Wissensgefüges der Schülerinnen und Schüler gegenseitig beeinflussen (VanSledright & Limón, 2006, S. 551).

Die bestehende deutschsprachige und internationale Forschung wurde mit dem vorliegenden qualitativen Experiment fortgeführt, indem die historisch-narrative Kompetenz der Schülerinnen und Schüler erstmalig in Verbindung mit ihren epistemologischen Überzeugungen hinsichtlich der Darstellung von Geschichte in einem längerfristigen Unterricht exploriert wurde.

2. Das qualitativ-heuristische Studiendesign

2.1 Theoriegenerierende Forschung: Ihre Basisannahmen und Gütekriterien

Das hier angewandte heuristische Studiendesign ist der theoriegenerierenden Forschung und damit dem qualitativen Paradigma zuzurechnen. Mit der Forschungsfrage, die Struktur der narrativen Kompetenz der Schülerinnen und Schüler unter den Bedingungen des Geschichtsunterrichts zu „entdecken", war das „Interesse" (Krotz, 2005, S. 31) verbunden, die alltägliche Ausprägung dieser Schülerkompetenz in den Mittelpunkt zu stellen. Die Forschungsfrage entsprang dem noch genauer zu bestimmenden Vorwissen der Versuchsleiterin infolge ihrer Tätigkeit als Geschichtslehrerin, ihrer intensiven Beschäftigung mit der geschichtsdidaktischen Theorie und ihrer Lektüre bereits referierter Studienergebnisse. Die kritische Reflexion dieses Vorwissens markierte nach Friedrich Krotz einen wichtigen methodologischen Teilschritt theoriegenerierender Forschung:

> „Forschung [...] zielt dementsprechend auf Korrektur und Verbesserung, auf Erweiterung und Vertiefung bestehenden Vorwissens. Zu Beginn muss dieses Vorwissen deshalb systematisch reflektiert, bedacht und festgehalten werden, damit es systematisch weiter entwickelt werden kann" (Krotz, 1995, S. 32).

Mit dem durchgeführten Forschungsvorhaben sollten „systematische und dichte bzw. kontextreiche Beschreibungen" der historisch-narrativen Performanz in Schülerprodukten vorgelegt werden, um daraus eine Theorie mit einem dem Vorgehen angemessenen Geltungsanspruch zu entwickeln (S. 38). Dabei war die Ausgangslage relevant: Die Geschichtsdidaktik verfügte kaum über eine Theorie zur Struktur und Entwicklung der domänenspezifischen narrativen Kompetenz oder Performanz von Jugendlichen im Kontext des alltäglichen Geschichtsunterrichts (vgl. allerdings die unterrichtsnahe Erhebung von Martens, 2010 und die Studie zum epistemischen Schreibhandeln von Hartung, 2013). Unter „Theorie" werden hier „nachvollziehbar gewonnene", „kommunizierbare Aussagenzusammenhänge" verstanden, „die begrenzte Sachverhalte „dicht" beschreiben und sie als Struktur und Prozess darstellen" (Krotz, 2005, S. 70, 75; Geertz, 1983). Dieser Theorietyp unterscheidet sich von dem in der Geschichtsdidaktik bevorzugten Typ, einer Art Metatheorie („Geschichtsbewusstsein", „Geschichtskultur") mit schwacher empirischer Bindung.

Als Forschungsstile, die eigens zur Generierung von Theorien entwickelt wurden, stehen insbesondere die Grounded Theory nach Barney Glaser und Anselm Strauss (1967; geschichtsdidaktisch angewandt von Kölbl, 2004) und die Heuristische Sozialforschung nach Gerhard Kleining (1995) zur Verfügung. Friedrich Krotz (2005) charakterisierte beide Stile als „taktische Verfahren zur Entwicklung sozialwissen-schaftlicher Theorien" (S. 45). Am Anfang des Grounded Theory-Verfahrens steht eine präzise formulierte Forschungsfrage, die in einer wiederholten, zirkulären Vorgehensweise aus Datenerhebung und -auswertung schließlich in eine datennahe Theorie überführt wird, die wiederum geprüft wird. Dabei ist das „Kodieren" der erhobenen Texte der entscheidende Schritt der Theoriebildung: Sinneinheiten werden ausgewählt, eingeordnet, abstrahiert, systematisiert und neu geordnet (S. 159, 167, 180; zur Praxis der Methodologie vgl. Strauss & Corbin, 1996; Breuer, 2010; Mey & Mruck, 2011).

Bei dem Verfahren der Heuristischen Sozialforschung handelt es sich um eine Weiterentwicklung, Systematisierung und Vereinfachung der Grounded Theory. Diese Findestrategie basiert auf einfachen, aber sehr allgemein formulierten Grundregeln, die für die vorliegende Studie präzisiert wurden. Wesentliche Unterschiede zur Methodologie der Grounded Theory bestehen in der Datengenerierung durch die strukturelle Variation des Forschungsgegenstands und in der anspruchsvollen Auswertungsstrategie, dem Finden von Gemeinsamkeiten: „Es handelt sich damit um eine inhaltlich gerichtete Auswertung, die den Forschungsgegenstand in seiner Eigentümlichkeit einerseits als Struktur, andererseits als Prozess rekonstruieren will" (Krotz, 2005, S. 49).

Die qualitativ verfahrende, theoriegenerierende Forschung unterliegt einigen wissenschaftstheoretisch pragmatisch begründeten Basisannahmen:

> „Theoriegenerierende Forschung ist […] eine, meist von einem Team durchgeführte Form des regelgeleiteten sozialen Handelns in Auseinandersetzung mit der sozialen und kulturellen Wirklichkeit mit dem Ziel der Herstellung von empirisch bezogenen Theorien. Die dafür relevanten Regeln sind aus dem Handeln der Menschen im Alltag gewonnen und systematisch für die Zwecke der Wissenschaft weiterentwickelt. Die so entwickelten datennahen Theorien werden nicht als überzeitlich und kulturübergreifende Gewissheiten verstanden" (ebd., S. 152).

Die Regeln theoriegenerierender Verfahren bestimmen den dialektisch angelegten Forschungsprozess und führen in voneinander abgrenzbaren Phasen, beginnend mit der Forschungsfrage und der Bestimmung des Forschungsgegenstands, der Reflexion des Vorwissens über die Datenerhebung und -auswertung, zur Beschreibung und Theorie des Forschungsgegenstands sowie zu deren Testung. Die Ergebnisse müssen reflektiert und in der jeweiligen Disziplin kommuniziert und von dieser akzeptiert werden. Im Grunde handelt es sich um einen aktiven, geplanten und kreativen Lernprozess der Forschungspersonen (ebd., S. 152–153).

Die theoriegenerierende Forschung versteht sich als kommunikativ, weil sie die Perspektive der Menschen in den Blick nimmt, die mit dem Forschungsgegenstand in ihrem Alltag umgehen. Indem sich die Forschungspersonen auf den sozialen und

kulturellen Kontext der Menschen einlassen, werden sie selbst Teil des Forschungsprozesses und sind dadurch erst in der Lage, die Struktur des Forschungsgegenstands
zu rekonstruieren. Das „gemeinsame kulturelle und soziale Bezugsfeld" wird damit
zur Bedingung rekonstruktiv angelegter, theoriegenerierender Forschung. Sie ver-
fährt mit den erhobenen Daten komparativ, indem diese in vergleichender Hinsicht
auch zu dem vorhandenen Vorwissen untersucht werden. Der Prozess der Wissens-
generierung entsteht durch die kontinuierliche Verbesserung des vorhandenen Wissens und beinhaltet sowohl das induktive als auch das deduktive Schließen. Theoriegenerierende Forschung ist integrativ, da die verschiedenen erhobenen Perspektiven
auf den Forschungsgegenstand in dessen Beschreibung und Theorie eingehen (ebd.,
S. 107–108, 154).

Die allgemeinen Gütekriterien empirischer Forschung sind Validität, Reliabilität
und Objektivität. Sie beziehen sich auf Messoperationen des quantitativen Paradig-
mas (Rost, 2007, S. 153–162) und sind daher nach Friedrich Krotz für qualitative
Untersuchungen eher ungeeignet. Für die Beurteilung eines theoriegenerierenden
Projekts sind vielmehr die praktischen Regeln des Forschens maßgeblich: Die Offenheit der Forschungspersonen, der enge Datenbezug, die kontinuierliche Doku-
mentation und plausible Begründung der einzelnen Forschungsschritte sowie die
Qualität der Monografie für den wissenschaftlichen Diskurs, deren Mittelpunkt die
datenbasierte Theorie als Textzusammenhang bildet (Krotz, 2005, S. 154–155, 290–
292).

Andere, den theoriegenerierenden Verfahren verwandte qualitativ-rekonstruktive
Forschungsstile und Methoden sind zwar ebenso kontextbezogene Verfahren, setzen
aber eine elaborierte Theorie voraus (ebd., S. 51, 53). So grenzte sich Ulrich Oevermann (Oevermann, Allert, Konau & Krambeck, 1979) mit der strikt analytisch verfahrenden Objektiven Hermeneutik (geschichtsdidaktisch angewandt von Iffert,
2005) von der philosophischen Hermeneutik des 19. Jahrhunderts ab, Fritz Schütze
(1983) bezog sich mit dem „narrativen Interview" auf die Erzähltheorie und Ralf
Bohnsack (1991, 2007) verankerte die Dokumentarische Methode (geschichtsdidaktisch angewandt von Meyer-Hamme, 2009; Martens, 2010) unter anderem in der
Wissenssoziologie des Soziologen und Philosophen Karl Mannheim und der Sozial-
theorie des französischen Soziologen Pierre Bourdieu (1930–2002).

2.2 Zur Geschichte und Entstehung der Qualitativen Heuristik

Die Methodologie der Qualitativen Heuristik wurde von dem Hamburger Soziologen
Gerhard Kleining (* 1926) begründet. Er definierte die Heuristische Sozialforschung
als den „reflektierte[n] und systematisierte[n] Einsatz von Such- und Findeverfahren
zur Gewinnung von Erkenntnis durch Empirie" (2010, S. 66). Seit seinem 1982 in

der „Kölner Zeitschrift für Soziologie und Sozialpsychologie" erschienenen und vielbeachteten „Umriß zu einer Methodologie qualitativer Sozialforschung" und dem 1995 vorgelegten „Lehrbuch Entdeckende Sozialforschung" betonte Kleining stets die Ankerpunkte der Methodologie in alltäglichen und wissenschaftlichen Entdeckungsverfahren in Antike und Neuzeit.

Für den promovierten Kunsthistoriker Kleining, von 1955 bis 1976 Leiter der Quantitativen Marktforschung im Reemtsma-Konzern, gründen alle wissenschaftlichen, erkenntnisgenerierenden Methoden auf der Abstraktion von Alltagsverfahren: Menschen entwickeln vorwissenschaftliche Strategien zur „Bewältigung und Gestaltung" ihrer Alltagswelt, indem „ausprobiert, gelernt, neu erfunden, weiterentwickelt, von Generation zu Generation weitergegeben" wird. Durch regelgeleitetes Vorgehen und systematische Reflexion können mit Such- und Findestrategien auch wissenschaftliche Daten auf einer höheren Abstraktionsebene generiert werden (2007, S. 198).

Die Heuristik, verstanden als Entdeckungswissenschaft, hat eine differenzierte, bis in die Antike hinein verweisende Geschichte. Etymologisch geht der Begriff „Heuristik" auf das griechische *heuriskein* (finden, auffinden) zurück, vertraut auch durch Archimedes" (um 287–212 v. Chr.) angeblichen Ausruf „Heureka!" („Ich habe es!") bei der Entdeckung des hydrostatischen Grundgesetzes (Klüsener, 2010, S. 3). Zuerst beschrieb der griechische Mathematiker Pappus von Alexandrien (um 300) die heuristische Methode als rückwärts verfahrende Lösung geometrischer Aufgaben. Auch die Idee des katalanischen Mönchs Raimundus Lullus (1232–1316) ist der philosophisch-rationalen Heuristik zuzurechnen. Er konzipierte einen mechanischen Apparat, der alle wissenschaftlichen Aufgaben durch die Kombination von philosophischen Grundbegriffen lösen sollte (Kleining, 1995, S. 340).

Bei der Qualitativen Heuristik handelt es sich um eine Erweiterung verschiedener neuzeitlicher Entdeckungsverfahren (Laege, 2010, S. 5): Gerhard Kleining (1995) bezog sich bei der Entwicklung seiner Methodologie erkenntnistheoretisch auf die naturwissenschaftlich-empirische Heuristik, genauer auf die Entdeckungsverfahren und Gedankenexperimente der Physiker Ernst Mach (1838–1916) und Albert Einstein (1879–1955). Er griff ebenso die im 19. Jahrhundert betriebene dialektische Heuristik von Friedrich Schleiermacher (1768–1834) und Georg Wilhelm Friedrich Hegel (1770–1831) auf. Dabei charakterisierte er Johann Gustav Droysens (1808–1884) quellenkritische Methode als „nicht dialektisch im engeren Sinne" (S. 346), aufgrund der „heuristischen Frage" des Forschers an die Quellen jedoch als „dialogisch" (S. 343–346).

Die Methodologie der Qualitativen Heuristik geht zudem auf die psychologische Heuristik der Würzburger Schule der Denkpsychologie zurück, deren Begründer Karl Bühler (1879–1963) erstmals eine Art „Introspektion" (als Methode zur Erforschung individueller psychischer Vorgänge wie Denken, Fühlen, Vorstellen und Erinnern erneuert von Burkart, Kleining & Witt, 2010) zur Entdeckung des unanschaulichen Denkens und des „Aha-Erlebnisses" einsetzte. Kleining (2004) verwies in diesem Zusammenhang auf die wissenschaftstheoretisch interessante Kontroverse zwischen Karl Bühler und Wilhelm Wundt (1832–1920) über das Wesen des (naturwissenschaftlichen) Experiments und seine Eignung zur Erforschung nicht beobachtbarer Denkprozesse (Wundt, 1907; Bühler, 1908; Kleining, 1994, S. 157). Karl Bühlers ganzheitlicher und an den Naturwissenschaften orientierter Ansatz war eng mit den Verfahren der Berliner Schule der Gestaltpsychologie verbunden:

„Etwa gleichzeitig entstand die ebenfalls auf neue, ‚qualitative' Weise experimentierende ‚Gestaltpsychologie', die sich gegen die behavioristische ‚Elementenpsychologie' wandte und, durch beständige Variation von Untersuchungsbedingungen, die Strukturzusammenhänge (‚Gestalten') psychischer Abläufe studierte und deren Gesetzmäßigkeiten entdeckte" (Kleining, 1994, S. 348).

So erforschte der Leiter des Berliner Psychologischen Instituts, Wolfgang Köhler (1887–1967), das Problemlöseverhalten von Schimpansen experimentell (Köhler, 1917).

Die Qualitative Heuristik bezieht sich auch auf Siegmund Freuds (1856–1938) psychoanalytische Methode, die Gerhard Kleining trotz ihrer kontrovers diskutierten wissenschaftstheoretischen Einordnung (Naturwissenschaft vs. Philosophie) nicht als hermeneutische, sondern als eindeutig heuristische Technik charakterisierte. Freud sei der „große Entdecker (des Unbewussten, der Abwehrmechanismen des Ich, der Sinnhaftigkeit von Träumen, des Alltagslebens u. a.)" gewesen. Mit der von Jean Piaget (1896–1980) entwickelten qualitativen Epistemologie zur Erforschung der Weltauffassung des Kindes durch Experiment und Beobachtung ist die Qualitative Heuristik Kleinings durch die gemeinsame Berufung auf Hegels Dialektik zwar verbunden, unterscheidet sich aber in der noch weiter auszuführenden Relation von Subjekt zu erforschendem Objekt (Kleining, 1995, S. 348–349; Vollmers, 1992, 2003, S. 237–238).

Gerhard Kleinings Methodologie ist allerdings der sozialwissenschaftlichen Heuristik in Form des (Symbolischen) Interaktionismus von George Herbert Mead (1863–1931) und Herbert Blumer (1900–1987), der bereits erwähnten Grounded Theory von Barney G. Glaser (* 1930) und Anselm L. Strauss (1916–1996) sowie ethnomethodologischen und phänomenologischen Ansätzen (Kleining, 1994, S. 111–113; Krotz, 2005, S. 247–285) besonders nahe. Im Mittelpunkt dieser Forschungsrichtungen steht das Entdecken (*discovery*) sozialer Phänomene. Grundlegend ist dabei Blumers Unterscheidung zwischen „Exploration" und „Inspektion", also die eigentliche Erkundung eines Forschungsgegenstands und seine genaue Erforschung von verschiedenen Seiten aus (Kleining, 2005, S. 351–352; Laege, 2010, S. 6).

Die konkrete Erarbeitung der Qualitativen Heuristik basierte auf einer berufsbiografischen Erfahrung Kleinings: 1954 unternahm er im Auftrag des Reemtsma-Konzerns eine halbjährige Reise in die USA, um dort Methoden der Quantitativen und Qualitativen Sozialforschung für die europäische Marktforschung zu erkunden. Er traf emigrierte Soziologen und Psychologen, deren Forschungen von den Nationalsozialisten in Deutschland und Österreich unterbunden worden waren und in den USA erfolgreich fortgesetzt wurden: Die ehemals Wiener Gruppe um Paul Lazarsfeld (1901–1976) entwickelte die richtungsweisenden, kombinierten qualitativen und quantitativen Methoden der „Marienthal-Studie" (Jahoda, Lazarsfeld & Zeisel, 1933) zur Wirkung von Langzeitarbeitslosigkeit weiter. Gerhard Kleining rezipierte hier insbesondere die Verfahren der Sozialpsychologin Herta Herzog (1910–2010): qualitatives Interview, *focus interview* und *focus group* (Witt, 2004; Krotz, 2005, S. 161; Kleining, 2010, S. 65).

Im Rahmen der Reise traf Kleining auch Herbert Blumer, den akademischen Lehrer von Anselm Strauss, und lernte die Methoden der *Chicago School* kennen. Die seit den 1920er Jahren an der Universität von Chicago tätige Forschergruppe entwickelte neue qualitative Erhebungsmethoden und Forschungsverfahren wie die Biografieforschung und die Ethnomethodologie. Mit einem sozialanthropologischen Ansatz erforschte sie die Lebenswelten unterschiedlicher sozialer Gruppen und zusammenhängender Volksgruppen (Ghettos) in der Einwanderungsstadt Chicago (ebd.).

Gerhard Kleining machte die Entwicklung der Qualitativen Heuristik seit den 1980er Jahren zu seinem Lebensthema und präzisierte den Forschungsstil in seinen Publikationen fortlaufend (insbesondere Kleining, 1982, 1986, 1994, 1995, 2007, 2010). Er kritisierte die Einseitigkeit der in der deutschen Soziologie und Psychologie vorherrschenden quantitativen Verfahren seit 1945 und beabsichtigte, die Heuristik als eine von drei grundlegenden wissenschaftlichen Vorgehensweisen erneut zu etablieren: Kleining unterschied erklärende (deduktive bzw. naturwissenschaftliche), beschreibende (induktive bzw. hermeneutische) und entdeckende (heuristische bzw. dialektische) Methodologien (Kleining, 2007, S. 211–214).

Diese strikte Einteilung beinhaltete eine aus der Perspektive der Historikerin kaum nachvollziehbare, fundamentale Kritik an der hermeneutischen Tradition insgesamt sowie der sozialwissenschaftlichen Hermeneutik im Speziellen. Kleining hielt die Hermeneutik für eine Kunstlehre der Interpretation, stets abhängig von der Subjektivität des Deuters, beliebig und besonders ideologieanfällig (Kleining, 1995, S. 44–48, 155–222, 2007, S. 213). Sicher verleiteten ihn persönliche Erfahrungen während seines Studiums der Kunstgeschichte in der unmittelbaren Nachkriegszeit zu diesem Urteil. Während des Nationalsozialismus hatten führende Kunsthistoriker wie Wilhelm Pinder (1878–1947) eben keine kritische Kunstgeschichtsschreibung betrieben (ebd., S. 335), sondern sie unter Verwendung angeblich hermeneutischer Verfahren für die Legitimation der NS-Ideologie missbraucht.

In Wilhelm Dilthey (1833–1911) sah Gerhard Kleining den Verursacher der Spaltung in Geistes- und Naturwissenschaften. Dilthey (1883) habe die Hermeneutik als exklusive Methode der Geisteswissenschaften propagiert und diese von entdeckenden Verfahren abgetrennt, die heute nur noch in den Naturwissenschaften betrieben werden. Kleining kritisiert die strikte Methodenspaltung berechtigt als wissenschaftsgeschichtliche Fehlentwicklung des 19. Jahrhunderts, die sich heute im „Konflikt der Datenformen qualitativ/quantitativ" erneuere (1995, S. 31, 2007, S. 191).

2.3 Theoretische und methodologische Grundlagen der Heuristischen Sozialforschung

Bei der Heuristischen Sozialforschung handelt es sich um einen ergebnisoffenen, kreativen Prozess, bei dem die Forschungsperson „von vorgefertigten Überlegungen und Umgangsweisen absehen" (Krotz, 2003, S. 281) muss. Das Muster dieses Prozesses ist der sukzessive, auf mehreren Ebenen angesiedelte Dialog: Der Dialog der Forschungsperson(en) mit den Probandinnen und Probanden, um den Gegenstand aus ihrer Perspektive zu erkunden: der Dialog mit den erhobenen Daten, die im Sinne der Forschungsfrage befragt werden und Antwort geben; der innere Dialog der Forschungsperson(en) in Form der Auseinandersetzung mit den vorhandenen Theorien, dem eigenen Vorwissen und den eigenen Perspektiven; und zuletzt der Dialog mit anderen Wissenschaftlerinnen und Wissenschaftlern über die Forschungsergebnisse (Krotz, 2005, S. 131–134).

Der Dialog ist nach Gerhard Kleining eine Strategie, um die Differenz zwischen forschendem Subjekt und zu erforschendem Objekt zu überwinden. Im Gegensatz zu den Hermeneutikern, die diese Differenz durch „Verstehen" bewältigen, sei die Grundlage der Heuristik „die Bewegung vom Subjekt zum Objekt" (Kleining, 1995, S. 141–145). Das Handlungsmuster dieser Bewegung sei der Wechsel zwischen aktivem und rezeptivem Handeln: Die Forscherin oder der Forscher stelle Fragen an den Gegenstand, dieser antworte ihr oder ihm, provoziere neue Fragen und erreiche schließlich eine höhere Erkenntnisstufe. Die Bewegung vom Subjekt hin zum Objekt sei der Kern des heuristischen Verstehens: Das Subjekt erarbeite sich im Verlauf des Forschungsprozesses die Nähe des Objekts und überwinde schließlich die Subjekt-Objekt-Distanz (ebd., S. 145–149).

Kleinings Schüler Burkhard Vollmers (2003) verwies auf die epistemologischen Unterschiede in der Subjekt-Objekt-Relation und der Beschaffenheit des Objekts bei Jean Piaget und Gerhard Kleining: Während bei Piaget das Objekt fortlaufend konstruiert werde und sich damit auch die kognitive Struktur des Subjekts verändere (konstruktivistische Subjekt-Objekt-Relation), strukturiere das Subjekt bei Kleining das Objekt im gedanklichen Dialog und restrukturiere sich schließlich selbst (strukturalistische Subjekt-Objekt-Relation) (S. 235–236).

Das Dialogprinzip der Heuristischen Sozialforschung erinnert an das Kommunikationsmodell des Systemtheoretikers Niklas Luhmann (1927–1998): Während der Kommunikation, definiert als Einheit von Information, Mitteilung und Verstehen, sei die soziale Position einer Person zugleich dem *alter* („handeln") und dem *ego* („erleben") zuzurechnen (Laege, 2010, S. 14–15). Gerhard Kleining und sein akademischer Schüler Friedrich Krotz unterschieden wie Luhmann zwischen „Strukturen" und „Prozessen" (Kleining, 1982, S. 240–243; Krotz, 2005, S. 75), im Sinne Luhmanns also die Bedingungen der Anschlussfähigkeit von Operationen in einem System vor und nach einem Ereignis (Laege, 2010, S. 15–16). Kleining griff ferner Luhmanns Sinn-Konzept auf: „Strukturen sind aber auf sich selbst bezogen, sie bilden ein Muster, das sich selbst erklärt, den Sinn" (1994, S. 180; auch Laege, 2010, S. 14). Demnach zielt die Heuristische Sozialforschung auf die Entdeckung der Sinn-Strukturen des Forschungsgegenstands (Kleining, 1995, S. 127), also auf dessen innere Ordnung. Krotz (2005, S. 49) ergänzte, der Forschungsgegenstand müsse „in seiner Eigentümlichkeit einerseits als Struktur, andererseits als Prozess" rekonstruiert werden (auch Krotz, 2003, S. 288). Hier zeigt sich, dass der Unterschied zu hermeneutischen Verfahren im Erkenntnisinteresse liegt: Die Qualitative Heuristik ist eine Methodologie zur Entdeckung bisher unbekannter Sinn-Strukturen eines Gegenstands, die Hermeneutik dient hingegen dem Verstehen dieser Sinn-Zusammenhänge (Sichler, 2000, S. 47).

Die Bewegung vom Subjekt hin zum Objekt wird nach Gerhard Kleining mit der vielfach erprobten „qualitativ-heuristischen Methodologie" erzeugt (1995, S. 318; 2010, S. 67; Beispiele bei Hagemann & Krotz, 2003). Sie bilde den Kern des spiralförmig angelegten heuristischen Forschungsprozesses (siehe Abb. 1; Kleining, 1995, S. 159; Krotz, 2005, S. 135), folge dem Dialogprinzip und besteche durch vier einfache Regeln: (1) die Offenheit der Untersuchungsperson(en), (2) die Offenheit des Untersuchungsgegenstands, (3) die maximale strukturelle Variation der Perspektiven und (4) die Analyse auf Gemeinsamkeiten hin (Kleining, 2010, S. 68).

Nach Kleining verlangt die erste Regel Offenheit der Forschungsperson(en), genauer die Bereitschaft, das eigene Vorwissen über den Forschungsgegenstand im Laufe des Forschungsvorhabens an neue Erkenntnisse anzupassen. Da das Vorverständnis durchaus gegenstandsadäquat sein kann, sei eine „Tabula rasa" nur dann erforderlich, wenn durch die erhobenen Daten eine gravierende Differenz auftrete (ebd., 2001). Sein Schüler Otmar Hagemann (2003) warnte davor, das Offenheitspostulat im Sinne der Toleranz für Andersdenkende misszuverstehen. Die Herausforderung bestehe darin, auch „unbequeme[n] Daten", die sich als „unerwünschte

Ergebnisse" beispielsweise nicht an den Menschenrechten orientieren, im strukturellen Zusammenhang aller Daten ihren Platz zu verschaffen (S. 35).

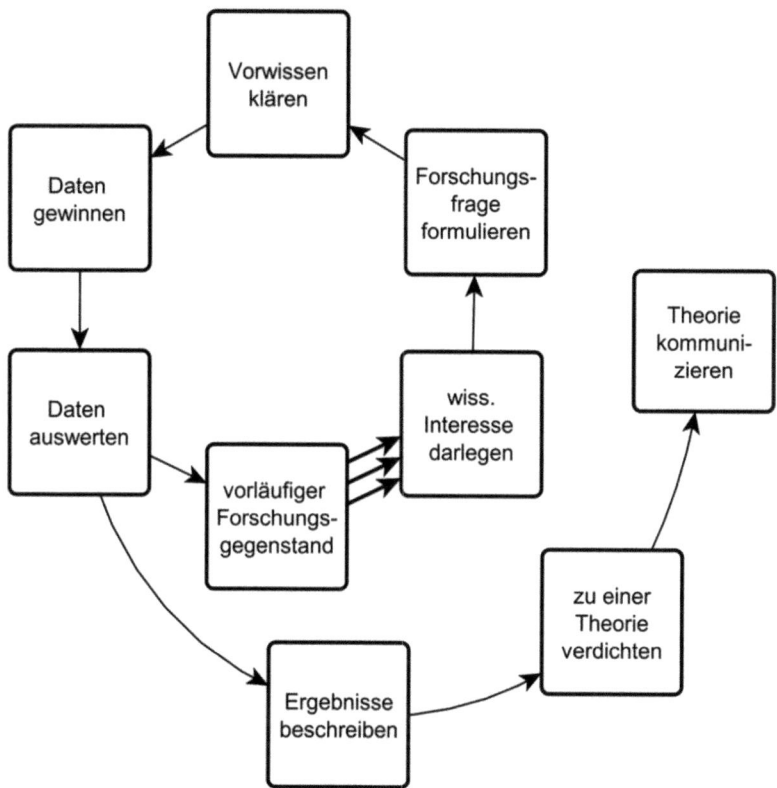

Abb. 1: Der spiralförmige Forschungsprozess Heuristischer Sozialforschung nach Gerhard Kleining und Friedrich Krotz (Schaubild: Simone Rauthe)

Die zweite Regel betrifft die Vorläufigkeit des Forschungsgegenstands, der sich während des auf Entdeckung angelegten Forschungsprozesses verändern kann und erst am Ende ganz bekannt ist (Kleining, 2010, S. 68). Umso wichtiger ist die Formulierung einer modifizierbaren Forschungsfrage, die zunächst auf den vermuteten Kern des Forschungsgegenstands und das fachspezifische Erkenntnisinteresse verweist (Hagemann, 2003, S. 38–40).

Gerhard Kleinings dritte Regel über die Datenerhebung verlangt, den Forschungsgegenstand aus annähernd allen Perspektiven heraus zu betrachten. Die Möglichkeit der maximalen strukturellen Variation durch methodische Eingriffe und Veränderungen im Sample (Personen, Zeit, Ort, Umstände) hänge allerdings vom Gegenstand und seinen Zugangsmöglichkeiten ab (Kleining, 2010, S. 68). Bei der maximalen strukturellen Variation der Perspektiven handelt es sich um eine Verallgemeinerung des *theoretical sampling* im Rahmen der Grounded Theory von Glaser und Strauss, die auf die theoriegeleitete Variation von Einzelpersonen oder Gruppen beschränkt blieb (Krotz, 2005, S. 215).

Gemäß Regel Nummer vier werden die erhobenen Daten auf Gemeinsamkeiten, also auf Ähnlichkeiten und Analogien hin untersucht. Im Analyseprozess gelte es, alle Daten zu integrieren (Hundert-Prozent-Regel), durch das Zusammenfassen zu abstrahieren und schließlich die Strukturzusammenhänge des Forschungsgegenstands zu entdecken (Kleining, 2010, S. 68). Diese zunächst schwer umsetzbar erscheinende Regel soll das forschende Subjekt zu den den Gegenstand konstituierenden Gemeinsamkeiten führen, vor deren Hintergrund sich Unterschiede und Besonderheiten erst entfalten können (Krotz, 2005, S. 220).

Das Dialogprinzip und die vier ins Gleichgewicht zu bringenden Regeln qualitativ heuristischer Sozialforschung wurden von Gerhard Kleining um drei Handlungsstrategien ergänzt: Die „Maximierung/Minimierung, also das Aufsuchen und Erforschen von extremen Haltungen, Einstellungen, Situationen", das „Testen der Grenzen", also „An-den-Rand-des-Möglichen-Gehen, das Eben-noch-Erreichbare-Prüfen" (1991, S. 265) und die „Anpassung der Gedanken an die Tatsachen [und aneinander]" (1995, S. 263). Die letzte, von Ernst Mach (1905, S. 164) stammende Formulierung charakterisiert nach Kleining die Bewegung des Subjekts zum Objekt hin und ist damit die Grundlage seines heuristischen Verstehensbegriffes (ebd., S. 266). Diese heuristischen Strategien wirken auf den Verlauf des Entdeckungsprozesses:

„Sie sind selbst prozeßhaft, d. h. Maximierung bzw. Minimierung nehmen allmählich zu oder ab, das Testen der Grenzen erfolgt graduell, nicht massiv oder abrupt, die Anpassung der Gedanken an die Tatsachen geschieht in kleinen Schritten, obgleich die Einsicht in die Zusammenhänge des Ganzen am Ende der Forschung als plötzliche Erhellung erlebt werden kann. Durch den vorsichtigen Umgang mit dem Untersuchungsgegenstand soll Sorge getroffen werden, daß er erforscht werden kann, ohne ihn dabei zu beschädigen, was natürlich heuristischer Absicht entgegenliefe, die auf Erkenntnis, nicht auf Manipulation oder politische Aktion gerichtet ist" (ebd.).

Der Entdeckungsprozess wird durch das Dialogverfahren, die vier heuristischen Regeln und die drei heuristischen Strategien operationalisiert. Er verlaufe „konkret 1 – abstrakt – konkret 2", indem der vorläufige Forschungsgegenstand zunächst als konkret erscheine, seine Struktur dann abstrahiert werde und in der Rückführung auf das Konkrete eine neue Qualität erreiche (Kleining, 2005, S. 267–268).

Der Anspruch der intersubjektiven Überprüfbarkeit gilt auch für die durch die qualitativ-heuristische Methodologie erzeugten Ergebnisse. Gerhard Kleining formulierte daher schon 1982 (S. 246) drei Prüfkriterien: „Verläßlichkeit, Gültigkeit und Gültigkeitsbereich". Er übernahm damit im Grunde die „klassischen" Kriterien „Objektivität", „Reliabilität" und „Validität" zur Beurteilung quantitativer Studien, passte sie jedoch an seine qualitative Vorgehensweise an. Das Verfahren der qualitativen Heuristik ist nach Kleining reliabel, weil die im Forschungsprozess erzeugten multiperspektivischen Bilder eines Gegenstands (Regel 3) durch die Analyse auf Ge-meinsamkeiten (Regel 4) überwunden werden. Es sei intern valide, da die maximale strukturelle Variation der Perspektiven auch Extreme zulasse (Regel 3) und die „Hundert-Prozent-Regel" bei der Analyse auf Gemeinsamkeiten hin keine Ausnahme dulde (Regel 4). Diese Regel sei zugleich der Indikator für die Sättigung der Daten und damit ein Kriterium für das Ende der Untersuchung (Krotz, 2005, S. 236): Alle Daten seien integriert und haben zu einem stimmigen Gesamtbild (Struktur des Forschungsgegenstands) geführt (Kleining, 2010, S. 74).

Der Gültigkeitsbereich der Ergebnisse sei ein Resultat des heuristischen Forschungsprozesses: „Die ergebnisrelevanten Extrempositionen des Samples markieren die jeweilige Reichweite" (Kleining, 2010, S. 74). Die gewonnenen Daten und Erkenntnisse gelten daher zunächst nur für die untersuchten Fälle und ihre spezifische Erhebungssituation. Die Ausdehnung des Gültigkeitsbereichs müsse durch die Erweiterung des Samples belegt werden. Die Bestimmung der Geltung von Forschungsergebnissen schütze die Forschenden vor der Annahme von „Universalien" (ebd.).

Friedrich Krotz (2003, S. 287) verdeutlichte, „dass es der heuristischen Sozialforschung nicht darum gehen kann, Vorstellungen und Meinungen zu erfragen, sie erhebt vielmehr Praktiken und damit verbundene Repräsentationen". Unter Berufung auf die Sapir-Whorf-Hypothese von 1963, Sprache forme das Denken, vertrat er eine poststrukturalistische Auffassung: Er hielt Vorstellungen und Meinungen für in Sprache ausgedrückte, mehr oder minder reflektierte Bewusstseinsinhalte, die mit dem Gegenstand nicht identisch seien und ihm äußerlich bleiben. Soziale Gegenstände seien daher nicht so sehr durch die Untersuchung von Vorstellungen valide beschreibbar, wenn diese auch nicht vernachlässigt werden dürfen. Die Rekonstruktion des Forschungsgegenstands müsse sich daher auf Alltags- und Handlungspraktiken beziehen, in denen Menschen mit dem Gegenstand umgehen (ebd.). Gerhard Kleinings Experimente über im Forschungsprozess erzeugte Vorurteile (1994) legen hingegen einen Strukturzusammenhang zwischen den Vorstellungen der Versuchspersonen und dem sozialem Gegenstand nahe: In 280 Selbstbeobachtungsprotokollen Hamburger Studierender entdeckte er ein Vorstellungssystem, das ein gesellschaftliches Wertesystem sei und die positiven und negativen Vorurteile der Studierenden strukturiere (S. 25–26).

Die Methodologie der Heuristischen Sozialforschung orientiert sich an den allgemeinen Grundregeln qualitativer Forschung, bildet aber aufgrund der dargestellten Besonderheiten mit anderen theoriegenerierenden Verfahren wie der Grounded Theory eine eigene Gruppe. Sie bleibt nicht auf qualitative Daten beschränkt, sondern könnte auch auf quantitative Daten angewandt werden (Krotz, 2005, S. 14). Die infolge der dichten Beschreibung der Struktur des entdeckten Forschungsgegenstands generierte, raum-zeitlich begrenzte Theorie mittleren Abstraktionsgrads (Kleining, 1995, S. 137, 139; Hagemann nach Klukkert, 2003, S. 41) kann je nach wissenschaftstheoretischer Position der Forschenden als Abbild oder Konstruktion der Wirklichkeit aufgefasst werden (ebd., S. 27, 115). Mit der erkenntnistheoretischen Position des radikalen Konstruktivismus ist die Vorgehensweise, mit der gültige Forschungsergebnisse erzielt werden sollen, wohl unvereinbar.

Gerhard Kleining sah die ethische Legitimation für die entdeckende Sozialforschung in „der Notwendigkeit der Aufklärung über psychische und soziale Verhältnisse in der Moderne" (Kleining, 1995, S. 380). Er hielt seine Methodologie aufgrund ihres dialogischen Charakters für ein „sanftes" Verfahren, weil die Forschungsteilnehmerinnen und -teilnehmer nicht als Testobjekte behandelt, sondern in ihrer Eigenart und Entwicklung erkannt werden sollen (ebd., S. 381).

Die Qualitative Heuristik ist ein allgemeiner, in verschiedenen Disziplinen anwendbarer Forschungsstil. Gerhard Kleining verortete seine Methodologie wie folgt:

„Wissenschaftsstrategisch unterscheidet sie sich sowohl von erklärenden (deduktiv-nomologischen) als auch beschreibenden (induktiven) bzw. deutenden (hermeneutischen) Aufgabenstellungen [...]. Von anderen entdeckenden Verfahren (Blumer 1969; Glaser & Strauss 1967) setzt sie sich ab durch die Einbeziehung der klassischen mitteleuropäischen Psychologie bis 1933/1938, durch ein erweitertes Methodenspektrum, durch die Nutzung dialogischer Erhebungsmethoden und die daraus entstehende Chance zur immanenten Kritik sowie auf der praktisch-empirischen Seite durch eine vereinfachte Analysetechnik" (2010, S. 66).

Die Methodologie beinhaltet einen eigenen, heuristischen Objektivitätsbegriff und einen datenbasierten, dynamischen Kritikbegriff. Die Begriffe stehen Karl Mannheims (1893–1942) gesellschaftlichem, dynamischem, historischem und damit kritischem Objektivitätsbegriff aus dessen Wissenssoziologie besonders nahe (Kleining, 1995, S. 324). Der heuristische Objektivitätsbegriff beschreibe die Bewegung vom Subjekt zum Objekt hin, sei insbesondere vom Übergang von der „subjektiven" zur „gegenstandsimmanenten Logik", von „dem Gegenstand äußerliche[r] Kritik" zu „immanente[r] Kritik" gekennzeichnet. Der fortschreitende Erkenntnisprozess „führt zu einer Überwindung der vorherigen Standpunkte und Sichtweisen" und ist nach Kleining „per se kritisch" (ebd., S. 326.).

Der Forschungsstil der heuristischen Sozialforschung, deren Basismethoden das qualitative Experiment und die Beobachtung seien (Kleining, 1995, S. 229), wurde in zwei von Gerhard Kleining (1995) und Friedrich Krotz (2005) verfassten Handbüchern ausführlich dargestellt sowie in den einschlägigen Methoden-Handbüchern verschiedener (qualitativ-)empirisch arbeitenden Disziplinen vorgestellt, diskutiert und gewürdigt[1]. Allerdings fehlt ein pragmatisch orientierter Reader mit Denkanstößen für die strukturelle Variation eines Forschungsgegenstands und die Entdeckung von Gemeinsamkeiten in den erhobenen Daten. „Rezepte" würden hingegen dem Offenheitspostulat Qualitativer Heuristik widersprechen.

2.4 Die Technik des qualitativen Experiments nach Gerhard Kleining

Das in der Experimentalpsychologie und Pädagogik übliche quantitative Experiment dient der Hypothesenprüfung (Hussy & Jain, 2002), muss wiederholbar sein und wird zwecks Kontrolle der Untersuchungsbedingungen idealerweise als Laborexperiment durchgeführt. Die unabhängigen und abhängigen Variablen werden operationalisiert, die unabhängige(n) Variable(n) durch den experimentellen Eingriff verändert und die übrigen Variablen durch Kontrolltechniken wie Parallelisierung oder Randomisierung neutralisiert (Burkart, 2010, S. 252 nach Hager & Westmann, 1983; ferner Klauer, 2005; Huber, 2013).

Nach Gerhard Kleining trifft keines dieser Merkmale auf das qualitative Experiment zu: Es gehe nicht von bekannten Hypothesen aus, sondern ziele auf Entdeckungen. Es verwende keine Variablen, sondern suche und finde Strukturen, also alle Arten von Abhängigkeiten, Beziehungen und Relationen. Die Untersuchungsbedingungen sollen nicht kontrolliert, sondern im Sinne der strukturellen Variation des Forschungsgegenstands variiert werden. Ebenso sei die vieldiskutierte Wiederholbarkeit keine Bedingung des qualitativen Experiments. Das für die Wiederholung von Lebensvorgängen notwendige Abstraktionsniveau liege höher als die Ebene des Konkreten und Besonderen, auf der das qualitative Experiment arbeite (Kleining, 1986, S. 725).

Wissenschaftsgeschichtlich betrachtet waren das qualitative und quantitative Experiment von der Antike (Euklid, Archimedes) bis ins 17. und 18. Jahrhundert hinein (Galilei, Boyle, Harvey, Newton) methodisch verbunden und wurden sowohl explorativ als auch verifizierend genutzt. Gerhard Kleining (1986, S. 729) und sein Schüler Thomas Burkart (2010, S. 253) verwiesen auf Isaac Newtons (1643–1727) Versuche mit Pendel und schiefer Ebene, die ihn zur Formulierung der Fallgesetze und

---

1   Beispielsweise Flick, Kardoff, Keupp, Rosenstiel & Wolff, 1995, S. 11–22, 263–266; Mayring, 2002, S. 58–61; Bortz & Döring, 2006, S. 386–389; Hussy, Schreier & Echterhoff, 2010, S. 206–208; Lamnek, 2010, S. 582–589; Mey & Mruck, 2010, S. 68–78, 252–262, 491–505).

der Entwicklung der klassischen Mechanik geführt hatten. Newton kombinierte dabei Messungen mit qualitativen Erkundungen zu extremen Situationen und Grenzbedingungen.

Die Einheit des wissenschaftlichen Experiments wurde erst Ende des 19. Jahrhunderts aufgegeben und seitdem zwischen beiden Arten scharf differenziert. Johann Wolfgang von Goethe (1749–1832) favorisierte in einem methodisch interessanten Aufsatz von 1792 das nichtnaturwissenschaftliche Experimentieren und grenzte es gegenüber den physikalischen Experimenten Newtons ab (Kleining, 1986, S. 729):

„Ich habe vorhin gesagt, dass ich die unmittelbare Anwendung eines Versuchs zum Beweis irgendeiner Hypothese für schädlich halte, und habe dadurch zu erkennen gegeben, dass ich eine mittelbare Anwendung derselben für nützlich ansehe […].

Wir haben oben gesehen, dass diejenigen am ersten dem Irrtume unterworfen waren, welche ein isoliertes Faktum mit ihrer Denk- und Urteilskraft unmittelbar zu verbinden suchten. Dagegen werden wir finden, dass diejenigen am meisten geleistet haben, welche nicht ablassen, alle Seiten und Modifikationen einer einzigen Erfahrung, eines einzigen Versuches, nach aller Möglichkeit durchzuforschen und durchzuarbeiten" (Goethe, 1949, S. 851).

Die Unterschiede zwischen Geistes- und Naturwissenschaften zu betonen habe nach Gerhard Kleining dem Zeitgeist des 19. Jahrhunderts entsprochen. So sei das quantifizierende Experiment schließlich den Naturwissenschaften zugeschrieben und durch Wilhelm Wundt (1832–1920) und seine Schüler auch zur Leitmethode der experimentellen Psychologie erhoben worden. Das Forschungsinteresse dieser Gruppe habe einfachen psychischen Prozessen bei Individuen gegolten. Gesamtgesellschaftliche Gegenstände, die sie als „Völker-Psychologie" bezeichneten, waren nach ihrer Auffassung dem Experiment nicht zugänglich, sondern nur der Beobachtung. Kleining sah in dieser Kopplung von Forschungsmethoden und -gegenständen die Ursache der späteren Spaltung in natur- und geisteswissenschaftliche Methoden (1986, S. 729).

Kleining und seine Schüler betonten, der Physiker und Wissenschaftstheoretiker Ernst Mach (1838–1916) habe hingegen an der fächerübergreifenden Einheit der Methoden, dem ganzheitlichen Forschen, festgehalten. Daher könne die Entwicklung des qualitativen Experiments, dessen Blütezeit im frühen 20. Jahrhundert begann, auf ihn zurückgeführt werden. Es sei insbesondere von den Vertretern der bereits erwähnten Würzburger Schule, der Berliner Gestaltpsychologie und der klassischen Wiener Entwicklungspsychologie aufgegriffen, aber nach 1945 in Deutschland durch den Mainstream der Quantifizierung von Daten in der Soziologie und der Psychologie fast gänzlich verdrängt worden. Die bekannteste Variante des qualitativen Experiments sei in Europa von dem in einer anderen Tradition stehenden

Schweizer Jean Piaget praktiziert worden. Mit seiner „klinischen Methode" zur Erforschung des Weltbilds von Säuglingen und Kleinkindern (beispielsweise zur Invarianz von Volumen) habe er die teilnehmende Beobachtung mit dem qualitativen Experiment verbunden, indem er Alltagsobjekte und natürliche Interaktionen genutzt und ständig variiert habe (Kleining, 1986, S. 730–732; Vollmers, 1992; Burkart, 2005, 2010, S. 253–255).

Initiiert durch den Aufsatz „Das qualitative Experiment", der 1986 in der „Kölner Zeitschrift für Soziologie und Sozialpsychologie" erschien, gelang es Gerhard Kleining, die deutsche Tradition des qualitativen Experiments wiederzubeleben und zu optimieren. Er explizierte die Technik des qualitativen Experiments als Basismethode heuristischer Sozialforschung, indem er zunächst von deren vier Grundregeln (Offenheit der Forschenden, Offenheit des Forschungsgegenstands, maximale strukturelle Variation des Gegenstands und Analyse auf Gemeinsamkeiten hin) und drei Handlungsstrategien (Maximierung/Minimierung, Testen von Grenzen, Adaption) ausging und diese um allgemeine experimentelle Techniken ergänzte. Er charakterisierte die Techniken als „Werkzeug des Experimentators" (S. 733–740).

Kleining beschrieb sechs experimentelle Techniken, einen Forschungsgegenstand zu verändern, die er in drei Gruppen („Gliederung", „Einschränkung/Ausdehnung", „Umwandlung") zusammenfasste. Erstens könne in einen Gegenstand durch „Separation" oder „Segmentation", also durch seine Teilung oder Gliederung, eingegriffen werden: „Verschiedene Gliederungen ergeben verschiedene Arten von „Sinn" – manche sind wiederfindbar in sozialen Interaktionen, andere erweisen sich nur als Konstruktion des Forschers ohne Realitätsbezug" (1986, S. 737). Bei der „Kombination" werden Teile des Gegenstands anders zusammengesetzt, als sie im Gegenstand selbst vorgefunden worden seien: „Das Ergebnis sagt etwas aus über die Besonderheiten der Teile, die zusammengebracht werden, weil es zeigt, wie sie sich zueinander verhalten in ihrer Versöhnbarkeit, Widersprüchlichkeit, Gleichgültigkeit oder auch durch Effekte, die erst bei der Kombination erkennbar sind" (ebd.).

Zweitens könne ein Gegenstand durch „Reduktion" oder „Abschwächung" untersucht werden, indem Teile des Gegenstands entfernt oder minimiert werden: „Was kann man aus einem Gegenstand entfernen, ohne ihn ‚eigentlich' zu treffen? [...] welche Bereiche können verringert werden, ohne daß viel passiert? Welche sind sensibel für Reduktion?" (ebd.) Auch die „Adjektion" oder „Intensivierung" ermöglichen die Veränderung des Forschungsgegenstands, da ihm Teile hinzugefügt oder Teile verstärkt werden: „Welche Anfügungen kann er am ehesten verkraften? Welche Zutaten dürfen keinesfalls beigefügt werden, da sie den Gegenstand zerstören?" (ebd.)

Drittens könne ein Forschungsgegenstand durch die „Substitution", die Ersetzung eines Teiles durch einen anderen, gewandelt werden: Es „ist die Praxis des Austauschs zur Erforschung des Austauschbaren" (ebd., S. 738). Mit der „Transformation" werde ein Gegenstand in einen anderen verwandelt, der aber noch Merkmale des ursprünglichen Gegenstands besitze: „Experimentell etwas ganz anderes herzustellen, das gleichwohl das Gleiche ist oder etwas sehr Ähnliches, das völlig ungleich erscheint, sind Ziele, die, wenn man sie erreicht, Auskunft geben über die Eigenarten von Gegenständen" (ebd.).

Diese allgemeinen experimentellen Techniken müssen von den Forschungspersonen angepasst und weiterentwickelt werden. Dennoch beschrieb Kleining zahlreiche, teils schwer zu realisierende Anwendungsbeispiele aus dem Bereich der Sozialpsychologie: Beispielsweise riet er, formale Sozialordnungen aufzulösen wie „die Kindergartengruppe ohne Aufsicht, [...] de[n] militärischen Verband ohne Leitung", Organisationen experimentell in Teilgruppen „nach Geschlecht, nach Alter, nach Leistung, nach Seniorität, nach Körperkraft" zu trennen oder zu der Kombination von „Kleingruppen, Mannschaften, Betrieben, Familien, einzelnen Personen". Bestehende Positionen oder Rollen in Sozialorganisationen können durch „Machtentzug, Liebesentzug, Legitimitätsbeschränkung, laisser-faire-Haltung, Separierung oder [...] Abwesenheit" in ihrer Wirksamkeit abgeschwächt werden. Zur Erforschung der Eigenart von Institutionen können Personen Befugnisse übertragen werden, die sie zuvor nicht besaßen: „Eine Schulklasse soll über den Lehrplan entscheiden, die Prüfungen, die Zensuren" (ebd. S. 738-739).

Ferner könne das Ganze erforscht werden, indem ein Teil des Ganzen durch einen anderen Teil ersetzt werde. So modifizieren „andere Kleidung oder Haartracht, ein anderer Wortschatz, anderes Sprachverhalten, schon eine andere Stimmlage" das gesamte Erscheinungsbild. Kleining verwies auf die vielfältigen Möglichkeiten der Substitution, insbesondere das Vertauschen des individuellen Sozialverhaltens: „Verhalte dich wie ein Kind, wie dein Chef, wie dein Ehepartner, wie ein Amerikaner, wie ein Politiker" (ebd., S. 739). Zuletzt könne auch das Ganze (Familie, Dorf, Stadtteil, Verein, Zeitung, Sender, Wirtschaftsunternehmen, Religion, Staat, Wirtschaftssystem, Staatenordnung) umgestaltet werden. Kleining dachte auch an „kurzfristige Transformationen bei Festen, Feiern, Tagungen, Aufführungen". Er räumte ein, dass große, „herrschaftsrelevante Manipulationen" oder der Planung nicht zugängliche Techniken in Ex-post-facto- oder Gedankenexperimente übergehen (ebd., S. 739-740; weitere Beispiele für experimentelle Eingriffe bei Burkart, 2010, S. 258-259; Lamnek, 2010, S. 587-588).

Die von Gerhard Kleining skizzierten experimentellen Anordnungen führen aufgrund der nonrandomisierten Zuteilung der Versuchspersonen und dem Ort der Durchführung zu Feldstudien als Sonderform des Experiments. Sie sind von dem Laborexperiment (Randomisierung der Versuchspersonen, im Labor), dem Feldex-

periment (Randomisierung der Versuchspersonen, im Feld) und dem Quasiexperiment (ohne Randomisierung der Versuchspersonen, im Labor) zu unterscheiden (vgl. Hussy, Schreier & Echterhoff, 2010, S. 134–137).
Mangels alternativem Forschungsrahmen kann Gerhard Kleinings qualitatives Experimentieren nicht methodisch-vergleichend diskutiert werden. Die im Rahmen des qualitativen Experiments vorgenommenen Eingriffe in den Forschungsgegenstand sollten auch nicht mit denen der pädagogischen Interventionsforschung verwechselt werden. Sie unterscheiden sich in der Intention: Im Gegensatz zur Interventionsforschung, die Kausalitäten untersucht (Hascher & Schmitz, 2010, S. 8), handelt es sich bei dem qualitativen Experiment nach Kleining eben nicht um die generalisierende Wirkungsprüfung einzelner Maßnahmen. In den Forschungsgegenstand wird eingegriffen, um seine unveränderliche Grundstruktur durch die Analyse auf Gemeinsamkeiten sichtbar zu machen.

2.5 Reflexion über das Theoriewissen, die Präkonzepte und die Offenheit der Forschungsperson

Die kritische Reflexion meines[2] Vorverständnisses hinsichtlich des vorläufigen Forschungsgegenstands, des Geschichtsunterrichts und des Forschungsstils war ein wesentlicher Teilschritt für den Forschungsprozess der Qualitativen Heuristik. Daher dokumentierte ich, angeregt von Friedrich Krotz (2005, S. 131, 291), meine Präkonzepte und Vorerfahrungen (Lettau & Breuer, 2007, S. 17) in einem Forschungstagebuch. Anstatt diese Charakteristika als Störvariablen aufzufassen, beabsichtigte ich, den Grundgedanken der Reflexivität im Forschungsprozess methodisch zu nutzen:

„Die unabweisbare Subjektivitäts- und Interaktionscharakteristik mit ihren personalen und interpersonalen Effekten im epistemologischen System aus Subjekt, Objekt und Gegenstand/Thema wird nicht (unter der Störungs-/Fehler-Perspektive) minimiert, standardisiert und/oder ignoriert, sondern sie wird – gewissermaßen im Gegenteil – thematisiert und potentiell als ergiebiges Erkenntnisfenster fokussiert" (ebd., S. 12).

Ich nahm mir vor, „Selbst-Fokussierungen" sowohl auf der Makroebene (Gesellschaft, Kultur, Sprache, Geschichte, Wissenschaft etc.) und der Mikroebene (das Private, Biografische, Familiäre etc.) als auch auf der Mesoebene (der Kontakt, die Interaktion, die Berührung mit dem zu erforschenden Objekt im Feld) zu praktizieren

---

2   Aus Gründen der Passung von Inhalt und Grammatik verfasste ich dieses Kapitel der Selbstreflexion in der Ich-Perspektive.

und diese anschließend im Forschungsprozess zu hinterfragen (ebd., S. 14–15; Breuer, 2010, S. 40, 44).

Otmar Hagemann (2003) warnte vor einem extensiven Literaturstudium zu Beginn des Forschungsprozesses, um die bewusste oder unbewusste Orientierung an den wissenschaftlichen Vorbildern zu vermeiden (S. 34–35). Friedrich Krotz bemerkte hingegen, dass vorhandene Theorien nur dann in die „falsche" Richtung weisen können, wenn man sie als „wahr" begreife (2005, S. 129–130). Leider war ich in Bezug auf den vorläufigen Forschungsgegenstand der historisch-narrativen Kompetenz infolge meiner mehrjährigen Tätigkeit in der Wissenschaft und an der Schule mit geschichtsdidaktischer Theorie und praktischen Erfahrungen beladen. Daher verzichtete ich darauf, die einschlägige theoretische Literatur der Geschichtsdidaktik vor Beginn des Forschungsprojekts zu rekapitulieren. Stattdessen fragte ich mich, welche Spuren die Beschäftigung mit historischem Erzählen und historisch-narrativer Kompetenz bei mir hinterlassen haben.

Mit dem „historischen Erzählen" im Geschichtsunterricht kam ich zuerst während meines Geschichtsstudiums in den 1990er Jahren in Düsseldorf in Berührung. Die großen geschichtstheoretischen Kontroversen der 1970er Jahre um die historische Hermeneutik („erklären" versus „verstehen") wirkten bei meinen akademischen Lehrern noch nach. Ihnen galt die geschichtswissenschaftliche Erzählung als überholt und sie präferierten die argumentierenden, diskursiven Texte der historischen Sozialwissenschaft (vgl. Kocka, 1989, S. 8–20).

Mein späterer Doktorvater, Hans Süssmuth (* 1935), betonte dennoch die konstitutive Bedeutung des Erzählens für den Geschichtsunterricht (Quandt & Süssmuth, 1982). Er plädierte nach den großen geschichtstheoretischen Kontroversen der 1970er Jahre für die Wiederaufwertung des historischen Erzählens als erneuerter Geschichts(lehrer)erzählung. Dieses Anliegen erinnerte mich auch an Rolf Schörken, der 1997 zu Erzählungen „mit aufgerauter Oberfläche" riet, die „Öffnungen zum Eingreifen lassen" und deren „suggestive Wirkung des Erzählens von Geschichte „aufgebrochen" werden kann" (S. 94–95). Viel später gelangte ich zu der Überzeugung, dass das „Verstehen" und „Erklären" von Geschichte durchaus vereinbare und sogar schwer voneinander zu trennende Vorgänge sind (vgl. Daniel, 2006, S. 406).

Das Zauberwort meines Studiums war der *lingustic turn* in der Geschichtswissenschaft (Iggers, 1995), der – wie ich zwischenzeitlich lernte – eher ein *narrative turn* war (Daniel, 2006, S. 432). Die Diskussion um die Narrativität historiografischer Texte, ausgelöst durch die deutsche Übersetzung von Hayden Whites „Metahistory" (1991), bot mir interessante Einblicke in das Selbstverständnis einer Historikergeneration, die Geschichte nicht erzählen wollte. Zu Whites Erzähltypologie fehlte mir jedoch der Zugang: Zwischen den in Historikertexten aus dem 19. Jahrhundert identifizierten und verallgemeinerten Tropen (Metapher, Metonymie, Synekdoche, Ironie), die angeblich die narrative Form (Romanze, Tragödie, Komödie, Satire) der

Texte bestimmten, und der zur Zeit meines Studiums aktuellen Historiografie sah ich kaum eine Verbindung.

Jörn Rüsens Typen historischen Erzählens (traditional, exemplarisch, kritisch, genetisch) begegneten mir zuerst in der tabellarischen Variante der letzten Auflage des „Handbuchs für Geschichtsdidaktik". Durch sein eingängiges Stufenmodell gelangte ich zu der Überzeugung, dass ein spezifisches historisches Erzählen existiert (Rüsen, 1982, 1997, S. 58, 60–62). Gleichwohl irritierte mich, dass die Erzähltypen durch Hans-Günter Schmidt (1987) und eine Arbeitsgruppe um Jörn Rüsen (Rüsen, Fröhlich, Horstkötter & Schmidt, 1991) im Feld so schwer und kaum eindeutig zu identifizieren waren.

Praktische Erfahrungen mit der narrativen Kompetenz von Zeitzeugen sammelte ich bei einem Forschungsauftrag für die Evangelische Kirche im Rheinland (Rauthe, 2003). Um die Aufarbeitung der Benachteiligungen des Konsistoriums gegenüber den eigenen kirchlichen Mitarbeiterinnen und Mitarbeitern in der Zeit des Nationalsozialismus nicht auf das Aktenstudium zu beschränken, befragte ich die Kinder (Geburtsjahrgänge um 1940) der benachteiligten Pfarrer. Die unterschiedlichen Perspektiven auf den damaligen Konflikt zwischen dem Vater oder den Eltern und dem Düsseldorfer Konsistorium waren für mich eindrucksvoll und lehrreich. Die Absichten der oftmals rhetorisch geübten Pfarrerssöhne waren unterschiedlich: Mir wurden als Nachgeborene die theologischen und politischen Einstellungen des Vaters zur NS-Ideologie, sein widerständiges Verhalten oder seine beschränkten Handlungsmöglichkeiten narrativ erklärt. Einige Erzählungen zielten darauf, das Andenken des Vaters zu bewahren, bei anderen standen die Konflikte innerhalb der Bekennenden Kirche im Vordergrund.

Wie Schülerinnen und Schüler mit fertigen Geschichtsdarstellungen umgehen, beschäftigte mich erstmals im Referendariat. Mein Düsseldorfer Fachleiter plädierte für Ganzschriften als Alternative zu den traditionellen Leitmedien „Schulbuch" und „Quellenheft". Nach seinen Erfahrungen arbeiten Jugendliche gern mit Büchern, die sich eigentlich an Erwachsene richten. Meine Fachseminargruppe diskutierte über die Auswahl geeigneter Ganzschriften und die methodischen Anforderungen ihrer Implementierung im Schulunterricht.

Als Lehrerin habe ich in den Jahren zwischen 2004 und 2008 häufig mit Schülerinnen und Schülern über das Fach Geschichte in der Oberstufe nachgedacht. Leider teilten sie meine Passion nur in Maßen: Neben den verbreiteten Klischees „trocken", „langweilig" und „zu viele Daten" galt ihnen das Fach Geschichte im Hinblick auf das Abitur als „zu schwer" und es erfordere „zu viel Allgemeinwissen". Nach meiner Diagnose hingegen waren den Schülerinnen und Schülern die Zusammenhänge vergangenen Geschehens nicht deutlich. Sie verfügten kaum über eine (Hintergrund-)Narration.

Ich teilte die verbreitete einseitige Wertschätzung der Quellenarbeit im Geschichtsunterricht (vgl. beispielsweise Beilner, 2002, S. 84; Sauer, 2013) nicht. Von Borries (2013, S. 14–16) Zweifel an der Wirksamkeit der Quellenorientierung, die er für „das – fragwürdige – Gütesiegel von Geschichtsunterricht" hielt, „obwohl außerhalb des Geschichtsunterrichts kaum ein Mensch Bild- und Textquellensammlungen studiert" (2008, S. 2–3), kamen mir entgegen. Zudem hegte ich den Verdacht, dass den Schülerinnen und Schülern die Bedeutung der Quelleninterpretation für den Erkenntnisweg im Geschichtsunterricht, die elementarisierte Form der historischen Methode, nur selten bewusst war. Wohlwissend, dass sich Heinz Dieter Schmids reines Arbeitsbuch nicht durchsetzen konnte (Schönemann & Thünemann, 2010, S. 68–69), hielt ich die derzeit favorisierten kombinierten Lern- und Arbeitsbücher für die Übeltäter: Sie boten den Schülerinnen und Schülern kaum Möglichkeiten, den Gang der Untersuchung eines historischen Problems als Ganzes zu erfahren, und ließen die Arbeitsweise im Fach Geschichte intransparent erscheinen.

Ich vermisste vielfach Aufgabenformate, die zwecks Vollendung des Erkenntnisprozesses im Geschichtsunterricht zu der narrativierenden Verbindung von Quellenbefunden (vgl. Pandel, 1994, S. 118) und/oder eigenen historiografischen Darstellungen der Schülerinnen und Schüler anregten. Für kontraproduktiv hielt ich zudem, dass Darstellungen außerhalb der Verfassertexte selten als „Darstellung" – umso häufiger als „Quelle" – eingeführt wurden. Die Fähigkeit der Lernenden, zwischen „Quelle" und „Darstellung" zu unterscheiden, war für mich ein Indiz für die Verinnerlichung des facheigenen Erkenntnisprozesses. Ferner hielt ich die kombinierten Lern- und Arbeitsbücher für wenig einprägsam, da ihre Inhalte vor dem geistigen Auge der Schülerinnen und Schüler erstaunlicherweise auf „Texte" verengt wurden. Ich hoffte, die Lernenden würden sich an ganze Bücher, ähnlich wie die Lektüren im Deutsch- und Fremdsprachenunterricht, nachhaltiger erinnern.

Ich gelangte bald zu der Überzeugung, dass die historisch-narrative Kompetenz der Lernenden der Schlüssel erfolgreichen Geschichtsunterrichts und eine Voraussetzung für gelungene Klausuren ist (vgl. die „Schülerleistungen" in Schönemann, Thünemann & Zülsdorf-Kersting, 2010, S. 36–98). In meiner Idealvorstellung sollten narrativ kompetente Jugendliche auch in der Lage sein, eigene Verstehensbarrieren im Umgang mit Fachtexten, die aus der Inkongruenz der Schüler-/Alltagssprache und der „Sprache des Historikers" (Mommsen, 1984, S. 81) entstanden, zu überwinden.

Über die tatsächliche Ausprägung historisch-narrativer Kompetenz oder Performanz von Schülerinnen und Schülern hatte ich bis zu Beginn des Unterrichtsexperiments diffuse Vorstellungen. Einerseits entsprach es meinem „Menschenbild" (Breuer, 2010, S. 38), dass schon Kinder erzählen konnten. Die Forschung der Gruppe um Dietrich Boueke (Boueke, Schülein, Büscher, Terhorst & Wolf, 1995), die das „Geschichtenschema" schon bei Zehnjährigen voll entwickelt sah (S. 198), bestärkte mich in dieser Annahme. Die Verfügbarkeit des Schemas hielt ich für die Initialzündung der Entwicklung allgemeiner narrativer Kompetenz von Jugendlichen. Wie Jürgen Straub (2000) betrachtete ich diese Kompetenz als Voraussetzung, um die eigene Biografie zu reflektieren (S. 140), wozu die Heranwachsenden in unserer Kultur schon sehr früh gefordert waren.

Andererseits verwirrten mich die widersprüchlichen empirischen Ergebnisse zur fachspezifischen narrativen Kompetenz: Hans-Jürgen Pandels Studie zum „Erzählakt Nacherzählen" (1994, S. 105–119) legte nahe, dass diese Kompetenz bei Kindern erst nach dem zwölften Lebensjahr entstehe. Die Befunde von Carlos Kölbl (2004, S. 347), „dass die Forschungspartner [...] historische Narrative zu erzählen vermögen, die unterschiedliche Begründungsstränge synthetisieren und auf kritische Nachfragen ausgerichtet sind", attestierten hingegen schon bei Jugendlichen ein elaboriertes Niveau dieser Schülerkompetenz. Matthias Martens' (2010) ernüchternde Ergebnisse zum „Umgang mit Darstellungen" verwiesen wiederum auf eine eher basale Ausprägung der narrativen Kompetenz seiner dreizehn- bis neunzehnjährigen Probandinnen und Probanden (S. 333–335).

Meine Anfangsidee für die anstehende Studie war, die historisch-narrative Kompetenz der Lernenden – abweichend zu Kölbl und Martens – im regulären Geschichtsunterricht zu explorieren. Aufgrund meiner eigenen schulischen und universitären Sozialisation „glaubte" ich an die Wirkung von Ganzschriften. Ich beabsichtigte daher, die historisch-narrative Kompetenz der Lernenden durch die Lektüre eines längeren historiografischen Textes und seine Erarbeitung mittels durchdachter Aufgaben in Form eines Unterrichtsmodells zu steigern. Meine für die Konzeption dieser Aufgabensammlung, die später zum Kernstück der strukturellen Variation im Rahmen des qualitativen Experiments wurde, relevanten Vorstellungen und Einstellungen zum Geschichtsunterricht reflektierte ich zuvor in meinem Forschungstagebuch. Diese individuelle Ausgangslage beeinflusste den Verlauf der Forschungsarbeit maßgeblich.

Von der Tagespolitik fasziniert, interessierte ich mich besonders für das Politische in der Geschichte. Mein Ziel war es, die Schülerinnen und Schüler im Geschichtsunterricht zu demokratisch und europäisch denkenden Menschen zu erziehen, die wählen gehen. Sie sollten befähigt werden, die politischen und gesellschaftlichen Verhältnisse in Deutschland und Europa in ihrer historischen Gewordenheit und im Kontext der lokalen und globalen Veränderungen durch ständigen sozialen, wirtschaftlichen und kulturellen Wandel kritisch zu reflektieren. Diese für meine, in den 1970er und 1980er Jahren in der alten Bundesrepublik aufgewachsene, Geschichtslehrergeneration womöglich typische Motivation für die Beschäftigung mit der Geschichte erkannte ich in den, jetzt abgelösten, nordrhein-westfälischen Richtlinien für die Sekundarstufe II (1999, „Aufgaben und Ziele des Faches" S. 5–6, „Dimensionen historischer Erfahrung" S. 16–22) und im neuen Kernlehrplan für die Sekundarstufe II (2014, „Aufgaben und Ziele des Faches" S. 10–11) wieder. Ich wollte Jugendliche auffordern, die Verschiedenheit von Menschen, Kulturen, Zeiten und Räumen wahrzunehmen und anzuerkennen (Kernlehrplan für die Sekundarstufe II, 2014, vgl. die „Inhaltsfelder" S. 16–19). Zusammenfassend notierte ich in meinem Forschungstagebuch „Geschichtsbewusstsein" als allgemeines Ziel historisch-politischer Bildung (Jeismann, 1995, S. 44; Klieme-Expertise, 2007, S. 68–70).

So einleuchtend mir das „Geschichtsbewusstsein" als Bildungsziel erschien, verfügte ich trotz der Kenntnis zahlreicher theoretischer und empirischer Arbeiten (z. B. Schörken 1972; Rüsen, 1982, S. 136; von Borries, 1983, 1995; Jeismann, 1988; Pandel, 1987) nur über eine vage Vorstellung von der Ontogenese dieses individuellen, dynamischen Prozesses. Bei allen Lernenden ein „reflektiertes Geschichtsbewusstsein" anzustreben (Schreiber, 2002), hielt ich überdies für kaum einlösbar (vgl. Schönemann, 2012). In meinem Forschungstagebuch fragte ich mich, ob es sich bei dem „Geschichtsbewusstsein" weniger um ein Bewusstsein als vielmehr um eine sehr spezifische Denkweise handle.

Durch meinen Doktorvater ursprünglich lern(ziel)theoretisch geprägt (Süssmuth, 1980, S. 119–145), war ich der geschichtsdidaktischen Diskussion über Kompetenzen doch aufgeschlossen. Ich fasste die Orientierung an Kompetenzen und Standards als Chance auf, den Geschichtsunterricht in Hinblick auf die anzustrebenden Bildungsziele des Schulfaches Geschichte noch stärker zu profilieren. Wie sich die Kompetenzorientierung auf die Planung einzelner Geschichtsstunden auswirkte, war für mich hingegen ein ungelöstes Problem: Ich vermutete, dass die zu erreichenden graduierten Teilkompetenzen von den Lernzielen einer Geschichtsstunde kaum zu unterscheiden waren.

Das vielrezipierte Kompetenzmodell der „FUER-Gruppe" verstand ich als eine idealtypische Vorstellung vom historischen Denken, welches durch die domänenspezifische „Frage-, Methoden-, Orientierungs- und Sachkompetenz" eines Menschen möglich werde (Schreiber u. a., 2006, S. 19–35). Die im Forschungskontext des „FUER-Modells" von Wolfgang Hasberg stets betonte Unterscheidung der „Re-Konstruktion" und „De-Konstruktion" von Geschichte (zum Modell dynamischen Geschichtsbewusstseins vgl. Hasberg & Körber, 2003, S. 187; Hasberg, 2013, S. 71–72) brachte mich auf den Gedanken, diese beiden für den „Vollzug des historischen Erkenntnisprozesses" grundlegenden Operationen historischen Denkens (Hasberg, 2005, S. 694–695) auch im Geschichtsunterricht in eine Balance zu bringen. Daher entschied ich – in der Sprache von „FUER" –, die „De-Konstruktion fertiger Geschichte" (Schreiber, 2007) im Rahmen des anstehenden Unterrichtsexperiments besonders zu betonen.

Obwohl mich die „FUER-Prozessmodelle" beeinflussten, verstand ich sie nicht als Grundlage der vorliegenden entdeckend angelegten Studie. Ich hielt die Modelle für noch nicht anwendbar, weil der Nachweis ihrer Gültigkeit in einer extern validen, hypothesenprüfend-experimentell verfahrenden Studie (vgl. Jeismann u. a., 1985) noch ausstand. Daher verbot es sich nach meiner Auffassung derzeit auch, aus den Komponenten der Modelle Bezeichnungen für „Codes" oder „Cluster" zu gewinnen. Ich stellte mich in die Tradition fach- und wissenschaftsgeleiteter Ansätze in der Geschichtsdidaktik. Daher war ich der Lektüre für das Unterrichtsexperiment einer Geschichtsdarstellung besonders zugeneigt, die von ausgewiesenen Historikern und einem Geschichtsdidaktiker verfasst worden war. Ich wählte die an der Historiografie orientierte Geschichtserzählung „Wie wir wurden, was wir sind. 19. Jahrhundert" (Hachtmann, Rohlfes & Ullrich, 2000), die sich ausdrücklich an Jugendliche richtete. Die später in Abstimmung mit der unterrichtenden Kollegin ausgewählten Kapitel zur politischen Entwicklung nach dem Wiener Kongress, der Industriellen Revolution und der 1848er Revolution tangierten die „Deutsche Frage", die ich nach wie vor für einen „unverzichtbaren historischen Gegenstand" (Ministerium für Schule und Weiterbildung NRW, 1999, S. 33) hielt.

Aufgrund meiner wissenschaftlichen Sozialisation lag mir daran, zwischen facheigenen (z. B. Quellen- und Kartenarbeit) und allgemeindidaktischen Verfahrensweisen (z. B. Rollenspiel, Think-Pair-Share, Gruppenpuzzle) zu unterscheiden. Die von mir für die Erarbeitung der Ganzschrift entwickelte Aufgabensammlung betonte facheigene und fachzuträgliche Verfahrensweisen. In allgemeindidaktischen Unterrichtsmethoden (Rollenspiel, Gruppenpuzzle, Fishbowl usw.) und dem kreativen Schreiben sah ich ein großes Motivationspotential für die Schülerinnen und Schüler (vgl. die Kontroverse zwischen Pandel, 2010, S. 208, 2013, S. 447–450 und Hartung, 2011/Memminger, 2013). Dennoch musste ich mir eingestehen, dass ich diese Öffnung des Geschichtsunterrichts wegen meines mangelnden schauspielerischen Talents und mäßigen Interesses an der Geschichtsfiktion jenseits der Historiografie kaum bedienen konnte. Ein Werturteil war damit nicht verbunden, zumal die empirische Prüfung der Wechselwirkung von facheigenen Methoden und anderen Verfahren noch ausstand.

Die von mir für die Erarbeitung der Geschichtserzählung zu konzipierende Aufgabensammlung sollte als Ideenpool für die im Experiment unterrichtende Kollegin dienen, die ich in ihrer Unterrichtsplanung anregen, aber nicht durch ein starres Unterrichtsmodell einengen wollte. Ich beabsichtigte, leicht modifizier- und ergänzbare Aufgaben zu formulieren, die der kooperierenden Lehrerin als „Diagnoseaufgaben, Lernaufgaben und Leistungs- bzw. Prüfungsaufgaben" (Thünemann, 2013, S. 143–144) dienen konnten. Dieses Vorgehen gründete auf der Überzeugung, dass die intensive Beschäftigung mit einer längeren Geschichtserzählung – ungeachtet aller anderen Bedingungsfaktoren des anstehenden Geschichtsunterrichts – einen Effekt auf die historisch-narrative Kompetenz der Schülerinnen und Schüler haben würde. In der Geschichtserzählung der Historiker sah ich einerseits das nachahmenswerte Modell einer Narration für die Lernenden, andererseits sorgte ich mich um ihre Überwältigung durch die Lektüre (vgl. „Beutelsbacher Konsens" von 1976; von Borries, 2013, S. 18). Genderunterschiede in der Lesemotivation und -leistung, etwa ein Nachteil der Jungen, erwartete ich hingegen aufgrund der politik- und wirtschaftsgeschichtlichen Inhalte der ausgewählten Texte kaum.

Die Aufgaben der Sammlung waren durch meinen Aufgabenbegriff bestimmt: Es handelte sich um Operationalisierungen von Kompetenzerwartungen unterschiedlicher Niveaus, die den Schülerinnen und Schülern ein „vertieftes Leseverstehen" ermöglichen sollten. Darin sah ich die Anbahnung „domänenspezifischer Lesekompetenz", die ich im Kontext der Textrezeption begrifflich nur schwer von „historisch-narrativer Kompetenz" unterscheiden konnte. Jedenfalls bedurften beide einer differenzierteren Ausprägung als das auf Lebensbewältigung zielende PISA-Konzept der *Reading Literacy* (Deutsches PISA-Konsortium, 2001, S. 23). Da den Schülerinnen und Schülern die Leseerfahrung im Umgang mit den Fertigprodukten der Geschichtswissenschaft und des Geschichtsjournalismus fehlte, fragte ich mich, ob die notwendige „domänenspezifische Lesekompetenz" der Lernenden ein realistisches Ziel des Geschichtsunterrichts war: Nach meiner Erfahrung war für viele Schülerinnen und Schüler schon das Leseverstehen historiografischer Textauszüge eine echte Herausforderung.

Die entwickelten Aufgaben bezogen sich auf Schlüsselstellen einzelner Kapitel. Ich beabsichtigte, im Schwerpunkt „Geschichtsaufgaben zum Denken" zu erarbeiten, häufig indem die Lernenden fachspezifische Probleme (vgl. zum positiven Effekt der heuristischen Methode des Problemlösens: Rohlfes, 1986, S. 147–150; Hattie, 2013, S. 248–249) bewältigen sollten. In meinem Forschungstagebuch notierte ich neben komplexen „Problemen" im Sinne Uwe Uffelmanns („Probleme sind aus Gegenwartserfahrungen entstandene Fragenkomplexe"; 1999, S. 14) bereits Ideen für einfachere geschichtsspezifische Probleme. Meine wichtigsten Gütekriterien bei der Aufgabenkonstruktion war die Qualität der Operationalisierung von anspruchsvollen Kompetenzerwartungen (vgl. die Bedeutung von „Zielen" bei Hattie, 2013, S. 195–198), gefolgt von der Klarheit der Sprache (zum Effekt der „Klarheit der Lehrperson" vgl. Hattie, 2013, S. 150–151) und der gebührenden Offenheit in Bearbeitung und Ergebnis (vgl. Heuer, 2011, S. 451). Einen motivierenden Spaßfaktor in den Aufgaben hielt ich für entbehrlich. Ich war der Ansicht, dass sich das Interesse an der historischen Erkenntnis nur aus den Aufgaben selbst ergeben konnte: Die „Geschichtsaufgaben zum Denken" sollten es den Lernenden ermöglichen, sich selbst und die sie umgebenden Strukturen zu begreifen (vgl. die anthropologisch begründete Auffassung bei Süssmuth, 1980, S. 165–167).

Mein Hauptmerkmal für „guten" Geschichtsunterricht war die kommunikative Fähigkeit der Lehrerinnen und Lehrer, mit Schülerinnen und Schülern über problemhaltige Fragestellungen an die Geschichte ins Gespräch zu kommen. In Aufgaben sah ich dazu ein geeignetes Instrument. Diese Vorstellung beruhte auf den positiven Erfahrungen meiner eigenen Schulzeit, in der auch mein Geschichtslehrerbild grundlegend geprägt worden war. Meine Vorbilder waren Lehrerinnen und Lehrer ausgeprägten Charakters, die die „Faszination Geschichte" in weitgehend offenen historisch-politischen Diskussionen gefördert hatten. Sie hatten (politisch) provokante Fragen gestellt, anhand derer wir Schülerinnen und Schüler historisch zu argumentieren gelernt hatten. Da ich durch meine Geschichtslehrerinnen und Geschichtslehrer so wesentliche Impulse für die Auseinandersetzung mit der Geschichte erhalten hatte, erschien mir die kleine Rolle der „Lernprozessbegleiterin" auch für die im Experiment unterrichtende Kollegin als unangemessen.

Das unterrichtsmethodische Ideal bestand für mich in der Balance zwischen Frontal- und Selbsttätigkeitsphasen, die die Lehrerin oder der Lehrer ständig neu austarieren musste. Ein erfolgreicher Geschichtsunterricht ohne Instruktion und fragendentwickelndes Gespräch war für mich undenkbar. Im gut strukturierten „individualisierten Lernen" sah ich einerseits die Chance, alle Lernenden zu aktivieren, andererseits befürchtete ich auch die Benachteilung von Jungen und schwächeren Schülerinnen und Schülern. Der „kooperative Ansatz" überzeugte mich hingegen, weil ich auf die „Stärke von Peers" (Hattie, 2013, S. 251) vertraute. Daher bedauerte ich, dass viele Operationen im Kontext facheigener Verfahrensweisen des Geschichtsunterrichts nicht kooperativ erledigt werden konnten (z. B. Ersterschließung einer Quelle mit einer Lesestrategie). Nach meiner Einschätzung erforderten vom Fach her gedachte Aufgaben überwiegend „Einzelarbeit", deren Ergebnisse in der „Partnerarbeit" optimiert werden konnten. Anlässe für „Gruppenarbeit" sah ich im Geschichtsunterricht hingegen wesentlich seltener. Insgesamt hielt ich die Güte von Aufgaben für nur einen Faktor der Qualität von Geschichtsunterricht.

Von der Passung meines Erkenntnisinteresses und des gewählten Forschungsstils „qualitatives Experiment" nach Gerhard Kleining aus der mir bis dahin weitgehend unbekannten naturwissenschaftlichen Wissenschaftstradition war ich von Beginn an überzeugt: Um die Geschichtsdarstellungen von Schülerinnen und Schülern als Handlungspraktik im sozialen und kommunikativen Kontext von Unterricht zu rekonstruieren, erschien mir das Verfahren besonders geeignet. Es versprach, die der historisch-narrativen Kompetenz einer Lerngruppe zugrunde liegenden Phänomene, die über individuelle Ausprägungen hinausgehen, zu explorieren. Die historische Methode betrachtete ich zur Erforschung dieser Kompetenz als nicht zielführend. Die im Forschungsprozess generierten Daten (Schülerdarstellungen) als Quellen aufzufassen und sie in gewohnter Weise einer hermeneutischen Interpretation zu unterziehen, barg meines Erachtens die Gefahr, in einer „Defizitanalyse" zu verharren, die sich im Geheimen doch an den Leistungen von Historikerinnen und Historikern orientierte. Da Forschungsfragen zum „historischen Bewusstsein, Denken, Lernen, Erzählen" noch nie mit ausschließlich genuin geschichtswissenschaftlichen Methoden erforscht werden konnten, empfand ich es als konsequent, sich den Methoden der Bezugsdisziplinen Pädagogik und Psychologie zu öffnen (vgl. Martens, 2012, S. 250).

Mein qualitatives Experiment hielt ich – wie jede andere wissenschaftliche Forschung auch – weder für voraussetzungslos noch für wertfrei. Nur gemäßigt konstruktivistisch denkend, strebte ich nach einer größtmöglichen Annäherung an die „gesellschaftliche Wirklichkeit", indem ich die sprachlich vermittelten „Wirklichkeitskonstruktionen" (Breuer, 2010, S. 40–41; Martens, 2012, S. 239–240) auf Seiten des Forschungssubjekts und des Forschungsobjekts im dialogischen Forschungsprozess aufdeckte und hinterfragte. In dieser Vorgehensweise sah ich die eigentliche Rekonstruktion des Forschungsgegenstands aus der Perspektive der Lernenden. Gleichwohl betrachtete ich sie nicht als reine Induktion, die für mich nur als „ideale Denkfigur" existierte (Breuer, 2010, S. 40). Die für den Forschungsstil grundlegende Offenheit der Forschungsperson, die sich besonders in der Offenheit gegenüber dem Forschungsgegenstand zeigen sollte (Kleining, 2001), verstand ich nicht als absolut, sondern hielt lediglich eine „relative" oder „reflektierte Offenheit" (Breuer, 2010, S. 40) für möglich.

Seit meinem ersten Feldkontakt mit den Probandinnen und Probanden war ich mir der „Reizwert[e]" (Breuer, 2003, Abs. 22–24, 2010, S. 38) meiner Anwesenheit in der Lerngruppe in Verbindung mit der Einführung eines bisher unbekannten Aufgabenformats bewusst: Die für die Schülerinnen und Schüler interessante und zugleich irritierende Situation würde die Daten beeinflussen. Meine beiden offenen, nur leicht strukturierten Darstellungsaufträge hielt ich dennoch für geeignete Impulse, die historisch-narrative Performanz der Lernenden zu evozieren. Am Ende von dieser Performanz auf die historisch-narrative Kompetenz der Schülerinnen und Schüler zu schließen, erschien mir hingegen gewagt. Ich verstand die zu erhebenden Schülerprodukte nicht als Quellen, sondern als Daten: Ich erwartete narrative Texte, in denen die in der Aufgabe gegebenen, fachadäquaten Konzepte „Wandel", „Revolution" und „Reform" aufgegriffen wurden. Diese Texte verstand ich als kulturell geprägte Artefakte, die von der nicht wiederholbaren Erhebungssituation im System „Geschichtsunterricht", von der konkreten Aufgabenstellung (vgl. Hartung, 2013, S. 400) und ihrer individuellen Rezeption durch die Schülerin oder den Schüler abhingen. Die später vorgenommene Auswertung der Daten als „Analyse auf Gemeinsamkeiten", die in Clustern zusammengefasst wurden, betrachtete ich als eine Sonderform des Codierens. Diese Bedeutungszuschreibungen wurden von meinem Erkenntnisinteresse sowie meinem theoretischen und fachlichen Hintergrund maßgeblich beeinflusst: Sie waren an meinen „Verstehenshorizont" (Breuer, 2010, S. 42) gebunden.

2.6 Der Datengewinn: Die experimentelle Anordnung und der dialogische Forschungsprozess

Mit der vorliegenden Feldstudie sollte die historisch-narrative Kompetenz von Schülerinnen und Schülern im Kontext des Geschichtsunterrichts erkundet werden. Um die Mikrostrukturen dieser aus Schülerperspektive noch unzureichend erforschten Kompetenz weiter zu explorieren, wurde der Forschungsstil des qualitativen Experiments nach Gerhard Kleining angewandt und mit der Methode der Befragung kombiniert. Da das Wesen dieser Entdeckungsstrategie die Nutzung „bewährte[r] Untersuchungspläne" (vgl. die Forderung von Mayring, 2010, S. 226) ausschloss, konnte der dialogisch verlaufende Forschungsprozess nur in der Rückschau dokumentiert und visualisiert werden (Abb. 2).

Für das Unterrichtsexperiment im Schuljahr 2009/2010 wurde ein Grundkurs Geschichte der Jahrgangsstufe 11 (G9) sowie ihre 34-jährige Lehrerin (Geschichte/Deutsch) gewonnen. Die Jugendlichen besuchten ein städtisches Traditionsgymnasium mit Montessori- und bilingualem Zweig in einer nordrhein-westfälischen Großstadt. Das Gymnasium war im frühen 19. Jahrhundert als Höhere Mädchenschule gegründet, später in ein Lyzeum umgewidmet und seit den 1970er Jahren koedukativ geführt worden. Das Umfeld der Schule war äußerst bürgerlich.

Das Anliegen der Versuchsleiterin, das qualitative Experiment während des regulären Geschichtsunterrichts durchzuführen, erwies sich im behäbigen Schulbetrieb als inhaltlich und organisatorisch ambitioniert. Selbstverständlich konnten sich die experimentellen Eingriffe mit dem Einverständnis der Eltern und der Schulleitung nur im Rahmen der Richtlinien und des Lehrplans Geschichte für die Sekundarstufe II (Ministerium für Schule und Weiterbildung NRW, 1999), des Hauscurriculums, der Inhalte, Konstruktionsvorgaben und Operatoren des Zentralabiturs (Internetportal des Ministeriums für Schule und Weiterbildung NRW) bewegen. Die spätere Teilung des Grundkurses in zwei unabhängige Lerngruppen war dem Entgegenkommen der Schulleiterin zu verdanken, die einen weiteren Fachkollegen einsetzte.

Auch bei der Stichprobe (n = 24) handelte es sich um einen Kompromiss, da ein bewusst gezogenes Extremgruppensample, etwa eine sich neu konstituierende Lerngruppe aus Schülerinnen und Schülern aller Schulformen und Jahrgangsstufen, unter den Bedingungen des regulären Schulbetriebs nicht realisiert werden konnte. Stattdessen wurde mit einer bestehenden Lerngruppe, also mit einer für die interne Validität des qualitativen Experiments ungünstigeren „anfallenden Stichprobe" (Schreier, 2007, S. 235) gearbeitet.

Zu Beginn des Forschungsprozesses (27. Januar 2010) wurden die Probandinnen und Probanden zu Erfahrungen, Vorstellungen und Einstellungen hinsichtlich des Geschichtsunterrichts befragt. Dabei erwies sich, dass sich die Schülerinnen und Schüler in den für das anstehende Unterrichtsexperiment relevanten Aspekten deutlich unterschieden: Es handelte sich um 15 Schülerinnen und 9 Schüler (Geschlecht), im Alter von 15 bis 18 Jahren (Alter), mit west- oder osteuropäischer Herkunft mit und ohne Migrations- oder längerer Auslandserfahrung (Herkunft). Die Probandinnen und Probanden hatten das Fach Geschichte aus Neigung oder Pragmatismus gewählt (Motivation für die Wahl des Faches), favorisierten den Arbeitsunterricht oder die Lehrererzählung (Vorlieben bei den Arbeits- und Sozialformen des Geschichtsunterrichts), würdigten historische Quellen oder waren von ihnen gelangweilt (Beurteilung der Quellenarbeit) und lobten das eingeführte kombinierte Lern- und Arbeitsbuch oder lehnten es ab (Bewertung des Schulbuchs). Die Lehrerin ergänzte die Charakterisierung der Lerngruppe in einem separat geführten Interview, indem sie besonders auf graduelle Unterschiede in der allgemeinen Lese- und Schreibkompetenz verwies. Die Stichprobe konnte daher als sehr gemäßigt „heterogen" (Schreier, 2010, S. 243–244) bezeichnet werden. Diese Heterogenität war die Basis für die strukturelle Variation der Perspektiven im anstehenden qualitativen Experiment.

Die Fachlehrerin hatte mit ihrer Lerngruppe im vorausgegangenen Halbjahr des Schuljahres 2009/2010 das von der hauseigenen Fachkonferenz Geschichte festgelegte Thema „Die Reformation und die Grundlagen moderner Staatenbildung" erarbeitet, und zwar anhand des verbindlich eingeführten Themenhefts „1500 – Anbruch der Moderne" aus der Reihe „Geschichte/Geschehen exempla" (Beyer & Scherer, 2005) im Stil des kombinierten Lern- und Arbeitsbuchs. Das Kernkapitel von Volker Scherer legte eine strukturgeschichtliche Betrachtung der Reformationsepoche unter besonderer Berücksichtigung des religiösen, sozialen und politischen Wandels nahe. In Martins „Luthers Provokation", der Veröffentlichung seiner 95 Thesen am 31. Oktober 1517, sah er lediglich den Anlass für die spätere Glaubensspaltung. Scherers erzählende Darstellung dreier ineinandergreifender Prozesse, der humanistischen Reformbewegung und der Kritik an den Missständen in der Katholischen Kirche, den neuen Vorstellungen von der politischen Ordnung des Reichs und der Entstehung städtischer Eliten, bot den Schülerinnen und Schülern eine Hintergrundnarration für eigene Rekonstruktionen anhand von gedruckten Historienbildern (Methodentraining), Auszügen aus Schriftquellen, Faksimiles, Schaubildern, Geschichtskarten und Begriffserklärungen (Kap. 2, S. 40–77).

Um als forschendes Subjekt mit dem zu erforschenden Objekt in den „heuristi-schen Dialog" (Kleining, 1995, S. 253) zu treten, sollte eine experimentelle Anfangs-situation hergestellt werden: Sie bestand in dem Versuch, die historisch-narrative Kompetenz der Lernenden durch einen Darstellungsauftrag sichtbar zu machen. Fachadäquat erschien, die dazu erforderlichen Daten aus ausführlichen „narrativen Texten" (Rüsen, 1991, S. 343) der Schülerinnen und Schüler zu gewinnen (zum „Da-tengewinn" und „methodologische[n] Gegenstrom" vgl. Hoffmann-Riem, 1980). Dabei musste berücksichtigt werden, dass diese Texte aufgrund des zusätzlichen Schreibprozesses womöglich eine Performanz zweiten Grades ausdrückten. Thema-tisch sollte an die im Unterricht behandelten Wandlungsprozesse in der Frühen Neu-zeit angeknüpft werden.

Um die Schülerinnen und Schüler nicht mit einer spontanen mündlichen Narra-tion im Rahmen eines Interviews zu überfordern (vgl. zu den abweichenden Inten-tionen des „narrativen Interviews": Schütze, 1976; Krotz, 2005, S. 141; Martens, 2012, S. 243–244), wurde eine halboffener „Schreibauftrag I" konzipiert, der eigen-ständiges Problemlösen ermöglichen sollte: „Stellen Sie den Wandel im Zeitalter der Reformation dar!" Für die in sechzig Minuten und in Einzelarbeit zu erledigende Aufgabe war der Operator „darstellen", der nach der den Schülerinnen und Schülern bekannten Operatorenübersicht für das Fach Geschichte alle drei Anforderungsbe-reiche („Reproduktion", „Reorganisation und Transfer", „Reflexion und Problemlö-sung") umfasste, besonders angemessen. Das Auftragsverb „darstellen" legte fest, „historische Entwicklungszusammenhänge und Zustände mit Hilfe von Quellen-kenntnissen und Deutungen [zu] beschreiben, [zu] erklären und [zu] beurteilen" (In-ternetportal des Ministeriums für Schule und Weiterbildung NRW). Der „Schrei-bauftrag I" beinhaltete mit dem Begriff des „Wandels" einen „geheimen" Schreib-plan und mit dem Begriff der „Reformation" einen inhaltlichen Schreibimpuls. Die Aufgabe sollte auf dem vorgelegten Erhebungsbogen und ohne Hilfsmittel erledigt werden.

Die erste Datenerhebung mit 27 Probandinnen und Probanden erfolgte am 1. Feb-ruar 2010 in einer Doppelstunde am späten Vormittag. Der „Schreibauftrag I" wurde den Schülerinnen und Schülern ohne weitere Erläuterung (anders bei Hodel, Waldis, Zülsdorf-Kersting & Thünemann, 2013, S. 129: „Für jede Aufgabe gilt: [...]") zur Bearbeitung vorgelegt. Obwohl ihnen das Aufgabenformat zunächst fremd war, gin-gen sie die Aufgabe an, indem sie teils eine Ideensammlung in Form einer Mindmap oder Liste anlegten. Die vorgesehene Bearbeitungszeit wurde mit 35 bis 45 Minuten deutlich unterschritten. Die anschließende Befragung ergab, dass die Lernenden den Schreibauftrag trotz aller vorherigen gegenteiligen Beteuerungen der Versuchsleite-rin als Wissenstest erlebt hatten. Zugleich waren sie von sich selbst überrascht, „so lange" über Geschichte schreiben zu können.

Die wohlwollende Sichtung der Schülerprodukte „Geschichtsdarstellungen I" durch die Versuchsleiterin ergab, dass den Lernenden der im Arbeitsauftrag und seinem Operator enthaltene „geheime" Schreibplan (Ausgangslage, Anlass, Verlauf, Folgen und Bedeutung der Reformation in religiöser, sozialer und politischer Dimension) womöglich bewusst gewesen war, sie ihn aber nicht konsequent verfolgt hatten. Unabhängig vom Arbeitsauftrag betrachtet hatten sie ohne jegliche Unterlagen bemerkenswerte und aussagekräftige Texte zur Geschichte der Reformation verfasst (vgl. insbesondere die Fälle 2.1 Philip, 23.1 Hanna und 24.1 Lara, gedruckt in Kap. 4).[3] Die schriftlichen Darstellungen der Schülerinnen und Schüler waren nach Inhalt und Duktus eindeutig ihrem Entstehungskontext, dem Geschichtsunterricht, zuzuordnen.

Die Lernenden beschrieben, erklärten ansatzweise und beurteilten bedingt historisches Geschehen und daran beteiligte Personen, Gruppen und Institutionen in distanzierter Schreibhaltung. Dazu verwandten sie geschichtliche Grundbegriffe (z. B. „Volk", Fall 1.1 Julia, gedruckt in Kap. 4) oder Fachbegriffe (z. B. „Simonie", Fall 2.1 Philip, gedruckt in Kap. 4), verwiesen allerdings nicht auf Quellen oder Darstellungen. Als Beispiel dient hier die Schlusspassage der Ausführungen von Felix zu den Auswirkungen des reformatorischen Prozesses: „Beim Augsburger Religionsfrieden wurde der evangelische Glaube im Reich akzeptiert und die Fürsten konnten selbst über ihre Konfession und die ihrer Untertanen bestimmen. Wollte ein Untertan der jeweils anderen Konfession angehören, konnte er in ein anderes Gebiet ziehen." (Fall 19.1 Felix, gedruckt in Kap. 4).

Die Versuchsleiterin bezweifelte, den vorläufigen Forschungsgegenstand, die „historisch-narrative Kompetenz", in den Texten der Schülerinnen und Schüler bereits gefunden zu haben. Abgesehen von sachlichen Fehlern oder Mängeln in den Schülerprodukten wie die Verwendung des gegenwärtigen Bürger-Begriffs („Nach der Reformation stand es den Bürgern frei, woran sie glauben", Fall 10.1 Tim, ungedruckt) oder Ungenauigkeiten aller Art („Man sagte auch, er [Luther] schrieb das neue Testament", Fall 16.1 Saskia, ungedruckt) war die unzulässige Reduktion des Reformationsprozesses auf das Handeln Martin Luthers („Luther teilte die Kirche in Evangelisch und Katholisch", Fall 6.1 Vanessa, ungedruckt), ohne es strukturgeschichtlich einzuordnen (Bosch, 1977), ein verbreitetes Merkmal.

Besonders irritierend erschien, dass im Moment des Datengewinns nicht alle Schülerinnen und Schüler über das Geschichtenschema verfügten: Statt einer hinführenden Einleitung eröffneten einige Lernende ihre Texte mit ungeeigneten Sätzen wie: „Die Reformation wurde durch Luther in Gang gesetzt" (Fall 4.1 Annika, gedruckt in Kap. 4) oder: „Nach Veröffentlichung der 95 Thesen sollte Luther vor

---

3   Zu Auswahlkriterien für den Abdruck eines Transkripts vgl. die „Notiz zur Transkription" in Abschnitt 4.1.

Gericht erscheinen" (Fall 14.1 Tobias, gedruckt in Kap. 4). Auch blieb beispielsweise Maximilians Schlusssatz: „Der Kampf zwischen Katholiken und Protestanten wurde im Lauf der Reformation immer schlimmer" (Fall 22.1, ungedruckt) inhaltlich und funktional unbefriedigend.

Den Darstellungen mangelte es zuweilen an „syntaktische[r] und semantische[r] Geschehenskohärenz" (Pandel, 2010, S. 128) oder anders ausgedrückt an der „Kohärenz historischer Denkleistung" und der „sprachlichen Kohäsion" (Hodel, Waldis, Zülsdorf-Kersting & Thünemann 2013, S. 131): „Dadurch, dass Martin Luther die Bibel neu übersetzte, kam es zur Abschaffung des Ablasshandels" (Fall 15.1 Franziska, ungedruckt); „Die katholische Kirche führt weiter eine Rekatholisierung durch, weshalb mehrere Protestanten ins Exil kommen. Der 30-Jährige-Krieg ist entfacht" (Fall 17.1 Lea, ungedruckt) und: „Außerdem stellte er [Luther] die „Zwei-Reiche-Lehre" auf, nach der die kirchliche Macht und die weltliche Macht getrennt sind. Aus dieser Lehre folgten die Bauernaufstände" (Fall 19.1 Felix, gedruckt in Kap. 4).

Neben Wortneuschöpfungen („Evangelismus", Fall 1.1 Julia, gedruckt in Kap. 4) und Berichten über Vergangenes im Präsens („Luther, ein Priester der (katholischen) Kirche, schreibt eine neue Übersetzung der Bibel und schafft somit das Neue Testament", Fall 18.1 Daniel, gedruckt in Kap. 4) zeugten die Texte von den Grenzen des Ausdrucksvermögens der Schülerinnen und Schüler: „Im Namen Gottes war über Jahrhunderte eine Ständegesellschaft integriert, die den Menschen die Chance auf Veränderungen und Weiterentwicklung nahm" (Fall 2.1 Philip, gedruckt in Kap. 4) oder: „Somit verläuft sich der Wandel auf eine religiöse Veränderung, die in erster Linie durch Luther hervorgerufen wurde" (Fall 5.1 Alexander, ungedruckt).

Die Frage, wie die historisch-narrative Kompetenz der Schülerinnen und Schüler getriggert und damit erkennbar würde, führte die Versuchsleiterin zu mehreren strukturellen Variationen des vorläufigen Forschungsgegenstands. Die Grundlage der experimentellen Anordnung bildete die Teilung der Lerngruppe für das anstehende zweite Schulhalbjahr 2009/2010, in dem 55 Geschichtsstunden à 45 Minuten tatsächlich stattfanden. Da die Zuordnung der Schülerinnen und Schüler zu den neuen Lerngruppen 1 (n = 13, neun Mädchen, vier Jungen) und 2 (n = 11, sechs Mädchen, fünf Jungen) beispielsweise nach „Leistung" oder „Geschlecht" im laufenden Schulbetrieb nicht vertretbar erschien, entschied das Los. Gerhard Kleinings Forschungsstil entsprechend handelte es sich bei den beiden Lerngruppen nicht um eine Experimental- und eine Kontrollgruppe, sondern um zwei Experimentalgruppen.

Das hausinterne Curriculum erlaubte den Versuch, die historisch-narrative Kompetenz der Lernenden als ersten „sanften" experimentellen Eingriff durch neue Unterrichtsgegenstände und -themen zu transformieren (Abb. 2), die im Gegensatz zum Gegenstand „Reformation" weniger Anlässe für personalisierendes historisches Denken boten: Das verbindliche Halbjahres-Thema für beide Lerngruppen lautete

„Revolutionen im Vergleich (Die Französische Revolution von 1789; das Jahr 1848; die Industrielle Revolution)". Als Leitmedium sah das Hauscurriculum das Themenheft „Die Revolutionen Europas 1789-1989", ebenfalls aus der Reihe „Geschichte/Geschehen exempla" (Fieberg, Fleiter, Fleiter & von Alven, 2005), vor. Die Autoren des in Lerngruppe 2 tatsächlich eingeführten Themenhefts nach Art des kombinierten Lern- und Arbeitsbuchs verstanden Revolutionen als „geschichtliche Prozesse mit einem besonders hohen Intensitätsgrad". Sie problematisierten den Verlauf von Revolutionen, indem sie nach der Realisierbarkeit revolutionärer Ideen, nach ihrer internationalen Reichweite, nach dem vermeintlichen Automatismus der Eskalation und dem Zusammenhang zwischen inneren Widersprüchen revolutionärer Prozesse und ihrem Scheitern fragten (S. 6–7).

Als Hintergrundnarration sollte der historische Zusammenhang zwischen dem Modell der „Totalrevolution" (Theodor Schieder) von 1789 in Frankreich und den nachfolgenden revolutionären Bewegungen von 1848/49 in Europa, 1917 in Russland und 1989 in West- und Ostmitteleuropa dienen (S. 7–9). Sie war jedoch in den für das zweite Schulhalbjahr relevanten Kapiteln „1789 – Eine Modellrevolution für Europa" (S. 8–29) und „1848 – Brüderlichkeit europäischer Nationalbewegungen" (S. 30–54) kaum erkennbar: Lediglich in zwei Aufgaben (Bewertung politisches Testament Metternichs, S. 34; Zusammenhänge von Französischer Revolution und deutscher Nationalbewegung, S. 38) wurden die Schülerinnen und Schüler aufgefordert, selbstständig Revolutionsmuster zu reflektieren.

Die Versuchsleiterin hegte die Vorstellung, dass die historisch-narrative Kompetenz der Lernenden nur durch erhebliche und langdauernde Eingriffe strukturell verändert werden konnte. Daher führte die bisherige Geschichtslehrerin in Lerngruppe 1 im zweiten Schulhalbjahr anstelle des vorgesehenen kombinierten Lern- und Arbeitsbuchs die Ganzschrift „Wie wir wurden, was wir sind. 19. Jahrhundert" (Hachtmann, Rohlfes & Ullrich, 2000) als Leitmedium ein. Bei dieser strukturellen Variation handelte es sich im Sinne Gerhard Kleinings um die Methode der Intensivierung: Die schwer auszumachende Hintergrundnarration im „Exempla-Themenheft" wurde mit der experimentellen Strategie der Maximierung in eine für die Lernenden vordergründig erkennbare Narration überführt.

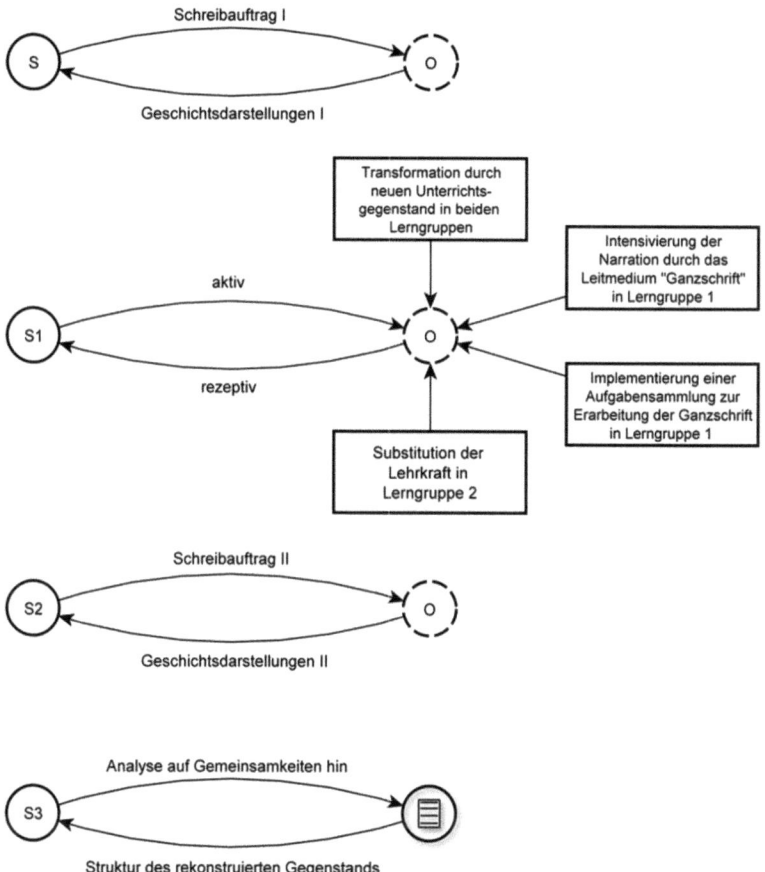

Abb. 2: Die experimentelle Anordnung: Subjekt-Objekt-Interaktionen und strukturelle Variationen zur Exploration des vorläufigen Forschungsgegenstands „historisch-narrative Kompetenz" von Schülerinnen und Schülern (n = 24; ergänzte und erweiterte Abb. nach Kleining, 1995, S. 230)

Die im Umgang mit Ganzschriften im Geschichtsunterricht erfahrene Lehrerin wählte aus der zu erarbeitenden Lektüre die aufeinanderfolgenden, aber durchaus unterschiedlichen Kapitel „Zwischen den Revolutionen: Deutschland 1789–1848" von Joachim Rohlfes sowie „Eisenbahnzeitalter und industrielle Revolution" und „Die Revolution von 1848/49: ‚Völkerfrühling' in Europa" von Rüdiger Hachtmann gemäß den Vorgaben des Hauscurriculums aus. Diese differierten sowohl in der Gewichtung von politik-, sozial- und wirtschaftsgeschichtlich orientierten Erkenntnis-interessen als auch in der Darstellungsweise. Rohlfes gab sich als Anhänger der Historischen Sozialwissenschaft, indem er seiner Geschichtsdarstellung das Erklärungsmuster des deutschen Sonderwegs (Wehler, 1973) zugrunde legte (z. B.: „Insofern koppelte sich Deutschland ein Stück weit von der ‚westlichen' Entwicklungslinie ab", S. 16).

Durchgängig betrachtete er die politische und in der Folge gesellschaftliche Entwicklung in den deutschen Ländern im direkten und indirekten Vergleich zu Frankreich, Großbritannien und den USA: Er erzählte von der Wahrnehmung der Französischen Revolution durch deutsche Beobachter (S. 8–12), vom „politischen Schlaf" (S. 25) der Deutschen durch die überkommenen Strukturen des Ancien Régime und gleichzeitigen Reformstau, von den gegenüber den westeuropäischen politischen und gesellschaftlichen Standards abfallenden preußischen Reformen (S. 38), vom Deutschen Bund als „lahme[m] Gebilde" (S. 49), von Repräsentativverfassungen ohne Menschenrechtserklärungen (S. 56) und schließlich von der Unzufriedenheit vieler Menschen mit der Staats- und Gesellschaftsordnung zur Zeit des Vormärz (S. 73).

Joachim Rohlfes bot den Schülerinnen und Schülern eine strukturgeschichtliche Darstellung, die er mit zahlreichen Erzählelementen („Das Geschehen in Frankreich war für die meisten deutschen Beobachter ein spannendes Schauspiel", S. 9) anreicherte und durch die Perspektive von Zeitzeugen (z. B. Joachim Heinrich Campe, Friedrich Schiller, Jean Paul) anschaulich ergänzte. Während er die angebliche Rückständigkeit in den deutschen Ländern in einer für die Schülerinnen und Schüler angemessenen Fachsprache weitgehend plausibel begründete, versäumt er aber das Sonderwegskonzept offenzulegen. Die Probandinnen und Probanden sprach Rohlfes Darstellung, womöglich weil sie sie nach Ton und Inhalt an die Verfassertexte in Schulbüchern erinnerte, leider kaum an (Schlussbefragung 5.7.2010).

Rüdiger Hachtmann entwarf hingegen ein lebendig und temporeich erzähltes Panorama der 1848-Revolution in den deutschen und europäischen Ländern, das bei den Schülerinnen und Schülern durchaus Anklang fand (Schlussbefragung 5.7.2010). In der Eisenbahn und ihrer Erfolgsgeschichte sah er die Wegbereiterin eines tiefgreifenden wirtschaftlichen, sozialen und letztlich auch politischen Wandels (S. 74–92). Er bezeichnete sie wie Karl Valentin als eigentliche „Revolutionsmacherin" (S. 77). Seine Darstellung konzentrierte er daher zunächst auf die sozialen Effekte der Eisenbahnerfindung, insbesondere auf die Veränderungen in den einzelnen Schichten (Bürgertum, Kleinbürgertum, Proletariat) und deren Verhältnis zueinander. Hachtmann beschäftigte sich folglich sowohl mit der Charakterisierung des Unternehmers August Borsig und den Arbeitsbedingungen in dessen Fabrik (S. 85–92, S. 156–159) als auch mit dem Verschwinden des „Pauperismus" und der anschließenden „elenden Lage" des „frühen Industrieproletariats" (S. 95), dem schlesischen Weberaufstand von 1844 und seiner politischen Rezeption in der preußisch-deutschen Öffentlichkeit (S. 93–105) sowie den europäischen Hungerrevolten um Brot, Getreide und Kartoffeln als Vorboten der Märzrevolution (S. 106–109).

In die detaillierte Schilderung der revolutionären Ereignisse im Frühjahr 1848 in den europäischen Metropolen, die die Throne nicht erreichten (S. 110–122), integrierte der Verfasser eine höchst spannende Geschichtserzählung über die Berliner Barrikadenkämpfe (S. 113–120). Die rapide Vermehrung der politischen Klubs und Vereine nach der Märzrevolution erklärte Hachtmann mit einem Modernisierungsschub in der politischen Kultur. Er verortete die Vorläufer der heutigen Parteien in den politischen Grundströmungen des 19. Jahrhunderts („Demokraten, Liberale, Konservative, politischer Katholizismus und sozialistisch geprägte Arbeiterbewegung") und im sozialen Gefüge der Zeit (S. 125–134).

Diese Differenzierungen im politischen Spektrum bildeten die Grundlage für seine Darstellung der Arbeitsweise der vielen nach Cafés und Hotels benannten Fraktionen im späteren Paulskirchenparlament. Dabei vernachlässigte er die Bedeutung einzelner Personen wie Heinrich von Gagern für den Parlamentsbetrieb gänzlich. Rüdiger Hachtmann würdigte die Erarbeitung der Reichsverfassung als größte Leistung der ersten Deutschen Nationalversammlung, attestierte ihr und damit auch der Revolution aber das endgültige Scheitern infolge der Ablehnung der Kaiserkrone durch Friedrich Wilhelm IV. und der ungelösten „deutschen Frage" (S. 137–151).

Die ausgewählten Kapitel sind Beispiele historiografischen Erzählens explizit für Schülerinnen und Schüler. Um die Historikertexte den Lernenden auch als Modell für eigene Narrationen vorzustellen, sollten sie zunächst mit der ihnen fremden Darstellungsform vertraut gemacht werden. Die Versuchsleiterin konzipierte Aufgaben (ausführliche Darstellung mit Lehrerkommentar in Kap. 3) für den Unterricht in Lerngruppe 1, die über die Erarbeitung und Vertiefung von Inhalten, die Analyse der Sprache und der Erzählpläne sowie die Prüfung von Deutungsansätzen letztlich die „Komposition" der Darstellungen thematisierten. Die Aufgabensammlung wurde als Schülerarbeitsheft von der Fachlehrerin zusätzlich zum neuen Leitmedium „Ganzschrift" in den Geschichtsunterricht eingeführt und im Verlauf des Schulhalbjahres modifiziert und ergänzt. Experimentell betrachtet sollten die Aufgaben die Auseinandersetzung mit einer fachspezifischen Narration, die nicht nur gelesen, sondern auch erarbeitet wurde, weiter intensivieren.

Waren von den erläuterten strukturellen Variationen (Gegenstand/Thema, Ganzschrift und Aufgaben) zwar mittlere Effekte auf die historisch-narrative Kompetenz der Schülerinnen und Schüler zu erwarten, so wurde mit der Substitution der Lehrkraft in Lerngruppe 2 ein massiver experimenteller Eingriff gewagt: Die bisher die Lerngruppe unterrichtende Kollegin wurde für das zweite Schulhalbjahr durch einen

Kollegen ersetzt. Die Versuchsleiterin ging davon aus, dass er gegenüber der Fach-kollegin über eine andere, individuell ausgeprägte narrative Kompetenz verfügte, die auch im Umgang mit dem Leitmedium „kombiniertes Lern- und Arbeitsbuch" ge-fordert war. Der 30-jährige Fachlehrer (Geschichte/Biologie) zeigte sich im Inter-view (27.1.2010) als glühender Anhänger des quellenorientierten Geschichtsunter-richts.

Die strukturelle Variation des Forschungsgegenstands im qualitativen Experi-ment musste simultan erfolgen, weil das kleinschrittige Experimentieren aus schul- und unterrichtsorganisatorischen Gründen nicht möglich war. Insofern war der dia-logische Prozess zwischen Forschungssubjekt und -objekt eingeschränkt und die Ef-fekte einzelner Maßnahmen auf die historisch-narrative Kompetenz der Lernenden konnten nicht isoliert betrachtet werden. Da der Forschungsstil des qualitativen Ex-periments im Gegensatz zur quantitativ verfahrenden Interventionsstudie nicht auf die Wirkungsprüfung, sondern auf die Exploration der invarianten Grundstruktur des experimentell beeinflussten Forschungsgegenstands zielte, erschien das Vorgehen aber vertretbar. Die Versuchsleiterin war zuversichtlich, infolge der erheblichen Ein-griffe in die den Forschungsgegenstand möglicherweise bestimmenden Faktoren (Thema, Leitmedium, Lehrkraft) „Bewegung" (Kleining, 1991, S. 265) in die weiter zu erhebenden Daten zu bringen.

Das Experiment wurde als dynamischer Prozess angelegt und in den beiden Lern-gruppen von der Kollegin und dem Kollegen selbstständig, ohne Anwesenheit der Versuchsleiterin im Unterricht durchgeführt. Dazu bedurfte es des ständigen Dialogs und der Feinabstimmung zwischen der Kollegin und dem Kollegen einerseits und mit der Versuchsleiterin andererseits. Die tatsächliche Durchführung des Unterrichts wurde mit Tafelabschriften, Schülerprodukten aller Art (Texten, Schaubildern, Pla-katen, Thesenpapieren, Rollenkarten usw.), Klausuren und Kursprotokollen und von den Schülerinnen und Schülern selbst verantworteten Audiomitschnitten detailliert dokumentiert. Da das im Hauscurriculum zur Anschaffung vorgeschlagene Themen-heft aus der „exempla"-Reihe, „Die Revolutionen Europas 1789–1989", den ver-bindlich festgelegten Gegenstand „Industrielle Revolution" nicht beinhaltete, musste der Fachkollege für den Unterricht in Lerngruppe 2 anderweitige Verfassertexte und Quellen besorgen. In Abstimmung mit der Versuchsleiterin entschied er sich, nach dem bisher an der Schule eingeführten, aber noch nicht auf das Zentralabitur ausge-richteten Geschichtslehrwerk „Horizonte II. Geschichte für die Oberstufe" (Bahr, 2003) vorzugehen. Ergänzend griff er auf verschiedene Quellen zurück, unter ande-rem auf Ossip K. Flechtheims Lexikonartikel zum Begriff der „Revolution" (1967) und einen Auszug aus der Festschrift der Firma Hoesch aus dem Jahr 1962 (Goette, Januschke, Warner & Schwalm, 1982, S. 134).

Um als forschendes Subjekt noch einmal mit dem Forschungsgegenstand in Kon-takt zu treten, wurden die Schülerinnen und Schüler in der letzten Stunde vor den

Zeugniskonferenzen (5.7.2010) abermals aufgefordert, eine eigene Darstellung zu verfassen. Den mit „Schreibauftrag I" im Aufbau ähnlichen, aber in puncto der geschichtswissenschaftlichen Konzepte abweichenden „Schreibauftrag II": „Stellen Sie Revolutionen und Reformen in Frankreich und den deutschen Ländern im langen 19. Jahrhundert (seit 1789) dar!" bearbeiteten 24 Probandinnen und Probanden. Dabei schöpften sie den vorgegebenen Zeitrahmen von sechzig Minuten vielfach aus. Eine Schülerin aus Lerngruppe 1 hielt die Schreibaufträge I und II für identisch. Eine weitere Probandin aus Lerngruppe 2 kommentierte den Versuchsaufbau: „Das kann sich ja nicht verändern, wir haben ja Unterricht gehabt wie immer, der andere Kurs hat eine Lektüre gelesen!" (5.7.2010).

Die Versuchsleiterin nutzte den Wiederholungseffekt für den erneuten Datengewinn bewusst und hielt daher an dem für Klausuren besonders relevanten Zielgenre „historiografische Darstellung" und an dem Auftragsverb „darstellen" (beschreiben, erklären, beurteilen) im Schreibauftrag fest. Der Operator hatte sich zudem im Rahmen des ersten Datengewinns bewährt: Die Schülerinnen und Schüler fertigten gemäß der Aufgabenstellung tatsächlich Texte an, die an historiografische Darstellungen erinnern. Diese Beobachtung entsprach dem Befund von Olaf Hartung (2013, S. 401), wonach die Aufgabenstellung die „Texthandlungsform" initialisiert. Für die Variation des Operators bei Beibehaltung des Zielgenres mangelte es allerdings an Alternativen: Um die Lernenden nicht zu literarischen Texten zu verleiten, wurde der Operator „erzählen" für die Erhebung nicht in Erwägung gezogen.

Im abschließenden Interview (5.7.2010) in Lerngruppe 1 zeigten sich durchaus unterschiedliche Erfahrungen mit der Ganzschrift. Mehrfach lobten die Lernenden die höhere Anschaulichkeit der Darstellung von Joachim Rohlfes und Rüdiger Hachtmann gegenüber einem Schulbuch, andererseits kritisierten sie das Fehlen von Quellen, Karten und Schaubildern. Eine Schülerin hatte Schwierigkeiten, sich an die beschriebenen „Ereignisse detailliert zu erinnern", eine andere konnte das „Gefühl der Nation" viel „einfacher verstehen". Auch die als Schülerheft präsentierten Aufgaben erfuhren sehr individuelle, von Vorlieben und Begabungen abhängige Bewertungen. Die Gruppe konnte sich schließlich nicht einigen, ob die Ganzschrift „viel besser" oder „nicht interessanter" als das kombinierte Lern- und Arbeitsbuch war.

Die Schülerinnen und Schüler der Lerngruppe 2 konnten im Interview keine der im Unterricht erarbeiteten Quellen benennen, lobten aber deren Erarbeitung in Gruppen [sic!]. Das Halbjahresthema charakterisierte eine Schülerin als „interessant": „[E]s hilft zu verstehen, wie alles entstanden ist". Ebenso „erwünscht" äußerte sich ein Schüler, der das Thema der Allgemeinbildung zurechnete: „Man kennt Napoleon so, aber jetzt weiß man, wer das wirklich war." Die Lernenden betonten schließlich die gute Atmosphäre im Kurs und zeigten offene Sympathie für den Lehrer: „Wir backen Ihnen einen Kuchen!" (5.7.2010)

Die erste Durchsicht der Schülertexte beider Gruppen ergab, dass die teils massiven strukturellen Eingriffe in den Forschungsgegenstand zwar wahrnehmbare, aber keine sensationellen Veränderungen in den Daten bewirkt hatten. Der Wiederholungseffekt bewirkte besonders in Lerngruppe 1 einen souveräneren Umgang mit dem Aufgabenformat und umfänglichere Produkte. Besonders auffallend war das thematische Abbild des jeweiligen Unterrichts in den Darstellungen: Die Schülerinnen und Schüler beider Lerngruppen integrierten den beiden Leitmedien zugrunde liegenden „Stoff" in ihre Darstellungen. Die in Lerngruppe 2 nicht behandelte gesellschaftspolitische Entwicklung in den deutschen Ländern und die Deutsche Revolution wurden entsprechend auch nicht thematisiert.

Bemerkenswert erschien, dass in den Daten der Ganzschrift-Gruppe kaum Spuren von „Überwältigung" zu finden waren. Das nachweislich erarbeitete Sonderwegkonzept von Joachim Rohlfes war in den Schülerdarstellungen entweder nicht vorhanden oder wurde nur beiläufig erwähnt: „Während in Frankreich eine Verfassung längst festgeschrieben war, standen Preußen und der gesamte deutsche Bund mit Ausnahme Badens noch weit davon entfernt" (Fall 2.2 Philip, gedruckt in Kap. 4).

Auch Rüdiger Hachtmanns exzellente Darstellungen der Eisenbahnerfindung und der Berliner Barrikadenkämpfe sowie sein abschließendes hartes Urteil, das endgültige Scheitern der 1848er-Revolution, sind in den Schülerprodukten schwerlich wiederzuerkennen. Neben Michelle (Fall 9.2, ungedruckt) beschrieb nur Jana das Ende der Revolution: „Theoretiker [sic!] sagen, ihr Scheitern lag an Unstimmigkeiten der Nationalitäten, und besonders prägend war die Ablehnung der Kaiserkrone, welche die Hoffnung des Parlaments auf einen geregelten Staat komplett erlöschte" (Fall 11.2, ungedruckt). Auch von der Wortwahl der Historiker ließen sich die Schülerinnen und Schüler nicht inspirieren. Lediglich Philip (Fall 2.2, gedruckt in Kap. 4) übernahm die Formulierung „es rumorte in Deutschland" von Rohlfes, und Annika (Fall 4.2, gedruckt in Kap. 4) bezeichnete die neuen Bahnhöfe wie Hachtmann als „Kathedralen".

Die Schülerprodukte der Lern-und-Arbeitsbuch-Gruppe folgten eher dem Stil von Schulbuchautorentexten. Die Schwierigkeiten der Lernenden, den Verlauf und die Struktur der Französischen Revolution in Frankreich und die Veränderungsprozesse durch die zeitgleich einsetzende Industrielle Revolution in England darzustellen, belegten die vielen unverbundenen Textpassagen, die teils mit Zwischenüberschriften versehen wurden (Fall 14.2 Tobias; Fall 18.2 Daniel; Fall 24.2 Lara, alle gedruckt in Kap. 4). Hanna ließ Ansätze einer strukturgeschichtlichen Herangehensweise erkennen, indem sie zwischen den „drei Strängen" der „Verfassungsrevolution", „der städtischen Revolution" und der „Revolution auf dem Land" unterschied, deren Darstellung sie zwar nicht konsequent verfolgte, schließlich aber einen „erfolgreichen Prozess" attestierte (Fall 23.2, gedruckt in Kap. 4).

Mit der Definition des Begriffs „Revolution" arbeitete lediglich Felix: „Laut der Definition Flechtheims basiert eine Revolution auf folgenden Elementen: eine gesamtnationale Krise, ein plötzlicher Umbruch, ein Start einer Reformbewegung, eine Verlagerung der Mächte, eine Zerstörung von Institutionen und Privilegien, bewaffnete Gruppierungen und neues Denken. All dies trifft vor allem auf die Französische Revolution zu" (Fall 19.2, gedruckt in Kap. 4).

Mit dem Ablauf des Schuljahrs endete auch das Experiment im Gesamtkurs, der aufgrund der Leistungskurswahl in dieser Konstellation nicht fortbestand. So interessant weitere experimentelle Eingriffe gewesen wären, etwa die Effekte einer gegliederten Aufgabenstellung inklusive Aufforderung zur Urteilsbildung, mussten sie doch unterbleiben. Der Forschungsgegenstand, die historisch-narrative Kompetenz der Lernenden, war zu diesem Zeitpunkt weiterhin offen. Die tatsächliche Ausprägung dieser Schülerkompetenz, die „Entdeckung" ihrer invarianten Grundstruktur, erforderte nun im Sinne der Methodologie Gerhard Kleinings die „Analyse" der Daten auf „Gemeinsamkeiten" hin mittels „Textbeobachtung" (1986, S. 740–742; 1995, S. 242–249). Außerdem bot die experimentelle Anordnung mehrere interessante Ebenen des Datenvergleichs. Die von Kleining vorgesehene Bewegung vom Subjekt zum Objekt im Forschungsprozess verlangte an dieser Stelle von der Versuchsleiterin, die Schülerprodukte in ihrer Art und Güte anzunehmen und gleichzeitig von idealtypischen Vorstellungen Abstand zu nehmen.

3. Die strukturelle Variation durch Aufgaben: Methodische Figuren für die Lerngruppe „Ganzschrift"

Die im qualitativen Experiment als alternatives Leitmedium in Lerngruppe 1 eingeführte Ganzschrift „Wie wir wurden, was wir sind. 19. Jahrhundert" (Hachtmann, Rohlfes & Ullrich, 2000) sollte den Schülerinnen und Schülern als Modell einer an der Geschichtsschreibung orientierten, erzählenden Darstellung dienen. Um dem Beispiel in eigenen Narrationen überhaupt folgen zu können, musste im Unterricht weitgehende Transparenz hinsichtlich der narrativen Komposition der Darstellung hergestellt werden. Der im Experiment kooperierenden Kollegin wurden daher 37 fachadäquate methodische Figuren vorgeschlagen.

Diese gegliederten Lernaufgaben bildeten in ihrer Gesamtheit einen Ansatz für den wissenschaftspropädeutischen, darstellungsorientierten Geschichtsunterricht (vgl. wissenschaftliches „de-konstruktives Unterrichtsarrangement" bei Hasberg, 2013, S. 75–78). Im Experiment dienten sie der strukturellen Variation der historisch-narrativen Kompetenz der Schülerinnen und Schüler.

Die Aufgabenkonstruktion folgte insbesondere den Gütekriterien „Qualität der Operationalisierung", „Klarheit der Sprache" und „Offenheit in Bearbeitung und Ergebnis" (vgl. Kap. 2). Bevorzugt wurden solche Operationalisierungen, die der Lehrerin aufgrund der Selbsttätigkeit der Lernenden vielfältige Diagnosemöglichkeiten des individuellen Lernstands (zu Diagnoseaufgaben als „didaktische Sondierungsinstrumente": Thünemann, 2013, S. 143) verschafften. Die methodischen Figuren, dargestellt als „Arbeitsmaterial" für die Hand der Schülerinnen und Schüler und als „Kommentar" für die Lehrerin, waren als Aufgaben zum Weiterdenken zu verstehen. Die enthaltenen fachadäquaten Schülertätigkeiten wurden in den Überschriften ausgewiesen und hätten in modifizierter Form auf die Erarbeitung anderer Ganzschriften außerhalb des Experiments übertragen werden können.

Die textchronologisch angelegten methodischen Figuren dienten der inhaltlichen Erarbeitung, Strukturierung und Erweiterung der Ganzschrift (zum Beispiel Figuren 8 – 29 – 28). Die Schülerinnen und Schüler sollten zudem mit der Fachsprache (geschichtliche Grundbegriffe, Figur 2) und einem facheigenen Konzept (historische Prozesse, Figuren 4 – 19 – 21) vertraut gemacht werden. Die Aufgaben des Unterrichtsmodells boten vielfältige Anlässe, die Komposition der Geschichtsdarstellung kritisch zu betrachten, insbesondere die enthaltenen Deutungsansätze (Figuren 9 – 11 – 13 – 21 – 34 – 36) und die Spezifik historischen Erzählens (Figuren 7 – 23 – 24 – 25 – 26 – 27). Sie waren auf die Förderung der Urteilsfähigkeit (Figuren 4 –

11 – 32) und des Geschichtsbewusstseins (explizit Figuren 21 – 22) der Lernenden angelegt.

Einige Aufgaben eröffneten Verbindungen zu anderen facheigenen Verfahrensweisen des Geschichtsunterrichts wie die Arbeit mit Schrift- und Bildquellen (Figuren 12 – 22 – 28 – 37), Karten (Figur 1) und Zeitleisten (Figur 3), regten mit Übungen zu Erzählmuster, Wortschatz und Tempus zu eigenem Schreibhandeln an (Figuren 15 – 16 – 30 – 35) und beinhalteten fachspezifische, metakognitive Strategien (Figuren 3 – 33; hoher Effekt bei Hattie, 2013, S. 224). Andere methodische Figuren stellten Verbindungen zu überfachlichen Inhalten und Methoden wie der Informations- und Materialbeschaffung aus Internet und Büchern (Figuren 13 – 16 – 29 – 32), der Textarbeit (Figuren 6 – 18), der Präsentation, dem diskontinuierlichen Text (Figuren 3 – 31) und dem szenischen Spiel (Figur 33) her.

Die Implementierung der vorgelegten Aufgaben in den Unterricht des Experiments erforderte von der Kollegin noch eine erhebliche Eigenleistung: die begründete Auswahl der methodischen Figuren und ihre sinnvolle Verankerung in der jeweiligen Stundenstruktur, ihre geringfügige Modifikation oder Ergänzung und gegebenenfalls ihre weitere Elementarisierung. Sie war gehalten, in den Aufgaben vielfältige Gelegenheiten zu individuellem, kooperierendem und differenziertem Lernen (Grad der Eigenverantwortlichkeit, Bearbeitungszeit) zu entdecken und dem Schülerfeedback (Hattie, 2013, S. 209) im Geschichtsunterricht Raum zu geben.

Figur 1 | Orientierung im historischen Raum: Eine Geschichtskarte nutzen

Arbeitsmaterial

Der Autor eröffnet seine Geschichtsdarstellung mit dem Bericht des „deutschen Revolutionspilgers" Joachim Heinrich Campe (1746–1818), der im Sommer 1789 von Dessau nach Paris reiste (S. 8). Dabei muss er eine ganze Reihe deutscher Länder durchquert haben, die auf dem Gebiet des „Heiligen Römischen Reiches Deutscher Nation" (Herrschaftsbereich der römisch-deutschen Kaiser vom Mittelalter bis 1806) lagen.

1. Überlegen Sie anhand der Karte „Mitteleuropa bei Beginn der Französischen Revolution 1789" (Putzger, 2006, S. 120–121), welchen Reiseweg Campe von Dessau (Fürstentum Anhalt) nach Paris genommen haben könnte.
2. Charakterisieren Sie den Zustand des Reichsgebiets mit einem treffenden Adjektiv.

Kommentar

1. Die Schülerinnen und Schüler benennen verschiedene Fürstentümer, Herzogtümer und Grafschaften, die Campe durchquert.
2. Sie kennzeichnen das Reichsgebiet als „zerstückelt", „zersplittert", „verstreut" etc.

Figur 2 | Begriffe verstehen

Arbeitsmaterial

Joachim Rohlfes schrieb das Kapitel „Vorbild oder Albtraum? Die Deutschen und die Französische Revolution" (S. 8–16) in der im Fach Geschichte üblichen Wortwahl.

1. Markieren Sie Ihnen unbekannte Begriffe, Fremdwörter und Eigennamen.
2. Fertigen Sie in Ihren Unterlagen eine zweispaltige Tabelle an, in der Sie die Begriffe, Fremdwörter und Eigennamen auflisten (linke Spalte) und erläutern (rechte Spalte).
3. Überlegen Sie, welche Begriffe aus Ihrer Liste „geschichtliche Grundbegriffe" (= Schlüsselbegriffe der politischen und sozialen Welt) könnten schon zur Zeit der Französischen Revolution geprägt worden sein?

Kommentar

1./2. Vermutliche Begriffsmarkierung/Einträge linke Spalte der Tabelle: „revolutionär/Revolution", „Ancien Régime", „absolutistische Monarchie", „Volkssouveränität", „Gewaltenteilung" (S. 8), „Verfassung" (S. 9), „Diktatur" (S. 10), „konservativ", „Republik", „Obrigkeit" (S. 12), „Hegemonie", „imperial/Imperialismus", „Patriotismus" (S. 14).

3. Mit der Aufgabe soll den Schülerinnen und Schülern bewusst werden, dass die Leitbegriffe des Faches selbst eine Geschichte haben. Sie verweist auf den Ansatz der Begriffsgeschichte von Reinhart Koselleck (1923–2006), der den Bedeutungswandel solcher „geschichtlichen Grundbegriffe" (Brunner, Conze & Koselleck, 2004) untersuchte. Viele dieser Wörter wurden in der Sattelzeit (1750–1850) aufgrund der politischen, gesellschaftlichen und wirtschaftlichen Veränderungen inhaltlich (neu) geprägt: Beispielsweise „Revolution", „Monarchie", „Volkssouveränität", „Verfassung", „Gewaltenteilung".

Figur 3 | Orientierung in der Zeit: Eine Ereigniskette anlegen und fortführen

Arbeitsmaterial

Der Autor des Lesebuchkapitels (S. 8–16) schildert die Wirkung der politischen Ereignisse in Frankreich auf die deutschen Beobachter. Dabei nennt er einige Jahreszahlen.

1789

1792

1793

1801

1. Legen Sie für Ihre Unterlagen eine Zeitleiste an, die Sie mit der Lektüre weiterer Kapitel fortlaufend um wenige, ausgewählte Daten ergänzen. Ein Gestaltungsvorschlag ist die vertikale Ereigniskette (Abb. 3), bei der die „Perlen" mit den Jahreszahlen und daneben mit den Ereignissen entsprechend beschriftet werden: 1789 – Französische Revolution (S. 8); 1792 – Beginn der kriegerischen Außenpolitik Frankreichs (S. 12–13); 1793 – Diktatur der Jakobiner (S. 10); 1801 – Frieden von Lunéville, Annexion des Rheinlands (S. 14). Sie können aber auch eigene Ideen für eine Zeitleiste realisieren und dazu ein Computerprogramm nutzen.

2. Bereiten Sie eine Kurzpräsentation Ihres Zeitleistenentwurfs im Kurs vor.

3. Diskutieren Sie, wie sinnvoll eine lektürebegleitende Zeitleiste für Sie ist.

Kommentar

1. Die Aufgabe bietet diverse Möglichkeiten der Differenzierung: Die vorgeschlagene Ereigniskette könnte durch unterschiedlich große „Perlen" (= Bedeutung des Ereignisses), Einsatz von Farben (beispielsweise zur Kennzeichnung von Phasen), Verwendung eines Maßstabs usw. variiert werden. Es sind sowohl handschriftliche als auch computergestützte (individuelle und vorgefertigte) Lösungen denkbar.

3. Die Schülerinnen und Schüler wägen Vorteile (kontinuierliche zeitliche Orientierung in der Vergangenheit während der Lektüre) und Nachteile (Aufwand, Kriterien der Auswahl und Reduktion) der Zeitleistenarbeit ab. Im anschließenden Unterrichtsgespräch sollten die Lernenden mindestens für die Konzepte „Zeit", „Chronologie", „Epoche" und „Zäsur" sensibilisiert werden.

Figur 4 | Historische Prozesse unterscheiden: „Revolution" und „Reform"

Arbeitsmaterial

Die Französische Revolution löste in Europa eine Kette von Reformen aus. Nach Joachim Rohlfes fehlten in den deutschen Ländern die Voraussetzungen für eine Revolution (S. 15–16).

1. Worin unterscheiden sich die historischen Prozesse einer „Revolution" und einer „Reform"?

2. Welche politischen und gesellschaftlichen Umstände verhinderten nach Rohlfes' Argumentation eine Revolution in den deutschen Ländern (S. 15–16)?
3. Beurteilen Sie den Gedanken des Autors, dass eine Revolution mehr Veränderung bewirkt hätte als die (halbherzig durgeführten) Reformen.

Kommentar

1. „Revolution" und „Reform" unterscheiden sich in der Form, Intensität und Dauer des politischen und sozialen Wandels (radikal rapide/häufig gewaltsam vs. geplant gewaltlos) sowie in den Handlungsträgern (Massenbewegung vs. wenige Akteure).
2. Fehlende Voraussetzungen für eine revolutionäre Entwicklung sind: mangelnder Wille zur politischen Mitbestimmung; Fehlen eines zahlenmäßig gewichtigen, selbstbewussten Bürgertums; Einbindung des Adels in die Monarchie (Heer, Verwaltungsspitze); Staatstreue des Bildungsbürgertums; staatliche Zersplitterung des deutschen Reichs, ohne politisches Zentrum.
3. Die Schülerinnen und Schüler kennzeichnen „Revolution" und „Reform" als unterschiedliche Wege, um politische und soziale Veränderungen herbeizuführen. Ob in den deutschen Ländern schon um 1800 infolge einer Revolution ein Verfassungsstaat hätte errichtet werden können, bleibt spekulativ.

Figur 5 | Eine Überschrift in die eigene Sprache übersetzen

Arbeitsmaterial

Der Verfasser formuliert für das zweite Kapitel (S. 16–25) die Überschrift „Ein Blick zurück: Die überlebte Welt des Ancien Régime in Deutschland".

1. Formulieren Sie das Thema des Kapitels um, indem sie „überlebte Welt des Ancien Régime" in Ihre Sprache übersetzen.

Kommentar

1. Die Übersetzung wird den Schülerinnen und Schülern einige Überlegungen abverlangen: „Überlebt" kann leicht mit „veraltet" oder „nicht zeitgemäß" übersetzt werden; bei „Welt" hingegen wird nicht deutlich, ob es sich um die „politisch-gesellschaftlichen Verhältnisse" und/oder die „Lebenswelt" der Menschen handelt; „Ancien Régime" kann für „Monarchie", für „Absolutismus", für „aufgeklärten Absolutismus" oder für „die gute alte Zeit" stehen.

Figur 6 | Markieren, Zusammenfassen und Belegen üben

Arbeitsmaterial

1. Markieren Sie sehr sparsam Merkmale (erste Farbe) und Probleme (zweite Farbe) des Ancien Régime, also der Monarchie in den deutschen Ländern.

2. Schreiben Sie auf der Basis Ihrer Markierung eine kurze Zusammenfassung (circa 15 Sätze). Fügen Sie Seitenzahlen als Belege ein. Sie können wie folgt beginnen: Der Autor Joachim Rohlfes kennzeichnet die soziale Ungleichheit als Hauptmerkmal der Gesellschaft vor 1789 (S. 16). Diese war streng hierarchisch aufgebaut (S. 17). [...]

Kommentar

1./2. Die Zusammenfassung der Lernenden sollte textchronologisch angelegt sein, damit sie der Struktur des Kapitels entspricht und in Rohlfes' Schlussfolgerung (Reformstau) mündet. Merkmale der Monarchie in den deutschen Ländern (erste Farbe) sind: Ungleichheit (S. 16); hierarchischer Aufbau (S. 17); ungleiche Verteilung der Lasten (S. 18); viele Untertanenpflichten, wenige Herrenpflichten (S. 21); Adel war Stütze des Staates (S. 23). Als Probleme der Monarchie (zweite Farbe) gelten: Missbrauch fürstlicher und adeliger Befehlsgewalt (S. 17); Mangel und Not der Unterschichten (S. 21); wirtschaftliche Stagnation in den Städten (S. 21); Handwerk erstarrt (S. 22); Ständevertreter konnten sich kein Gehör verschaffen (S. 24); gesunkenes Ansehen des deutschen Reichs in der europäischen und deutschen Öffentlichkeit (S. 24); aufgeklärter Absolutismus blieb Stückwerk (S. 25); Reformstau (S. 25). Die Aufgabe entspricht der im NRW-Zentralabitur geforderten strukturierten Wiedergabe des Inhalts als textdurchschreitendes Verfahren (Aufgabentyp B1/B2, Teilaufgabe 1).

Figur 7 | Die Darstellung einer historischen Person untersuchen

Arbeitsmaterial

Der Autor beschäftigt sich ausführlich mit Napoleon Bonapartes (1769–1821) führender Machtstellung in Europa. Zunächst charakterisiert er ihn als „militärisches Genie", als „wagemutigen Politiker" und als „Alleinherrscher" (S. 26).

1. Untersuchen Sie, wie Rohlfes seine Charakterisierung auf den folgenden Seiten (S. 26–29, 2. Absatz) begründet. Achten Sie dabei besonders auf seine Wortwahl! Zitieren Sie geeignete Textstellen mit Beleg!

Kommentar

1. Joachim Rohlfes wählte insbesondere Verben, aber auch Adjektive und Adverbien, mit denen er Napoleon als despotisch charakterisierte: „zwang die deutschen Fürsten zum Verzicht auf ihre Herrschaftsrechte" (S. 26); „linksrheinische[s] Deutschland, das er 1801 sogar dem französischen Staatsgebiet einverleibte" (S. 26); „unterwarf er die von ihm geförderten Mittelstaaten seiner Hegemonie" (S. 27); „als dessen „Protektor" er seinen Willen jederzeit durchsetzen konnte" (S. 27); „wann immer Napoleon dies verlangte" (S. 28).

Figur 8 | Ein Reformpaket erkunden: Die preußischen Reformen

Arbeitsmaterial

Das Oktoberedikt markierte den Beginn einer ganzen Reihe von Reformen, die unter der Sammelbezeichnung „preußische Reformen" in die Geschichte eingingen (S. 33: „Den Anfang machte …"; S. 39: „napoleonische Fremdherrschaft abzuschütteln").

1. Legen Sie eine dreispaltige Tabelle an, in der Sie die Reformen nach Jahreszahlen geordnet auflisten und mit den vorgesehenen Maßnahmen ergänzen.
2. Recherchieren Sie fehlende Informationen zu den preußischen Reformen im Internet.

Kommentar

Jahr	Reform	Maßnahmen
1807	Oktoberedikt	Aufhebung der Erbuntertänigkeit; Freiheit des Güterverkehrs; freie Berufswahl
1807–14	Heeresreform	Beseitigung des Offiziersmonopols des Adels; allgemeine Wehrpflicht
1808	Städteordnung	Selbstverwaltung der Stadtbürger
1809/10	Schul- und Universitätsreform	humanistische Bildung an Gymnasien
1810/11	Gewerbefreiheit	Zünfte verloren Einfluss; jeder konnte ein Gewerbe eröffnen
1810–12	Steuerreform	einheitliche Steuern
1812	Judenemanzipation	staatsbürgerliche Gleichstellung der Juden

Tab. 1: Beispiel einer Tabelle zu den Teilreformen

Figur 9 | Eine Interpretation kritisch betrachten

Arbeitsmaterial

Der Autor interpretiert die preußischen Reformen als die Idee der „Revolution von oben" (S. 33). Staatskanzler Karl August von Hardenberg (1750–1822) habe eine „Revolution im guten Sinn" angestrebt (S. 32).

1. Erklären Sie den Ausdruck „Revolution von oben"!
2. Diskutieren Sie in Ihrer Gruppe/Ihrem Kurs, ob der Ausdruck für die preußischen Reformen angemessen ist.

Kommentar

1. Der Ausdruck beschreibt grundlegende Reformen von Herrschenden, um eine Revolution abzuwenden.
2. Die Lernenden sollten den Widerspruch von „Revolution" und „von oben" aufdecken: Da die massiven gesellschaftspolitischen Veränderungen nicht vom Volk ausgingen, muss überlegt werden, ob im Falle der preußischen Reformen überhaupt von einer Revolution gesprochen werden kann; Unterscheidung eines (gewaltsamen) politischen Umsturzes (Französische Revolution) und eines politischen Reformprozesses (preußische Reformen).

Figur 10 | Eine Biografie erarbeiten

Arbeitsmaterial

Der österreichische Staatsmann Klemens Fürst von Metternich (1773–1859) war ein führender Politiker in Europa, wirkte auf dem Wiener Kongreß (1814/1815) und gestaltete die „Heilige Allianz" (Bündnis zunächst zwischen Russland, Österreich und Preußen, 1815).

1. Bereiten Sie eine möglichst originelle Präsentation zur Biografie Metternichs vor. Setzen Sie dabei einen Schwerpunkt auf die Zeit zwischen 1815 und 1830.
2. Denken Sie über das Verhältnis von historischen Persönlichkeiten und geschichtlichen Prozessen nach: Welchen Einfluss haben historische Akteure auf den Verlauf der Geschichte?

Kommentar

1. Die Kreativität der Schülerinnen und Schüler ist gefragt: Von der ungewöhnlich gestalteten Präsentation mit Beamer bis hin zum Rollenvortrag: „Ich, Metternich ..." sind verschiedene Realisierungen denkbar.
2. Im Unterrichtsgespräch sollte die Rolle von Persönlichkeiten in der Geschichte mit historischen Prozessen in eine Balance gebracht werden: Auch historische Prozesse sind von Menschen vermittelt.

Figur 11 | Geschichte kontrovers diskutieren

Arbeitsmaterial

Nach dem Friedensschluss wurde Europa auf dem Wiener Kongress neu geordnet. Ein Grundsatz war die „Restauration", die weitgehende Wiederherstellung der alten vorrevolutionären Verhältnisse in Europa. Joachim Rohlfes behauptet, von „Restauration" könne angesichts der tiefgreifenden Veränderungen seit 1789 nicht die Rede sein (S. 45, letzter Absatz).

1. Erörtern Sie, ob und inwiefern der Begriff der „Restauration" für den Wiener Kongress und die Zeit danach angemessen ist.

Kommentar

1. Die Schülerinnen und Schüler könnten sich der Argumentation Rohlfes' an-
   schließen: Aufgrund der durch Säkularisierung und Mediatisierung eingetrete-
   nen Veränderungen waren die konservativen Kräfte nicht in der Lage, die vorrevolutionären Verhältnisse wiederherzustellen. Dagegen spricht: Der Begriff
   „Restauration" steht aber auch für die politischen Ziele der tonangebenden Konservativen und für ihren Politikstil im folgenden Jahrzehnt (Karlsbader Beschlüsse).

Figur 12 | Die historiografische Darstellung anhand einer Quelle prüfen und
umschreiben

Arbeitsmaterial

Der Autor charakterisiert den 1815 geschlossenen Staatenbund der deutschen Länder, den „Deutschen Bund", als einen „politisch schwache[n] Zusammenschluss"
(S. 46). Dabei beruft er sich auf eine historische Quelle: die „Wiener Schlussakte"
von 1820. Sie ergänzte die „Deutsche Bundesakte" von 1815 als zweites, gleichwer-
tiges Grundgesetz und gab dem „Deutschen Bund" so seine endgültige verfassungs-
rechtliche Gestalt.

1. Erarbeiten Sie Rohlfes' Argumentation: Worin bestanden die Schwächen des
   Staatenbunds?
2. Prüfen Sie die Argumentation (S. 46 „Welche politische Form ..." bis S. 47
   „... meist gegeben war") anhand der gedruckten Quelle der „Wiener Schlussakte" (Huber, 1978, S. 91–99).
3. Optimieren Sie die Textpassage, indem Sie den Text im Sinne Ihrer bisherigen
   Ergebnisse verändern (fügen Sie Sätze hinzu, streichen Sie Sätze, formulieren
   Sie um, tauschen Sie einzelne Wörter und Begriffe aus ...). Heben Sie Ihre Än-
   derungen optisch hervor (Unterstreichungen, Farbe, Auslassungszeichen ...).

Kommentar

1. Schwächen nach Rohlfes: Beim Staatenbund waren keine gemeinsame Regierung, kein Bundesgericht und keine deutsche Volksvertretung vorgesehen. In der
   Praxis arbeitete die Bundesversammlung langsam und wurde von Österreich und
   Preußen dominiert (S. 47).
2. Rohlfes' Darstellung erscheint einseitig, da er den fehlenden Bundesstaat kritisiert, aber die Errungenschaften des Staatenbunds nicht hervorhebt: Es handelte
   sich um ein Friedensbündnis (Präambel: „das Band, welches das gesamte
   Deutschland in Friede und Eintracht verbindet") mit den Zielen, „innere und äu-
   ßere Sicherheit Deutschlands" (Art. 1) „innere Ruhe" (Art. 18) herzustellen.

3. Die Optimierung der Textpassage von Rohlfes sollte in einem differenzierteren Urteil bestehen: Betonung des „Deutschen Bundes" als Friedensbündnis; Berücksichtigung der Vielfalt der deutschen Staatenwelt und der historisch gewachsenen Strukturen; Verfestigung der alten Ordnung; kein Nationalstaat, aber ein Staatenbund mit Entwicklungspotential (von der „Eintracht" zur „Einheit").

Figur 13 | Einen leitenden Deutungsansatz erkennen und diskutieren

Arbeitsmaterial

Der Verfasser hebt mehrfach den angeblichen Rückstand der deutschen politischen Kultur gegenüber den anderen westlichen Ländern hervor: „In Deutschland fehlten die Voraussetzungen für eine revolutionäre Entwicklung. [...] Die Reformpolitik, für die sich die meisten deutschen Staaten entschieden, ließ manche Reste des Ancién Regime bestehen. Insofern koppelte sich Deutschland ein Stück weit von der westlichen Entwicklungslinie ab" (S. 16) und: „So wurde der Rückstand der deutschen politischen Kultur gegenüber den westlichen Ländern in jener Zeit immer größer. Unter dieser Hypothek sollte Deutschland bis weit ins 19. Jahrhundert zu leiden haben" (S. 52).

Joachim Rohlfes vertritt die These des „deutschen Sonderwegs" in der Entwicklung hin zur Demokratie als leitenden Deutungsansatz, der sich wie ein „roter Faden" durch seine Darstellung zieht.

1. Informieren Sie sich umfassend über die Sonderwegsthese und ihren Hauptvertreter Hans-Ulrich Wehler (1931–2014)!
2. Diskutieren Sie die Stichhaltigkeit dieser These/des leitenden Deutungsansatzes!

Kommentar

1. Die These vom „deutschen Sonderweg" ist eine im 19. Jahrhundert entwickelte Vorstellung von der Entwicklung der deutschen Geschichte. Sie geht von einer im Vergleich zu den westlichen Nationen verspäteten Nationsbildung in Deutschland aus und behauptet zunächst die Überlegenheit der deutschen „Kultur" gegenüber der westlichen „Zivilisation". Das hieraus abgeleitete Überlegenheitsgefühl wurde seit der Reichsgründung 1871 dazu benutzt, einen deutschen Vormachtsanspruch abzuleiten. Nach 1945 wurde der „deutsche Sonderweg" von Vertretern der Sozial- und Gesellschaftsgeschichte, insbesondere von Hans-Ulrich Wehler, als verhängnisvoller Sonderweg in den Nationalsozialismus verstanden.
2. In der Diskussion um die Stichhaltigkeit der These/des leitenden Deutungsansatzes sollten sich die Lernenden an der Frage orientieren, ob ein „normaler" oder „idealer" Weg der Entwicklung hin zur Demokratie existiert und ob dieser zwingend von einer vorausgegangenen bürgerlichen Revolution abhängt.

Figur 14 | Eine Staatsform erarbeiten

Arbeitsmaterial

Der Vertrag des Deutschen Bundes, die Bundesakte (1815), bestimmte in Artikel 13 die Einführung einer „landständischen Verfassung" in allen Bundesstaaten. Der Artikel 57 der Wiener Schlussakte (1820) konkretisierte die Ausführung: So musste zwar die gesamte Staatsgewalt bei den souveränen Fürsten bleiben, diese waren aber an die Verfassung gebunden (S. 53–54). Die Mehrzahl der Staaten des Deutschen Bundes führte daher die Staatsform der „konstitutionellen Monarchie" ein. Die entsprechenden Verfassungen näherten sich entweder dem Prinzip der „Volkssouvernität" (Volksvertretung, Gewaltenteilung) an oder betonten nach französischem Vorbild das monarchische Prinzip (altständische Verfassung, Gottesgnadentum).

1. Erklären Sie das konstitutionelle System in Frankreich (*Charte constitutionnelle*, 1814–1830), das elf deutsche Länder für ihre altständischen Verfassungen zum Vorbild nahmen, anhand des Schaubilds (Henri, Le Quintrec & Geiss, 2008, S. 15).
2. Untersuchen Sie, ob das monarchische Prinzip dem Monarchen wie beabsichtigt die gesamte Staatsgewalt sicherte.

Kommentar

1. Eine starke monarchische Spitze traf auf ein schwaches Zwei-Kammer-Parlament: keine Gewaltenteilung; König hat das Recht der Gesetzesinitiative; König ernennt die adeligen Mitglieder der Pairs-Kammer; König hat das Recht, die Abgeordnetenkammer aufzulösen; große Einschränkungen beim aktiven und passiven Wahlrecht.
2. Die Staatsgewalt des Monarchen war durch die Verfassung begrenzt: Zumindest bei der Gesetzgebung war er auf die Mitwirkung der Abgeordneten der Kammern angewiesen.

Figur 15 | Geschichte nacherzählen

Arbeitsmaterial

Lesen Sie noch einmal die Passage zur Judenemanzipation (S. 56: „Dieser neue Geist" bis zum Ende des Kapitels)! Legen Sie das Buch zur Seite!

1. Erzählen Sie den Prozess der Judenemanzipation in Ihren Worten nach! Schreiben Sie in den Zeitformen der Vergangenheit!

Kommentar

1. Übung zur Reproduktion des Erzählmusters: Der „neue Geist der Freiheits- und Gleichheitsrechte" wird von der Entwicklung des Verfassungsstaats auf die Juden übertragen (S. 56) [Erzählanlass] – Lebensbedingungen in den deutschen

Ländern seit dem Mittelalter (S. 56–57) [Rückblende] – Prozess des Umdenkens während der Zeit der Aufklärung (S. 58) [Wendepunkt] – wirtschaftlicher, gesellschaftlicher und kultureller Aufstieg der Juden (S. 58–59) – gesellschaftliche Schranken und Vorurteile, Antijudaismus als Vorläufer des Antisemitismus (S. 59–60) [Schluss und Ausblick].

Figur 16 | Einen Kunststil beschreiben

Arbeitsmaterial

Joachim Rohlfes schreibt: „Als ‚Biedermeier‘ bezeichnete man die in den 1820er und 30er Jahren herrschende Mode der Schlichtheit und Gediegenheit, und dieser Begriff gab später der gesamten Epoche ihren Namen. Es war eine Zeit des Stillstandes und der Beschaulichkeit, des Rückzugs in die Privatheit und Innerlichkeit" (S. 60). In der Epoche des Biedermeier waren „Zimmerbilder", die Darstellung privater Innenräume, besonders populär.

1. Beschaffen Sie sich eine Kopie des „Zimmerbilds" (1849) von Eduard Gaertner (1801–1877) aus dem Internet!
2. Sammeln Sie Adjektive, um den dargestellten Stil treffend zu beschreiben.

Kommentar

1. Wortschatzübung: Die von Rohlfes genannten Merkmale (als Adjektive: schlicht, gediegen, beschaulich, privat, innerlich, ruhig; S. 60) sollten von den Schülerinnen und Schülern um eigene Adjektive ergänzt werden.

Figur 17 | Politische Grundströmungen unterscheiden

Arbeitsmaterial

Der Autor stellt das Hambacher Fest im Frühjahr 1832 als eine eindrucksvolle Demonstration der liberalen und demokratischen Opposition der konservativen Regierungen dar (S. 64–65).

1. Recherchieren Sie mithilfe anderer Informationsquellen die unterschiedlichen politischen Forderungen der liberalen und demokratischen Opposition.
2. Wie sehen die Liberalen, organisiert als Freie Demokratische Partei (FDP), in Deutschland heute den Staat?

Kommentar

1. Die liberale Opposition forderte einen deutschen Nationalstaat, bevorzugte aber als Staatsform mehrheitlich die konstitutionelle Monarchie („Einheit und Freiheit"). Die demokratische Opposition wollte hingegen die Abschaffung der Monarchie und die Errichtung einer Republik.

2. Die Liberalen pflegen mehrheitlich eine kritisch-distanzierte Haltung zum Staat: Sie fordern „nur so viel Staat wie nötig".

Figur 18 | Zu einer Frage Textstellen auswählen

Arbeitsmaterial

Der Verfasser beschäftigt sich ausführlich mit dem Wandel des nationalen Bewusstseins in den 1840er Jahren (S. 68: „Auf der Wartburg" bis S. 72: „politischen Ernstfall").

1. Inwiefern wandelte sich das nationale Bewusstsein? Schreiben Sie sparsam Textstellen (ganze Sätze, Teilsätze) heraus, die die Frage beantworten.

Kommentar

1. Mögliche (Teil-)Zitate: „Von seinen Anfängen an war nationales Denken, Empfinden und Verhalten doppeldeutig: Es konnte sich [...] als fanatischer Franzosenhass äußern, sich aber auch in enthusiastischen Gesten der Völkerfreundschaft ergehen" (S. 68/69); „Hatte das nationale Engagement zu Beginn einen ausgesprochen liberal-emanzipatorischen, ja sogar demokratischen Anstrich, so fand es in den 1840er Jahren auch schon in konservativ-adeligen und kirchlichen Kreisen Zuspruch" (S. 69); „Fast über Nacht entstand ein starkes Gefühl nationaler Zusammengehörigkeit. Das feindselige französische Vorgehen schloss die Deutschen zu einer „Schutz- und Trutz"-Gemeinschaft zusammen (S. 70); „Politische Herausforderungen und Gefahren waren die eine Triebkraft der nationalen Bewegung, die Erfahrung überregionaler Gemeinsamkeiten die andere" (S. 70); „Natürlich profitierte der nationale Gedanke auch von der allgemeinen Politisierung des Lebens" (S. 71). Es bietet sich eine Methodenreflexion in Abgrenzung zum Markierungsverfahren an: Die exzerpierte Stelle muss in sich verständlich sein, erfordert eine strengere Relevanzprüfung und ihre weitere Verarbeitung stellt einen intensiveren Vorgang dar.

Figur 19 | Einen historischen Prozess identifizieren und charakterisieren

Arbeitsmaterial

Die Vergangenheit bloß mit Ereignissen und bekannten Persönlichkeiten zu beschreiben wäre zu einfach. Der zweite Autor des Lesebuchs, Rüdiger Hachtmann, versteht die „industrielle Revolution" daher als einen historischen Prozess: Er erzählt, wie ein Ereignis, die Erfindung der Eisenbahn, die Verhältnisse im 19. Jahrhundert grundlegend veränderte.

1. Nennen Sie die langfristigen wirtschaftlichen, politischen und gesellschaftlichen Veränderungen infolge der Eisenbahnerfindung nach Hartmann (S. 75: „Tatsächlich begann" bis S. 83: „fünfmal so hoch")!

2. Finden Sie ein Adjektiv, mit dem Sie die Art dieses historischen Prozesses beschreiben!

Kommentar

1. In wirtschaftlicher Beziehung: Grundlage für eine ganz neue Wirtschaftsweise, entscheidender Kick für die Industrielle Revolution, sprunghafter Anstieg der Nachfrage nach Steinkohle, Eisen und Stahl (S. 82); politisch: Erweiterung des politischen Bezugsrahmens auf Europa, Eisenbahn als „Revolutionsmacherin" (S. 77); gesellschaftlich: Beschleunigung des Informationsaustauschs (S. 78), Eisenbahnen als Symbol des Fortschritts: Mobilität und Reiselust (S. 79), Einteilung der Eisenbahnpassagiere nach Preisklassen gemäß der neuen bürgerlichen Gesellschaft (S. 80–81).
2. Angesichts der Wechselwirkung zwischen der wirtschaftlichen, politischen und gesellschaftlichen Dimension der Industrialisierung könnten die Lernenden diesen historischen Prozess als „dynamisch" und „temporeich" beschreiben.

Figur 20 | Geschichte vor Ort recherchieren

Arbeitsmaterial

Auch in [Nennung Stadt/Region mit Bezug zum Schulstandort oder Ruhrgebiet, Saarregion, Oberschlesien] begann in der Zeit nach 1830 eine großflächige Industrialisierung.

1. Recherchieren Sie die industrielle Entwicklung in [Stadt oder Region] bis zum Beginn des Ersten Weltkriegs im Jahr 1914. Berücksichtigen Sie dabei die Rolle der Eisenbahn und die Errungenschaften des 1834 gegründeten Deutschen Zollvereins (vgl. S. 83–84).

Kommentar

1. Die Schülerinnen und Schüler sollten klären, ob und inwiefern die regionale Industrialisierung vom Ausbau des Eisenbahnnetzes und der Binnenmarktstruktur des Zollvereins abhängig war.

Figur 21 | Das „Muster" eines historischen Prozesses hinterfragen

Arbeitsmaterial

Der Verfasser zieht Parallelen zwischen zwei historischen Prozessen, bei denen aus einem ursprünglich wirtschaftlichen Zusammenschluss mit einer „gewissen Zwangläufigkeit" eine politische Gemeinschaft entstanden sei: Der Deutsche Zollverein (1834) habe sich zur politischen Einheit der Deutschen wie die Montanunion (1951) und die Europäische Wirtschaftsgemeinschaft (1957) zur politischen Einheit der Europäer ausgeweitet (S. 83).

1. Diskutieren Sie das „Muster" dieser historischen Prozesse: Entwickelt sich aus einem gemeinsamen Binnenmarkt „mit einer gewissen Zwangsläufigkeit" eine politische Einheit?

Kommentar

1. Die Aufgabe ist geeignet, das Geschichtsbewusstsein der Schülerinnen und Schüler zu fördern. In der Lerngruppe sollte auf der Basis zusätzlicher Informationen zum europäischen Einigungsprozess diskutiert werden, ob es sich bei den beiden historischen Prozessen tatsächlich um das gleiche Muster (einfache Zollunion vs. Strategie der sektoralen Verflechtung mit dem Ziel der politischen Föderation) handelt. Interessant ist hierbei, ob den Lernenden die „Zwangsläufigkeit" (Notwendigkeit oder Automatismus?) dieser Prozesse plausibel erscheint.

Figur 22 | Ein Personengemälde interpretieren

Arbeitsmaterial

Rüdiger Hachtmann stellt im zweiten Kapitel den Fabrikanten August Borsig (1804–1854) als einen Pionier des Industriezeitalters vor. Wie andere erfolgreiche Unternehmer gab dieser ein Portrait in Auftrag, das 1855 von dem Berliner Maler Franz Krüger (1797–1857) fertiggestellt wurde (einsehbar bei wikimedia.org).

1. Beschreiben Sie das Personengemälde detailliert! Formulieren Sie das Thema des Kunstwerks!
2. Untersuchen Sie die Bildkomposition (Mimik, Gestik, Körperhaltung, Kleidung, Vorder- und Hintergrund, Perspektiven, Proportionen usw.) genau.
3. Welchen Eindruck haben Sie durch die Darstellung des Malers von der Person August Borsigs gewonnen?

Kommentar

1. Der Maler Krüger stellte August Borsig mit ernstem Gesicht, als Privatmann auf einer Bank im Park aufrecht sitzend und mit Hund dar. Als Thema könnten die Schülerinnen und Schüler „August Borsig privat" formulieren.
2. Der ungezwungen (aus Schülerperspektive eher steif?) im Sommerjackett (Paletot?) dargestellte Borsig dominiert die Bildmitte. Sein Gesichtsausdruck ist ernst, aber nicht unfreundlich. Mit der rechten Hand drückt er seinen Jagdhund väterlich an sich, in der linken hält er ein Papier mit Notizen. Borsig posiert abseits von seinem Wirkungskreis vor einem gezielt entworfenen Hintergrund: Die Äste des Ahornbaums und die Lehne des Sitzmöbels verweisen aber auf seine Fabrik im fernen Hintergrund. In dem Gemälde zeigt sich Borsigs bürgerliches Selbstverständnis: bescheiden, pflichtbewusst und fleißig.
3. Um das Geschichtsbewusstsein der Schülerinnen und Schüler zu fördern, sollte der Eindruck vom selbstbewussten Industriellen Borsig mit dem wachsenden

Selbstbewusstsein des aufstrebenden Bürgertums in Verbindung gebracht werden: Es adaptierte beispielsweise mit der Auftragsmalerei die traditionellen Repräsentationsformen des Adels.

Figur 23 | Den historischen Sinnzusammenhang im Erzählvorgang untersuchen

Arbeitsmaterial

Rüdiger Hachtmann erzählt ausführlich über den Weberaufstand in Schlesien im Jahr 1844. Dabei verbindet er inhaltliche Aussagen mit den Mitteln der Sprache und stellt damit historische Zusammenhänge her.

1. Untersuchen Sie die Ursache, den Anlass, den Verlauf und die politischen Folgen des Weberaufstands, indem Sie das Kapitel 4 (S. 97–105) entsprechend gliedern.
2. Markieren Sie Wörter, mit denen der Autor eine zeitliche Abfolge herstellt!
3. Wie gelingt es Hachtmann, inhaltlich und sprachlich einen „roten Faden" zwischen Anlass, Verlauf und Folgen des Weberaufstands herzustellen?

Kommentar

1. Die mögliche Gliederung der Schülerinnen und Schüler lautete: Ausgangslage in Schlesien seit Mitte der 1830er Jahre; Winter 1843/44 Not in den Dörfern; Treffen der Weberburschen auf dem Kapellenberg; 3./4. Juni 1844 Zerstörung einer Fabrik; 5. Juni 1844 weitere Zerstörung und militärische Niederschlagung des Aufstands; steckbriefliche Suche nach den Webern; Verurteilung.
2. Die Abfolge wird mit Zeitangaben hergestellt: „seit Mitte der dreißiger Jahre" (S. 97), „bereits im Winter 1843/44" (S. 97), „Ende Mai 1844" (S. 98), „für den Abend des 3. Juni" (S. 99), „am Vormittag des 5. Juni" (S. 100), „am Abend" (S. 101), „schließlich" (S. 102) usw.
3. Hachtmann stellt einen historischen Sinnzusammenhang zwischen der Notlage der Weber und der Revolte her. Den „roten Faden" bildet dabei die Darstellung der sich immer weiter aufheizenden Stimmung in den Weberdörfern. Der Leser wird auf die Gewalteskalation auch sprachlich eingestimmt: „[n]och dramatischer war", „besonders drückend", „Not" (S. 97), „Weber waren wütend und verzweifelt", „wurden enttäuscht", „die Erregung wuchs", „Rage" (S. 98), „[d]as brachte das Fass zum Überlaufen", „die Masse der erzürnten Weber", „ihre ganze Wut" (S. 99), „die Wut der Weber war freilich noch nicht verraucht", „wütende Weber" (S. 100), „drohende Haltung" (S. 101).

Figur 24 | Eine Geschichtsdarstellung als eine besondere Textsorte betrachten

Arbeitsmaterial

Im letzten Teil des vierten Kapitels erzählt Rüdiger Hachtmann von der sozialpoliti-
schen Wirkung des Weberaufstands: Die Revolte fand Verständnis bei den ober-
schlesischen Richtern, rüttelte die preußisch-deutsche Öffentlichkeit auf, regte zahlreiche Künstler zu neuen Liedern, Gedichten und Dramen an und beflügelte die Idee
einer bürgerlichen Sozialreform, die aber nicht durchgesetzt werden konnte (S. 102–
105).

1. In welcher Weise unterscheidet sich Hachtmanns Darstellungstext von einer literarischen Textsorte (Prosa, z. B. historischer Roman)?

Kommentar

1. Die Lernenden bemerken, dass der distanzierte Erzähler – im Gegensatz zu vielen Romanen – mit dem Autor Rüdiger Hachtmann identisch ist. Indem Hachtmann die unmittelbare Wirkungsgeschichte des Weberaufstands erzählt, erklärt
und deutet er sie: „Die Richter bewiesen Unabhängigkeit"; „Der Rechtsstaat [...]
war offenbar noch recht kräftig entwickelt" (S. 102); „Im Weberaufstand und
seiner naturalistischen Dramatisierung fand die soziale Frage einen besonders
zugespitzten, fast zeitlosen Ausdruck" (S. 103); „Denn die [...] „soziale Frage",
deren Sprengkraft sich im Weberaufstand das erste Mal vor aller Augen gezeigt
hatte, wurde in der Folgezeit nicht entschärft"; „Weder Preußen noch andere
deutsche Staaten waren zu substanziellen sozialen Reformen fähig oder bereit";
„Die kommunale Armenfürsorge war völlig überfordert" (S. 105). Hachtmann
strebt keine fiktive Darstellung an, sondern führt Belege (Zitate aus Akten und
Zeitungen, Verweise auf Lyrik und Drama) an, um sich der Vergangenheit so
gut wie möglich anzunähern.

Figur 25 | Die Funktion des Schlusskapitels im Erzählplan bestimmen

Arbeitsmaterial

Der Erzählplan (die inhaltliche und formale Struktur der Teilkapitel) des zweiten
Kapitels „Eisenbahnzeitalter und industrielle Revolution" ist als eine stufenartige
Steigerung (Klimax) angelegt: Die sozialen, wirtschaftlichen und politischen Umstände, die schließlich den Boden für eine Revolution bereiteten, verstärkten sich
immer mehr.

1. Stellen Sie den Erzählplan des Gesamtkapitels grafisch dar.
2. Überlegen Sie, welche Funktion das Schlusskapitel für den Fortgang des Buches
hat.

Kommentar

1. Die grafische Darstellung könnte als fünfstufige Treppe angelegt werden (Beschriftung gemäß der Teilkapitel: 1. Erfindung der Eisenbahn (S. 74–84); 2. Arbeitsbedingungen in der Eisenbahnfabrik (S. 85–92); 3. Pauperismus und soziale Frage (S. 93–96); 4. Der schlesische Weberaufstand (S. 97–105); 5. Hungerrevolten (S. 106–109).

2. Teilkapitel 5 „Hungerrevolten am Vorabend der Revolution" bildet den Höhepunkt des Gesamtkapitels: Die Metapher des „Pulverfasses"(S. 109) steht für die spannungsreiche, gefährliche Lage. Die Leser erwarten dramatische Entwicklungen und große Veränderungen.

Figur 26 | Die Angemessenheit einer Metapher prüfen

Arbeitsmaterial

Rüdiger Hachtmann betont den mitteleuropäischen Charakter der Revolution von 1848/49, die wie eine „Kettenreaktion" (S. 112) abgelaufen sei.

1. Visualisieren Sie, wie sich die Revolution auf den gesamten europäischen Kontinent ausweitete (S. 110 bis S. 114: „zum Überlaufen zu bringen").

2. Prüfen Sie, ob die Metapher der „Kettenreaktion" für die Ausbreitung der Revolution in Europa angemessen ist, indem sie zunächst den Begriff im Wörterbuch nachschlagen.

Kommentar

1. Die Visualisierung könnte beispielsweise mit gemalten Dominosteinen (Dominoeffekt), als konzentrische Kreise oder als Landkarte mit Markierungen erfolgen. Eintragungen: Januar 1848 Aufstände in Palermo und Neapel; Auftakt der Revolutionswelle in Paris am 22. Februar 1848; 13./14. März 1848 Wien; 15. März 1848 Budapest; 18. März 1848 Berlin; 22. März 1848 Venedig und Mailand.

2. Die Metapher wird umgangssprachlich – ein Ereignis löst gleichartige Folgeereignisse aus – korrekt verwandt. Naturwissenschaftlich gedacht bleibt aber offen, wie sich aus den Ergebnissen der Februarrevolution in Paris neue, sich wiederum von selbst fortsetzende Revolutionen entwickelten.

Figur 27 | Die Erzählweise einer Darstellung untersuchen

Arbeitsmaterial

Der Verfasser schildert die Barrikadenkämpfe am 18. März 1848 sehr anschaulich und vermittelt dem Leser den Eindruck, „hautnah" dabei zu sein (S. 114: „Nur scheinbar hat" bis S. 117: „an der Stadtmauer erobert hat".

1. Untersuchen Sie, mit welchen Mitteln dieser Effekt erzielt wird!

2. Inwiefern unterscheidet sich die Textpassage von einer fiktiven Erzählung?

Kommentar

1. Die Lernenden verweisen auf folgende Mittel: Reportagestil; Tempuswechsel ins Präsens; Quellenzitate von Augenzeugen (S. 114, 116–117); Betonung der aufgebrachten Atmosphäre unter den Aufständischen durch Ausrufe (z. B. „Militär weg!"; S. 115); Spannung durch detaillierte Schilderung des Ablaufs und entsprechende Wortwahl (z. B. „Gewehrschüsse und Kanonendonner hallen, Trommeln wirbeln, Menschen schreien, Kirchenglocken läuten ununterbrochen Sturm"; S. 116); allwissender Erzähler.

2. Der Erzählstandort des Erzählers (= Historiker Rüdiger Hachtmann) wechselt von großer Nähe, indem unmittelbar aus dem Geschehen heraus erzählt wird, zur distanzierten, nachträglichen, teils sachlich korrigierenden Betrachtung des Historikers im Präteritum oder Futur („Am Tage zuvor waren zusätzlich zu den zehntausend in Berlin stationierten Soldaten noch einmal fünftausend Mann Gardetruppen aus Potsdam herangeholt und im Hof des riesigen Berliner Stadtschlosses konzentriert worden"; S. 115; „Dass die zwei Schüsse durch Ungeschick und nicht willentlich von Soldaten ausgelöst wurden, wie eine von den Behörden später eingesetzte Untersuchungskommission herausfinden wird, vermutet zu diesem Zeitpunkt niemand"; S. 115); „Es sollen insgesamt 921 Barrikaden gewesen sein"; S. 116).

Figur 28 | Eine zeitgenössische Karikatur interpretieren

Arbeitsmaterial (modifiziert nach Schröder, 2004, S. 194–195)

Zur Zeit der 1848er-Revolution wurden Spottbilder und Karikaturen, die auch für Analphabeten sofort verständlich waren, zu einem Kampfmittel um die Gunst in der öffentlichen Meinung. Sie erfreuten sich auch auf dem Land großer Beliebtheit (vgl. Hachtmann, S. 124). Auch die Liberalen griffen in ihren meinungsbildenden Zeitschriften und Flugblättern neben Artikeln auf politische Karikaturen zurück, um ihre Forderungen zu verbreiten.

Interpretieren Sie die Karikatur „Die gute Presse", indem Sie

1. die gezeichneten Personen, Tiere, Gegenstände und ihr Größenverhältnis detailliert beschreiben,
2. zwischen der Sprecherperspektive und -haltung des Verses, dem Titel und der Zeichnung einen Bezug herstellen,
3. versuchen, die dargestellten Personen und Gegenstände zu entschlüsseln,
4. die Gesamtaussage der Karikatur formulieren.

„Süsse heilige Censur / Lass uns gehen auf deiner Spur / Leite uns an deiner Hand /
Kindern gleich, am Gängelband!"

Abb. 4: „Die gute Presse" aus dem „Leuchtturm", 1847; verfügbar unter http://upload.
wikimedia.org/wikipedia/commons/1/1e/KarikaturDieGutePresse1847.jpg (12.8.2014)

Kommentar

1. Ein Maulwurf führt einen Zug von mehreren Menschen und Tieren an. Er trägt
   eine Fahne, auf der ein Krebs abgebildet ist. Danach folgt ein riesiger Mann mit
   einer Schere als Kopf und einem Bleistift als Wanderstock. Ihm folgen andächtig
   eine an der Leine geführte Gruppe von sechs kleinen Kindern mit erwachsenen
   Gesichtern: Ein „Kind" trägt ein Schild mit der Aufschrift „IA". Die Gruppe
   wird von einem Schaf in Uniform mit Regenschirm und Hund bewacht. Über
   dem Personenzug fliegen einige Fledermäuse.
2. Aus der Sicht der an der Leine Geführten ist der Spottvers ironisch zu verstehen:
   Die Vertreter der „guten Presse" bedanken sich bei der „Censur", die sie am
   „Gängelband" führt.
3. Die Karikatur kritisiert die Pressevertreter, die sich wie Esel von der Zensur
   (Scherenmann mit Bleistift) an der Leine führen lassen. Der Zug ist, angeführt
   vom blinden Maulwurf, der sich den rückwärts gehenden Krebs auf die Fahne
   geschrieben hat, orientierungslos oder allenfalls rückwärtsgewandt. Die Journalisten lassen sich ausgerechnet von einem Schaf, das in der Volksmeinung als

dumm gilt, bewachen. Die nachtaktiven Fledermäuse unterstreichen die geistige Umnachtung der Personengruppe.

4. Die Karikatur kritisiert die Journalisten, die sich der Pressezensur seit den Karlsbader Beschlüssen von 1819 widerstandslos unterworfen haben. Sie besitzt einen Aufforderungscharakter, sich nicht länger an die Zensurbestimmungen zu halten.

Figur 29 | Politische Grundströmungen unterscheiden

Arbeitsmaterial

Im Frühjahr 1848 entstand ein breitgefächertes Spektrum an politischen Klubs und Vereinen. Sie bewirkten einen Modernisierungsschub für die politische Kultur. Hachtmann unterscheidet fünf politische Grundströmungen mit unterschiedlichem Selbstverständnis und unterschiedlichen politischen Zielen: Demokraten, Liberale, Konservative, politischer Katholizismus und sozialistisch geprägte Arbeiterbewegung.

1. Übernehmen Sie die Tabelle in Ihre Unterlagen. Benennen Sie die politischen Ziele der Anhänger verschiedener Grundströmungen, indem Sie die Tabelle zunächst mit Informationen aus der Darstellung ergänzen (S. 126: „In der Revolutionsforschung" bis S. 134: „für die katholische Kirche").

politische Ziele hinsichtlich	Demokraten	Liberale	Konservative	politischer Katholizismus	Arbeiterbewegung
Staatsform	teils konstitutionelle Monarchie, teils parlamentarische Demokratie als Ein-Kammer-System (S. 128)				
Grundrechte					
Wahlrecht					
Einheit/Freiheit					
Staat/Kirche					
sozialer Frage					

Kommentar

politische Ziele hinsichtlich	Demokraten	Liberale	Konservative	politischer Katholizismus	Arbeiterbewegung
Staatsform	teils konstitutionelle Monarchie, teils parlamentarische Demokratie als Ein-Kammer-System (S. 128)	konstitutionelle Monarchie als Ein- oder Zwei-Kammer-System (S. 127)	Monarchie (S. 133)	?	Demokratie (S. 132)
Grundrechte	Versammlungs-, Vereinigungs-Meinungsfreiheit (S. 126)		–	?	?
Wahlrecht	allgemeines, gleiches, direktes Wahlrecht (S. 128)	teils gleiches, allgemeines, indirektes Wahlrecht für alle erwachsenen Männer, teils Zensuswahlrecht (S. 127–128)	–	?	?
Einheit/Freiheit	nationale Einheit Deutschlands (S. 127, 130)		gegen einen deutschen Nationalstaat (S. 132)	?	?
Staat/Kirche	Trennung von Staat und Kirche (S. 126)		enge Bindung von Staat und protestantischer Amtskirche (S. 133)	Einsatz für katholische Kirche (S. 134) im Sinne staatlicher Unabhängigkeit	?
sozialer Frage	automatische Lösung durch Wahlrecht (S. 128)	gegen „Sozialstaat" (S. 127)	?	?	Sozialstaat (S. 129)

Tab. 2: Realisierungsbeispiel mit Möglichkeit zur Differenzierung: Leistungsstarke Schülerinnen und Schüler sollten zusätzlich fehlende Informationen beschaffen.

Figur 30 | Eine Kurzbiografie schreiben

Arbeitsmaterial

Rüdiger Hachtmann schreibt, die Revolutionsbewegung sei jung und männlich gewesen (S. 135). Dennoch gab es Ausnahmen: Frauen wie Louise Otto-Peters (1819–1895), die sich nicht auf die Wahrnehmung karitativer Aufgaben in der Öffentlichkeit beschränken lassen wollte.

1. Recherchieren Sie zur Biografie von Louise Otto-Peters, beispielsweise auf den Internetseiten des Deutschen Historischen Museums (http://www.dhm.de/lemo). Achten Sie besonders auf ihre politischen Forderungen.
2. Schreiben Sie eine Kurzbiografie über Louise Otto-Peters in ihrer eigenen Sprache.

Kommentar

1./2. Schreibübung im Präteritum mit Vorrecherche: Otto-Peters forderte die Integration der Frauen in die neue bürgerliche Öffentlichkeit und kritisierte ihre Ausgrenzung als Widerspruch zu den demokratischen Forderungen und liberalen Idealen der Revolution von 1848/49.

Figur 31 | Eine prozentuale Verteilung in einem Tortendiagramm visualisieren

Arbeitsmaterial

Die Abgeordneten in der Frankfurter Paulskirche organisierten sich in nach Hotels und Cafés benannten Fraktionen, um ihre politischen Interessen und Ziele durchzusetzen. Die meisten Fraktionen waren den drei großen politischen Lagern zuzurechnen: der konservativen Rechten (Café Milani), der liberalen Mitte (Casino, Café Landsberg, Augsburger Hof, Württemberger Hof, Westendhall) und der demokratischen Linken (Deutscher Hof, Donnersberg).

1. Visualisieren Sie die prozentuale Verteilung der Abgeordneten (Sommer 1848) auf die drei großen politischen Lager und die übrigen Fraktionen in einem Tortendiagramm (vgl. S. 139–140). Verwenden Sie dazu möglichst ein Tabellenkalkulationsprogramm.
2. Welche Staatsform bevorzugte die Mehrheit der Abgeordneten (vgl. die Ergebnisse aus Aufgabe 29)?

Kommentar

1. Die Schülerinnen und Schüler gestalten ein Tortendiagramm mit vier „Tortenstücken": „konservative Rechte" 6 Prozent; „liberale Mitte" 47 Prozent; „demokratische Linke" 15 Prozent; „übrige Fraktionen" 32 Prozent.
2. Die Liberalen bildeten mit 47 Prozent die stärkste Gruppe, die rechte Mitte besaß als stärkste Fraktion mit 34 Prozent eine Sperrminorität (S. 139). Die von der

Mehrheit der Abgeordneten bevorzugte Staatsform war die konstitutionelle Monarchie.

Figur 32 | Einen Verfassungsentwurf beurteilen

Arbeitsmaterial

Rüdiger Hachtmann urteilt: „Wenn auch die erste deutsche Verfassung von 1849 nie Gültigkeit erlangte, so war sie doch eine große und zukunftsweisende Leistung der Parlamentarier – der Zeit voraus, aber dennoch ein Markstein der Deutschen auf dem Weg zur Demokratie" (S. 144).

1. Beschaffen Sie ein Schaubild des Verfassungsentwurfs für die konstitutionelle Monarchie (Schulbuch, Internet). Untersuchen Sie insbesondere die vorgesehene Gewaltenteilung und die Stellung der deutschen Länder.
2. Prüfen Sie Hartmanns Urteil, indem Sie Argumente für und gegen die Reichsverfassung als „Markstein" auf dem Weg der Deutschen zur Demokratie finden und diese abschließend gewichten.

Kommentar

1. Die Schülerinnen und Schüler erkennen den Entwurf einer bundesstaatlich organisierten konstitutionellen Erbmonarchie: Die Gewaltenteilung war eingeschränkt, weil der König sowohl an der Legislative und der Exekutive beteiligt war. Den 38 deutschen Ländern war großer Einfluss auf die Gesetzgebung und die Kontrolle der Regierung zugedacht: Sie sollten insgesamt 168 Vertreter in den Reichstag (Staatenhaus) entsenden.
2. Argumente für den „Markstein" sind: nationales Parlament; weitgehende Realisierung der Gewaltenteilung; allgemeines, gleiches, geheimes, direktes Wahlrecht; Anbahnung des föderalen Systems als kleindeutsche Lösung. Argumente gegen den „Markstein" lauten: weitreichende Befugnisse des Kaisers (Oberbefehl über das Heer, alleiniges Recht der völkerrechtlichen Vertretung, Ernennung/Entlassung der Reichsregierung, Einberufung/Schließung/Auflösung des Reichstags, suspensives Veto); kein Frauenwahlrecht.

Figur 33 | Rollenkarten für ein szenisches Spiel erarbeiten

Arbeitsmaterial (modifiziert nach Lendzian & Mattes, 2001, S. 196–199)

Welche Grenzen der neu zu schaffende Nationalstaat haben sollte, war im Paulskirchenparlament heftig umstritten: „Großdeutsch" oder „kleindeutsch" hieß das Problem, also ein Nationalstaat mit und oder ohne (Gesamt-)Österreich (S. 144–145).

1. Erarbeiten Sie in Ihrer Gruppe jeweils eine Rollenkarte für die Abgeordneten František Palacký (kleindeutsche Lösung), Georg Waitz (großdeutsche Lösung mit Deutsch-Österreich) und Alfred Ritter von Arneth (großdeutsche Lösung mit

Gesamtösterreich). Nutzen Sie für die Erstellung der Rollenkarten geeignete Quellen in verschiedenen Informationsmedien (Internet, Bücher).

2. Proben Sie auf der Basis der Rollenkarten ein szenisches Spiel (fiktive Diskussion der drei Politiker über die Form des neuen Nationalstaats) in Ihrer Gruppe, das sie später dem gesamten Kurs vortragen.

3. Diskutieren Sie, ob und inwiefern ein szenisches Spiel Ihre historische Erkenntnis und Ihr Urteil fördert.

Kommentar

1. Die Lernenden fertigen Rollenkarten mit ausführlichen Informationen zu der jeweiligen Person und ihren Argumenten an:

   a. Rollenkarte „kleindeutsch": František Palacký (1798–1876), tschechischer Historiker und Politiker, aktiv in der tschechischen Nationalbewegung, Vertreter des Austroslawismus, im berühmten Brief vom 11.4.1848 Absage der Teilnahme an der Frankfurter Nationalversammlung; mögliche Argumente: achtet das Bestreben, einen deutschen Nationalstaat zu gründen, fühlt sich aber nicht als Deutscher, sondern als Böhme slawischer Herkunft, lehnt den Anschluss Österreich-Ungarns daher ab;

   b. Rollenkarte „großdeutsch mit Deutsch-Österreich": Georg Waitz (1813–1886), Mediävist und Politiker, Verfasser des „Dahlmann-Waitz", Mitglied des Verfassungsausschusses in der Paulskirche; mögliche Argumente: hebt die nationalen Erhebungen in Europa hervor, glaubt nicht an eine großdeutsche Nation, der deutsche Teil Österreichs solle zur deutschen Nation gehören, sieht die Alternativen, das deutsche Österreich geschlossen in den neuen Nationalstaat zu integrieren oder geschlossen in der österreichischen Monarchie zu belassen, plädiert schließlich für eine großdeutsche Lösung mit Deutsch-Österreich;

   c. Rollenkarte „großdeutsch mit Gesamtösterreich": Alfred Ritter von Arneth (1819–1897), Historiker und Politiker, Direktor des österreichischen Hauptstaatsarchivs; mögliche Argumente: die Österreicher seien deutsch und wollen es bleiben, strebt nach der Erhaltung seines Vaterlandes Österreich im Falle der Zerschlagung Österreich-Ungarns, die Bildung neuer selbstständiger Reiche an der Ostgrenze des Nationalstaats könne nicht im Interesse der Deutschen sein, es gehe um das Fortbestehen Österreichs in und mit Deutschland, schlägt eine großdeutsche Lösung mit dem gesamten Österreich-Ungarn vor

2. Die Schülerinnen und Schüler sind gefordert, derartige Argumente im szenischen Spiel zum Leben zu erwecken, daher sollte bei der Ausführung der Rollenkarten auf die Regieanweisungen besonderen Wert gelegt werden: Wie stellen sich die Schülerinnen und Schüler die Politiker vor, die hier über die Form eines neu zu gründenden deutschen Nationalstaats streiten? Wie sprechen sie? Wie bewegen sie sich?)

3. Im Reflexionsgespräch sollten die Schülerinnen und Schüler erörtern, ob und inwiefern die schwierige Lage – die Deutschen in einem Nationalstaat zu sammeln – durch das szenische Spiel erfahrbar wird.

Figur 34 | Geschichte erklären

Arbeitsmaterial

Zu Beginn des 6. Kapitels erklärt Rüdiger Hachtmann seinen Lesern, warum er die Revolution für gescheitert hält (S. 148: „Nationale Überheblichkeit" bis S. 149: „anderen europäischen Ländern").

1. Welche Gründe nennt Hachtmann für das Scheitern der Revolution und wie gewichtet er sie?
2. Vergleichen Sie Hartmanns Position zur 1848-Revolution mit der eines anderen Historikers (z. B. Dieter Hein, Wolfgang Mommsen). Entsprechende Textstellen aus anderen Darstellungen finden Sie in Ihrem Geschichtsbuch.

Kommentar

1. Ursachen des Scheiterns bei Hachtmann sind: nationale Überheblichkeit, Hass gegenüber anderen Völkern, keine Lösung der „deutschen Frage", resignierte Abgeordnete, zu späte Abwehr der konterrevolutionären alten Mächte, entscheidend war die Ablehnung der Kaiserkrone durch den Hohenzollernkönig Friedrich Wilhelm IV. (S. 148–149).
2. Im Vergleich mit den Erklärungen anderer Historiker fällt den Schülerinnen und Schülern auf, dass für Hachtmann die ungelöste deutsche Frage nationale Idee nicht entscheidend war.

Figur 35 | Ungeschehene Geschichte schreiben

Arbeitsmaterial

Hachtmann hält die Ablehnung der Kaiserkrone durch den Hohenzollernkönig Friedrich Wilhelm IV. am 28. April 1849 für revolutionsentscheidend. Es liegt nahe, darüber nachzudenken, ob die Revolution erfolgreich gewesen wäre, wenn der König die Krone angenommen hätte (Demandt, 1984).

1. Was wäre geschehen, wenn der Friedrich Wilhelm IV. die Kaiserkrone angenommen hätte? Scheiben Sie ungeschehene Geschichte.
2. Welchen Erkenntniswert hat es für Sie, so über Geschichte nachzudenken?

Kommentar

1. Die Lernenden schreiben ungeschehene Geschichte auf der Grundlage zweier Szenarien: a) Infolge der Annahme der Kaiserkrone wäre die Revolution geglückt, der Verfassungsentwurf der konstitutionellen Monarchie hätte realisiert

werden können. b) Die Revolution wäre trotzdem gescheitert, weil kein Konzept für einen künftigen deutschen Nationalstaat vorlag.

2. Über ungeschehene Geschichte nachzudenken, ermöglicht, den von Hachtmann hergestellten Kausalzusammenhang zwischen der Ablehnung der Krone und dem Scheitern der Revolution zu überdenken und weitere Faktoren in Betracht zu ziehen.

Figur 36 | Die Argumentation eines Historikers prüfen

Arbeitsmaterial

Der Verfasser belegt seine These von der gescheiterten Revolution mit den Maßnahmen der Gegenrevolution. In der Überschrift des 7. Kapitels schreibt er, im Zeitalter der Reaktion sei das Rad der Geschichte zurückgedreht worden (S. 151: „Am 5. Dezember 1848" bis S. 152: „des Vormärz zurück").

1. Welche Maßnahmen ergriff Friedrich Wilhelm IV. und welche Strategien verfolgte er mit ihnen?
2. Sehen Sie neben dem unbestreitbaren, unmittelbaren Scheitern der Revolution dennoch auch langfristige Wirkungen und Erfolge?

Kommentar

1. Friedrich Wilhelm oktroyierte eine vermeintlich demokratische Verfassung mit Grundrechten, zwecks Beschwichtigung des Bürgertums und der Mittelschichten sowie ihre Bindung an die Krone; Verfassung mit „antirevolutionärem" Charakter; vorläufige Beibehaltung des allgemeinen und gleichen Wahlrechts; echte konstitutionelle Monarchie war nicht beabsichtigt; Auflösung des Parlaments bei erstem Interessenskonflikt (S. 151); Verordnung des Dreiklassenwahlrechts zwecks Stärkung des wohlhabenden, gemäßigt liberalen Bürgertums; 1854 Schaffung eines Herrenhauses als Sicherung gegen revolutionäre Anwandlungen; Vetorecht für den preußischen Landadel und Stärkung des Konservatismus (S. 152)
2. Rüdiger Hachtmann betont mit dem Scheitern der Revolution den angeblichen deutschen Sonderweg in der Geschichte, vernachlässigt aber die langfristigen Erfolge: die endgültige Durchsetzung des Verfassungsprinzips, die Sicherung individueller Grundrechte, die Etablierung eines Parlaments. Die 1848er-Revolution kann auch als wesentliche Etappe auf dem Weg Deutschlands zur parlamentarischen Demokratie und zu einem Nationalstaat gesehen werden.

Figur 37 | Eine Geschichtsdarstellung als Quelle interpretieren

Arbeitsmaterial

Ein bedeutender deutscher Historiker, Friedrich Meinecke (1862–1952), erinnerte 1948 anlässlich der Hundertjahrfeier an die deutsche Revolution von 1848/49 (Meinecke, 1948, S. 7–9).

1. Ermitteln Sie, wie Friedrich Meinecke die Revolution von 1848/49 historisch einordnet, indem Sie seine Darstellung als zeitgenössische Quelle interpretieren.
2. Vergleichen Sie die Darstellung Meineckes mit der Hachtmanns inhaltlich und sprachlich.

Kommentar

1. Die Schülerinnen und Schüler bestimmen die Quelle als eine gedruckte Gedenkrede anlässlich der Revolutionsfeierlichkeiten im März 1948, wenige Jahre nach dem Ende der NS-Diktatur. Der Verfasser der Geschichtsdarstellung ist der Historiker Friedrich Meinecke (1862–1954).

   a. Zum Inhalt: persönliche Erinnerungen an den Friedhof in Friedrichshain (S. 7); Gedenkrede fiel Meinecke nicht leicht; fehlender Konsens über die Bewertung der deutschen Geschichte des 19. Jahrhunderts; hielt die Revolution von 1848 für eine „Episode" und für gescheitert; fragte nach den Scheidewegen der deutschen Geschichte (S. 8); die Aufgabe Deutschlands im 19. Jahrhunderts sei neben der nationalen Einheit die Umwandlung des Obrigkeitsstaats in einen „Gemeinschaftsstaat" gewesen; die Beteiligung aller Schichten am Staat sei misslungen (S. 8–9); Meinecke identifizierte schließlich drei Scheidewege, an denen der geforderte Gemeinschaftsstaat verhindert worden sei: 1819 Karlsbader Beschlüsse, 1848 deutsche Revolution, 1866 preußischer Verfassungskonflikt; in allen Fällen habe das monarchisch-autoritär-militaristische Prinzip gesiegt (S. 9)

   b. Zur Deutung: Meinecke sah in der 1848er-Revolution einen historischen Wendepunkt, die verpasste Gelegenheit, einen modernen Staat zu schaffen, in dem alle Bürger politisch mitbestimmen können.

2. Inhaltlicher Vergleich: Meinecke und Hachtmann halten die Revolution von 1848 für gescheitert. Meinecke betont zusätzlich den „Scheideweg" der deutschen Geschichte. Sprachlicher Vergleich: Friedrich Meinecke (Historismus) schreibt persönlich und voller Pathos, Rüdiger Hachtmann (Historische Sozialwissenschaft) hingegen distanziert und sachlich erklärend; beide bemühen sich um eine allgemein verständliche Sprache.

4. Die Dokumentation der gewonnenen Daten

4.1 Notiz zur Transkription

Die hier in Auswahl gedruckten Schülertexte wurden während regulärer Geschichtsunterrichtsstunden am 1. Februar 2010 und am 5. Juli 2010 erhoben. Die Schülerinnen und Schüler (15 Mädchen und 9 Jungen) verfassten in einem sechzigminütigen, handschriftlich zu erledigenden Schreibauftrag 48 eigenständige Darstellungen auf einem vorgefertigten Erhebungsbogen ohne weitere Hilfsmittel. Als Schreibimpulse dienten die Aufforderungen: „Stellen Sie den Wandel im Zeitalter der Reformation dar!" und: „Stellen Sie Revolutionen und Reformen in Frankreich und den deutschen Ländern im langen 19. Jahrhundert (seit 1789) dar!"

Die Schülerdarstellungen umfassten bei der ersten Erhebung durchschnittlich 251 Wörter, bei der zweiten Erhebung durchschnittlich 413. Sie wurden in gut lesbaren Handschriften abgefasst, wobei jedoch die vielfach nicht eindeutige Groß- und Kleinschreibung, Getrennt- und Zusammenschreibung und Absatzgestaltung sowie Nachlässigkeiten bei Punkten und Strichen aller Art und die vielfach angewandten amerikanischen Anführungszeichen auffielen. Einige Schülerinnen und Schüler neigten zu häufigen Streichungen, teils mit Korrekturflüssigkeit. Die Rechtschreibfehler hielten sich insgesamt in Grenzen. Jedoch konnte diese wohlwollende Betrachtung nicht darüber hinwegtäuschen, dass bei mindestens drei Probandinnen und Probanden legasthenische Anwandlungen vorlagen.

Die einheitliche Transkription der Schülerdaten erfolgt, um diese für den Auswertungsprozess handhabbar und der Fachöffentlichkeit zugänglich zu machen. Zu den Grundsatzentscheidungen der Transkription zählt die originalgetreue Wiedergabe, ohne die Texte zu kommentieren. Es sollen gut lesbare und innerhalb der Studie zitierbare Texte angeboten werden, die nicht von überflüssigen Einblendungen und Sonderzeichen durchsetzt sind. Um zuverlässige Texte als Grundlage der Weiterarbeit zu erhalten, werden Texteingriffe nur äußerst vorsichtig vorgenommen und der Verfasserin und dem Verfasser stets das Beste unterstellt. Eindeutige Fehler in Rechtsschreibung, Grammatik und Satzzeichen sind korrigiert und vergessene Punkte über „a" oder „i" und nach Ordnungszahlen ergänzt (zur Emendation vgl. Plachta, 2006, S. 90–98). Eigene Wortkreationen der Schülerinnen und Schüler wie „Evangelismus" oder „Reformanten" bleiben unbedingt erhalten.

Alle Eingriffe in die Textgestalt werden mit den in der Editionswissenschaft üblichen Indizes und Zeichen kenntlich gemacht: Die Fußnoten bezeichnen Erläuterungen der Versuchsleiterin. Mit dem Zeichen |: :| wird ein nachträglicher Einschub der

Schülerin oder des Schülers in den eigenen Text angezeigt, mit dem Zeichen [ ] hingegen eine Einfügung der Versuchsleiterin. Das Zeichen [?] verweist auf eine unleserliche Textstelle. Eine von der Probandin oder dem Probanden gestrichene Textstelle wird mit dem Zeichen < > markiert, eine Textersetzung mit dem Zeichen >. Bei Emendationen verweist der Buchstabe „O" auf den Originaltext (vgl. die Indizes und Zeichen der Max-Weber-Gesamtausgabe, Verlag Mohr Siebeck, 2014).

Für den Abdruck wurden die Schülertexte gemäß des Forschungsstils des qualitativen Experiments nach größtmöglichen formalen, inhaltlichen und sprachlichen Unterschieden ausgewählt. Diese bestanden insbesondere in der Gliederung (Reihung von Aussagen vs. durchdachter Aufbau), in der inhaltlichen Auswahl und Gewichtung von Ereignissen, Personen und Entwicklungen (Grad der Balance zwischen „Personalisierung" und „Strukturen") sowie im Sprachduktus (Berichtsstil vs. Erzählton). Die ursprünglichen, während des Experiments verwandten Schülernummern sind durch die beliebtesten Vornamen des Jahres 1994, dem Geburtsjahr der meisten Probandinnen und Probanden, ersetzt.

4.2 Auswahl unterschiedlicher Schülerprodukte

4.2.1 Leitmedium „Ganzschrift mit Aufgabensammlung" (Gruppe 1)

Fall 1.1 „Julia", 1.2.2010

In der Reformation nahm der große Reformator Luther eine wichtige Stelle ein. Er verursachte durch seine Streitschriften großen Aufstand im Land. Letztendlich[4] wurde er von der Kirche verbannt, weil er den Evangelismus, der entscheidende Unterschiede von der |:bisher:| alten Religion des Christentums hatte, dem einfachen Volk präsentierte, was zu Anfang durch ein Versehen geschah. Luther wollte Gerechtigkeit für sein Volk und glaubte in der Zeit[,] als er in der Kirche war, dass es zu Veränderungen kommen sollte[5]. [6]Er vertrat[7] seine Meinung in seinen Streitschriften sehr radikal, die er |:schließlich:| an die hohen Kleriker der Kirche sendete, welche diese vorerst geheim halten wollten. Dennoch gerieten sie in[8] falsche Hände und wurden für ganz Deutschland zugreifbar gemacht, was große Probleme herbeiführte,

---

4   O: Letzendlich
5   sollen > sollte
6   <Da sein>
7   vertritt > vertrat
8   <die>

denn das einfache Volk konnte diese nicht nachvollziehen. So weit[9] kam es, dass Menschen ein schlechtes Bild von Luther bekamen und ihn sogar umbrachten. Luthers religiöse Ansichten[10] werden trotzdem heute noch vertreten. Es hatte sich also neben den Katholiken eine Gruppe von[11] Protestanten gebildet und sich akzeptieren lassen.

Fall 1.2 „Julia", 5.7.2010

Die Revolutionen Europas begannen im Jahre 1789 zunächst mit kleinen Bauernaufständen in Frankreich. Die unzufriedenen Bauern[12] wollten die politische, wirtschaftliche und soziale Ordnung |:so:| verändern, dass auch sie wie der Adel und die Kleriker von ihnen profitieren konnten. Um dies zu verwirklichen[,] musste jedoch die Dreiständegesellschaft so angebracht werden, dass sie den Forderungen aller Menschen entsprechen konnte. Doch weil die Reichen (Adel) reich bleiben wollten und auch die ganze Macht haben wollten, mussten die Bauern für Gerechtigkeit und Rechte kämpfen. Sie wollten vor allem das Mitbestimmungsrecht[13].[14]

Bauern und andere Leute aus den niederen Ständen verbündeten sich mit der Zeit immer mehr zu größeren Einheiten. Das Interesse[15] der Bauern anderer europäischer Länder wurde somit geweckt. In Deutschland dauerten die Revolutionen und Reformen bis ungefähr 1848 an, mit denen vieles[16] erreicht wurde. Eine große Rolle spielten der Wiener Kongress und das Hambacher Fest, die zu mehr Freiheit der Menschen führten. Es wurden Verfassungen geschrieben[,] und die Demokratie wurde erhofft. Dennoch herrschte lange Zeit die konstitutionelle Monarchie, sodass die Menschen eine Verfassung besaßen, dennoch den König als Staatsoberhaupt anerkannten. In den deutschen Ländern trug die Märzrevolution sehr zur Meinungsfreiheit bei. Das Militär kam gegen das einfache Volk[,] und es starben viele Bürger in den sogenannten Barrikadenkämpfen. In Österreich und in Frankreich gab es zur selben Zeit auch zahlreiche Opfer. Der deutsche Kaiser, der zuvor nicht eingegriffen hatte, entschuldigte sich beim Volk und versprach, dass so etwas nicht nochmal passierte. Dem Volk wurden viele Rechte vorbehalten.

---

9   O: Soweit
10   <dienen>
11   <den>
12   Bauern > unzufriedenen Bauern
13   , > .
14   <um das System so zu ihnen> <zu ihrem>
15   <anderer>
16   O: Vieles

Es wurden Clubs gegründet und so entstanden |:auch:| die jeweiligen Parteien: Demokraten, Liberale, Katholizisten[17], Konservative und die kommunistische Partei. Diese Parteien versammelten sich in der deutschen Nationalversammlung und vertraten unterschiedliche Ansichten, die sie dort erläuterten, über[18] die sie sich stritten und diskutierten. Das größte Interesse war an der Demokratie[,] gefolgt vom Liberalismus. Mit heute verglichen hat sich an der Aufmerksamkeit der Bürger an den Meinungen und Forderungen der Politik nicht viel verändert. Diese zwei Parteien[19] gleichen sich zum größten Teil und erfüllen auch den Haupt- und Gemeinwillen[20] des Volkes. Folglich ist die Märzrevolution sehr entscheidend, denn sie war die letzte Revolution und löste am meisten aus, sodass nach ihr keine Aufstände mehr erfolgten und eine neue Ordnung bestand.

Fall 2.1 „Philip", 1.2.2010

Die Kirche übernahm im Mittelalter eine tragende und wichtige Rolle, sie bestimmte Gesellschaft und Politik. Im Namen Gottes war über Jahrhunderte eine Ständegesellschaft integriert, die den Menschen die Chance auf Veränderungen und Weiterentwicklung nahm. Das 16. und 15. Jahrhundert[21] veränderte[22] die Kirche zu einem wirtschaftlichen Faktor. Die Erfindung des Ablasshandels war für die Kirche eine große Einnahmequelle. Die Menschen verfielen dem Glauben[,] sich durch Geld von Sünden freikaufen zu können. Dadurch finanzierte die Kirche ihren dekadenten Lebensstil und den Bau von Großprojekten wie z[um] B[eispiel] den Petersdom. In einem Tauschhandel mit verschiedenen Bankhäusern[,] z[um] B[eispiel] dem der Fugger in Augsburg, lieh sich die Kirche Geld und überließ im Gegenzug einzelnen Adeligen die Einnahmen aus dem Ablasshandel, dafür übernahmen die Adeligen die Refinanzierung bei den Bankhäusern. Diese zunehmende Simonie löste im stark gläubigen[23] Mönch Luther im frühen 16. Jahrhundert einen erheblichen Zweifel an der Richtigkeit der katholischen Kirche aus. Luther entdeckte im Markus Evangelium den Vers „Tuet Buße", Luther nahm dies zum Anlass[24][,] 95 Thesen zu entwickeln. In den 95 Thesen sollte der Katholizismus korrigiert werden. Der Legende nach soll er diese an ein Kirchentor geschlagen haben. Parallel dazu entwickelte Gutenberg den Buchdruck. Die 95 Thesen fanden in der Bevölkerung, die unzufrieden

---

17 Katholiken > Katholizisten
18 <sie>
19 Parteien > zwei Parteien
20 <der Bürger>
21 O: 15 und 16 Jahrhundert
22 O: veranderte
23 O: glaubigen
24 O: Anlaß

war[,] sehr schnelle Verbreitung. Die Kirche musste gegensteuern[25], und man beschloss[26][,] einen Ketzerprozess[27] gegen Luther auf den Weg zu bringen. Die Kirche bangte um ihre Rolle als Staats[-] und Machtoberhaupt. Doch Luther fand vor allem bei dem kleinen und mittleren Landadel, der ebenfalls unter der hohen Abgabenlast ächzte[28][, Zuspruch]. So gewährte der Fürst von Sachsen Luther[29] mit einem simulierten Überfall „Asyl". Die Verfolgung gegen Luther wurde fortgesetzt[30]. Die Erfindung des Buchdrucks half Luther sehr bei der Verbreitung seiner Thesen und Ansichten. Luther selbst sah sich nicht als Reformator. Die Reformation fand viele Anhänger, schnell konterte die katholische Kirche mit [der] Gründung der Liga einer gegenreformatischen[31] Bewegung. Schnell war Deutschland stark geteilt, die Grafschaften und Fürstentümer waren sich sehr uneinig. Rom musste reagieren und tat dies in Form von Zensur und Verbot von Luthers Thesen und Schriften, doch der Wandel war nicht mehr aufzuhalten[32]. Schnell verfeindeten sich die Anhänger Luthers und die Adeligen[,] die um ihre wirtschaftliche Existenz bangten. In den Niederlanden und der Schweiz traten die Reformatoren Zwingli und Calvin hervor. Die Uneinigkeit spitzt sich zu und der 30-jährige[33] Krieg war entstanden.

Fall 2.2 „Philip", 5.7.2010

Der[34] Startschuss für [die] Revolutionen und Reformen in ganz Europa war die französische Revolution. Durch ihr vor-demokratisches und antifeudales Denken und Handeln brach 1780 mit dem Sturm auf die Bastille ein neues Zeitalter unter der späteren Herrschaft Napoleons an. Wesentliche Gedanken wie Brüderlichkeit[35] und Einheit sowie Freiheit waren der Motor für die Bewegung[,] die auch auf Deutschland b[e]z[iehungs]w[eise] das heilige römische Reich deutscher Nation abfärbte. Durch die Säkularisierung[36] [ging][37] Deutschland, ein wilder[38] Flickenteppich mit

---

25 O: Gegensteuern
26 O: beschloß
27 O: Kätzerprozeß
28 O: ächste
29 O: ,
30 O: fort gesetzt
31 O: geger reformatischen
32 O: auf zu halten
33 O: 30 jahrige
34 O: Den
35 O: Bruderlichkeit
36 O: Sekularisierung
37 O: <wurde aus>
38 O: einem wilden

über 300 Fürsten[-] und Herzogtümern[,] schon einen deutlichen[39] Schritt in Richtung Einheit[40]. Viele der kleineren Fürsten und der mittlere und niedrige Landadel fürchtete[n][41] sich davor[,] Kompetenzen abzugeben. Dies war der Grundstein für den deutschen Bund. In diesem deutschen Bund nahm[en] Preußen und Bayern eine dominierende Rolle ein. Beide Staaten hielten wenig von liberalen[42] und nationalen[43] Gefühlen. Während in Frankreich eine Verfassung längst festgeschrieben[44] war, stand[en] Preußen und der gesamte[45] deutsche Bund mit der Ausnahme Badens noch weit davon entfernt[46]. Doch es rumorte in Deutschland, Nationale und Liberale wurden immer lauter. Die Zeit des Vormärz[47] war angebrochen. Zunächst wurde sie durch den Rückzug in[s] Private, das Zeitalter des „Biedermeiers" [, gekennzeichnet]. Die Menschen vernachlässigten[48] ihr Interesse für Politik und fingen stattdessen[49] an zu singen oder Zeit mit der Familie zu verbringen. Dies änderte sich 1832 mit dem Hambachfest gewaltig. Die intellektuelle Schicht Deutschlands, die Studenten zogen zur Wartburg[,] um für den Liberalismus zu demonstrieren. Dies rüttelte[50] die Monarchen im ganzen Land wach. Der Wiener Kongress sollte die Restauration und die Wiederherstellung der alten Ordnung voranbringen[51].

Es wurde ein Zeitalter der Zensur und der Unterdrückung[52], man wollte mit aller Kraft eine Schwächung der Krone verhindern. Als 1835 die erste Eisenbahn zwischen Potsdam und Berlin pendelte[,] wurde das Zeitalter der Industrialisierung langsam angerollt. Während in England die industrielle Revolution weit fortgeschritten war, startete [sie in] Deutschland vor allem durch Einzelpersonen wie Arnulf Borsig, der durch sein Engagement und das Prinzip des Forderns und Förderns[53] in Deutschland b[e]z[iehungs]w[eise] dem deutschen Bund erste Fabriken gründete.

---

39 ein deutlicher > einen deutlichen
40 <gehen>
41 O: dem mittleren und niedrigen Landadel fürchteten
42 O: Liberalen
43 O: Nationalen
44 O: fest geschrieben
45 O: gesamt
46 O: Entfernt
47 O: Vormarz
48 O: vernachlassigen
49 O: statt dessen
50 O: ruttelte
51 O: voran bringen
52 O: Unterdruckung
53 O: Forderns & Forderns

Ab 1843 startete Preußen eine europaweit einzigartige Kampagne für ein hohes Industrialisierungstempo[54]. Verschiedene Edikte sorgten für einen außergewöhnlichen[55] wirtschaftlichen Aufschwung. Die Gewerbefreiheit und die spätere[56] Zollgemeinschaft mit den anderen Staaten des deutschen Bundes förderten eine breite Mittelschicht. Genau diese mittlere Schicht sorgte in der 48er Revolution für eine erste Verfassung in Preußen und wirkte[57] auch auf die ersten demokratischen Bemühungen in Form der Nationalversammlung deutlich später erheblichen Einfluss aus. Die Industrialisierung hatte auch ihre Schattenseiten[,] z[um] B[eispiel] die extreme Armut, den Pauperismus. Es gab Weberaufstände und Arbeiterkämpfe. Die gegen die niedrigen Löhne und schlechten[58] Arbeitsbedingungen und die Verlagerung in die Heimarbeit protestierten[59]. Die Regierung verteidigte mit Soldaten die Fabrikherrn[60] und Großkapitalisten. Es folgte eine zunehmende Politisierung[61] des deutschen Bundes. Katzenmusik und Streitschriften[62] waren die Folge. Als in Frankfurt das erste deutsche Parlament zusammentrat[63][,] waren die Erwartungen groß. Genauso wie die Enttäuschung[64]. Es wurde weder eine Verfassung beschlossen[65] noch eine Liberalisierung o[der] Nationalisierung. Stattdessen[66] folgte die Zeit der Reaktion mit schweren Repressionen wie z[um] B[eispiel] Zensur und enger Polizeiarbeit. Erst im Jahr |:1871:| änderten sich die Zustände mit der Nationalstaatsgründung als Kaiserreich.

Fall 4.1 „Annika", 1.2.2010

Die Reformation wurde durch Luther in Gang gesetzt. Luther wurde 1518 als Sohn einer wohlhabenden Bürgerfamilie geboren. Er war ein guter Schüler, brach jedoch sein Jura Studium ab, da er bei einem Gewitter die „Erkenntnis" hatte, Priester zu werden.

Zu Luthers Zeiten finanzierten sich die Kirchen ihren Reichtum durch den Ablasshandel. Sie nahmen die Bürger schamlos aus, indem sie ihnen erzählten, mit den

---

54   O: industrialisierungstempo
55   O: außergewohnlichen
56   O: spatere
57   O: wirkten
58   O: schlechten
59   O: , Die
60   O: Fabrikher
61   O: politisierung
62   O: Streit Schriften
63   O: zusammen trat
64   O: Enttauschung
65   O: beschloßen
66   O: statt dessen

Ablassbriefen könne man sich von seinen Sünden freikaufen. Zudem verbreitete man in allen Kirchen grausame Bilder, die die Hölle darstellten, um die Leute zu verschrecken. Luther war dieses Phänomen[67] zuwider, und er begann[,] gegen den Ablasshandel zu predigen. Seiner Meinung nach vergibt Gott allen Menschen, wenn sie Reue zeigen. Durch diese Meinung fand Luther viele Anhänger.

Er schrieb die[68] 95 Thesen, in welchen er den eigentlichen Willen Gottes präsentierte. Durch die Veröffentlichung machte er sich jedoch auch viele Feinde. Der Kaiser war gegen ihn[69] und ließ eine Verhandlung einberufen[,] um Luther als Ketzer[70] zu verklagen. Doch statt der[71] gewollten Demütigung auf der Reise zum Prozess musste der Kaiser mitansehen[72][,] wie das Volk Luther preiste[73], feierte und seine Reise in eine Art Triumphzug verwandelte. Daraufhin erklärte der Kaiser Luther für „vogelfrei"[74], was soviel[75] bedeutete wie dass er nicht mehr unter dem Schutz des Gesetzes stand. Der Kurfürst entführt „Luther"[76][,] um ihn zu verstecken und zu schützen. Währenddessen gab es im Land immer mehr Aufstände zwischen Luthers Anhängern (den Protestanten) und den Katholiken.

Wenig später folgte der Bauernkrieg. Viele Bauern haben sich zusammengeschlossen[77] und die 12 Artikel verfasst. In diesen Artikeln berufen sie sich auf Luthers 95 Thesen und fordern ein Mitspracherecht. |:Sie hoffen auf Luthers Unterstützung, die jedoch fernbleibt. Luther hatte nie einen Krieg gewollt.:| Der Adel schlägt[78] jedoch zurück und die Bauern verlieren den Krieg.

Die Reformation hatte zur Folge, dass eine Kirchentrennung stattfand.[79]

Jeder Fürst entschied nun selber, welcher Religion er angehören wollte[80][,] und seine Untertanen mussten ihm folgen. Nicht selten kam es vor, dass die Bürger[,] wenn sie umzogen[,] eine neue Religion annehmen mussten.

---

67 <zuwo>
68 seine > die
69 O: ,
70 O: Kätzer
71 dem > der
72 O: ,
73 <und>
74 O: "vogelfrei"
75 O: so viel
76 'entführte'
77 O: zusammen geschlossen
78 <jedoch>
79 <Das ganze [?]>
80 O: ,

Fall 4.2 „Annika", 5.7.2010

Die französische Revolution begann 1789 mit dem Sturm der Bastille. Der 3. Stand war aufgelehnt und stürmte das Gefängnis[,] um an Munition zu gelangen. In Frankreich herrscht Unzufriedenheit durch die Benachteiligung durch das Ständesystem. So berief man eine Nationalversammlung ein |:(bei welcher alle Stände vertreten waren):| und schwor sich[,] nicht eher auseinanderzugehen[81], bis eine Lösung gefunden worden war. Dies bezeichnet man als Ballhausschwur.

Zudem bildeten sich Jakobinerclubs, die Opposition der Regierung. Diese wollten einen radikalen Umbruch, was sich durch blutige Auseinandersetzungen zeigte. Viele Menschen schlossen sich den Jakobinern an und bald darauf erklärte Frankreich Österreich den Krieg. Somit kam die Revolution europaweit[82] ins Rollen.

1804 krönt sich Napoleon selbst zum Kaiser. Er führt nun die Franzosen an. Durch geschulte Taktiken baut er sich Satellitenstaaten rund um Frankreich auf. Darunter befindet sich auch das Rheinland. Napoleon bezieht Soldaten aus dem Rheinland, um sie in seinen Truppen einsetzen zu können. Des Weiteren[83] gründet er einige König- und Herzogtümer, z[um] B[eispiel] das Königtum Hessen und das Großherzogtum von Berg. Im Rheinland gilt der „Code Civil"[84], das eigens entworfene Gesetzbuch Napoleons, welches sehr fortschrittlich[85] für diese Zeit war und auf welches viele unserer heutigen Gesetzbücher aufbauen.

Zum Ende der Rev[olution], als Napoleon sich eingestehen musste, verloren zu haben, zwingt Metternich ihn zum Abdanken, indem er ihn warnt, Frankreichs Truppen vollständig zu vernichten. Napoleon verweigert vorerst, dankt dann aber doch ab, als er bemerkt, dass er nichts mehr mit seiner gefallenen Armee ausrichten kann.

In Deutschland wurde 1807 das Oktoberedikt beschlossen, welches Reformen enthält. Es entstanden die Agrarreform, die Gewerbereform, die Bildungsreform und die Steuer- und[86] Zollreform. Dies war ein Meilenstein für Deutschland, da erstmals die Gewerbefreiheit gewährleistet wurde.

Nach Beendigung der[87] F[ranzösischen] Rev[olution] fand der Wiener Kongress statt, bei welchem Deutschland neu aufgeteilt wurde. Es war eine Art Friedenskongress.[88]

---

81 O: auseinander zu gehen
82 O: Europaweit
83 O: Des weiteren
84 O: "Code Civil"
85 O: Fortschrittlich
86 O: &
87 O: er
88 <1835>

Die Industrielle Revolution begann im fortschrittlichen England. 1835 wurde dann auch die erste Eisenbahnstrecke Deutschlands, von Nürnberg nach Fürth, gebaut. Die Begeisterung der Massen wuchs, immer mehr Strecken wurden gebaut, Deutschland erschlossen und bald mit ganz Europa vernetzt. Das Denken wurde weltoffen, die Bahnhöfe wurden zu den „Kathedralen"[89] der neuen Zeit. Preußen baute mit Abstand die größten Bahnhöfe und legte seine Strecken strategisch an, um sie militärisch nutzen zu können. Da durch den Bau der Eisenbahnen und der Schienen sehr viel Stahl benötigt wurde, boomten die Stahl- und Kohlewerke.

Das Ruhrgebiet entwickelte sich zum größten Stahlproduzenten Europas. Dazu wurde die Schnellpresse erfunden sowie das Dampfschiff erhielt Eingang in die deutschen Häfen. Große Fabriken wurden gegründet, es war die Zeit der Unternehmer. Einer von ihnen war August Borsig, welcher ein neues Arbeitersystem erfand. Belohnt wurde nach Leistung[90] sowie Pünktlichkeit wurde geschätzt. Zuspätkommen[91] wurde durch Geldabzug bestraft. Dies war vorerst eine völlig neue Erfahrung für die Arbeiter.

Menschen zogen nun in Massen in die Städte, da es dort Arbeit gab und somit Geld zu verdienen war. Es war die Zeit des Biedermeiers. Jeder hatte sein beschauliches und ordentlich gepflegtes Heim[92], man war stolz auf das, was man besaß. Jedoch wandelte sich diese Zeit um in den Pauperismus. Die Menschen überhäuften sich, es bildeten sich Armenviertel.

Die Spalte zwischen Arm und Reich wurde immer größer. Dies veranlasste die Weber schließlich zu einem Aufstand. Da die deutschen Weber mit der Hand arbeiten mussten und in England die Ware mit riesigen Maschinen[93] hergestellt wurde, mussten die Deutschen[,] um der Konkurrenz standhalten zu können[,] oft mit der ganzen Familie Tag und Nacht schuften. Das Elend brachte die Weber dazu, Firmen der wohlhabenden Unternehmer zu stürmen und zu zerstören. So auch die Villa und die Fabrik der Familie Zwanziger. Das Militär kann die Aufständischen schließlich stoppen. Indem die Richter ein mildes Urteil veranlassen, beweisen sie Unabhängigkeit vom König.[94] Hungerrevolten nahmen in dieser Armut ihren Lauf, schließlich auch eine sogenannte „Kartoffelrevolution"[95][.] Dies bezeichnet man als Zeit des Vormärz. Die Menschen sind sauer und wütend. Schließlich beginnt die Märzrevolution ausgehend von Paris und geht auf ganz Europa über.

---

89 O: "Kathedralen"
90 O: ,
91 O: Zuspät kommen
92 O: heim
93 O: Maschienen
94 <Weiter>
95 O: "Kartoffelrevolution"

Fall 7.1 „Jacqueline", 1.2.2010

Das Zeitalter der Reformation ist vom Wandel geprägt. In fast allen Bereichen gab es enorme Veränderungen und auch oftmals auch Verbesserungen. Durch Mathematiker und Naturwissenschaftler wie Kopernikus oder Galileo Galile[i] gelangte die Bevölkerung an ein völlig neues Weltbild. Auch der Glauben und die Gottessicht der Menschen änderten[96] sich. Luther setzte eine Bewegung in Gang[,] die schließlich zur Trennung der Glaubensrichtung in Katholisch und Protestantisch[97] führte. Die[98] Bevölkerung kam zu neuen Erkenntnissen und wollte[99] von nun an mehr Rechte, mehr Meinungsfreiheit und mehr Mitbestimmung. Somit wandelten sich in der Reformation auch Politik und Wirtschaft. |:Die Kirche wurde bald nicht mehr als Oberhaupt der Gesellschaft anerkannt[,] und es wurden neue Wege gegangen.:| Es gab letztendlich[100] zwar noch keine Demokratie[,] aber die ersten Schritte waren gemacht. Dies führte bei vielen Leuten auch zu besseren Lebensumständen. Durch viele neue Erfindungen wurden auch die allgemeinen Lebensumstände besser. Schon allein die Erfindung des Buchsdrucks brachte die Menschen ungemein voran und durch zusätzliche Universitäten und die[101] Verbesserung des Schulsystems kam auch das gemeine Volk zu einer guten Bildung und später zu guten Berufen. Auch durch die Entwicklung der Wirtschaft gab es nun viele neue Möglichkeiten. Bald gab es Handelsnetze (z[um] B[eispiel] das der Fugger)[,] die den Austausch von Waren um vieles erleichterte[n]. Die Zeit des Mittelalters war vorbei[,] und eine neue Zeit war angebrochen.

Fall 7.2 „Jacqueline", 5.7.2010

1789 begann in Paris die Französische Revolution. Die Unzufriedenheit der Bevölkerung wächst[102] und schließlich setzt sie sich zu[r] Wehr[103]. Die Bürger gehen gegen die Regierung vor und kämpfen für ihre Rechte. Erst durch den Einsatz des Militärs gewinnt die Regierung wieder die Oberhand. Zur Beruhigung verspricht die Regierung dem Volk Verbesserung[104] und verschiedene Reformen treten in Kraft, jedoch hält keine[,] was sie verspricht. 1799 dann stürzt Napoleon die Regierung und 1804 folgt schließlich seine Selbstkrönung. Auch die Industrialisierung nimmt ihren

---

96   O: änderte
97   O: katholisch und protestantisch
98   <Menschen>
99   O: wollten
100 letztendlich
101 O: der
102 <stetig und schließlich>
103 O: wehr
104 O: verbesserung

Lauf[105]. Neue Möglichkeiten tun[106] sich damit auf. Der Transport wird vereinfacht und verschnellert[,] auch der Informationsaustausch. Die einzelnen deutschen wie europäischen Länder treten[107] immer weiter und öfter in Kontakt. Die Bahnhöfe werden zu den zentralen Sammelorten. Entfernungen sind auf Grund der Einsenbahnerfindung leichter zu überbrücken. |:1834 wird der[108] deutsche Zollverein[109] ins Leben gerufen. Europa wächst immer mehr zusammen. Grenzen können von nun an leichter überwunden werden und der Handel wird erleichtert.:| Durch die maschinelle[110] Herstellung verlieren jedoch auch viele Arbeiter ihren Job, da Maschinenprodukte schneller und billiger als Handarbeit sind[111]. Das Volk rebelliert gegen die Fabrikbesitzer.

Der Weberaufstand entsteht[,] und das Bürgertum wird immer aktiver. Sie lassen sich nicht mehr einfach abfertigen[,] sondern traten für ihre Rechte ein. Auch die Presse entwickelt sich weiter[,] wird jedoch durch die Zensur stark eingeschränkt. Neue Verfassungen entstehen[,] und die Regierung muss sich immer wieder aufs Neue[112] Gedanken machen, da das Bürgertum nicht locker lässt und immer wieder Druck ausübt. Durch Scheinverträge[113] wird die Bevölkerung immer wieder für kurze Zeit ruhiggestellt[114][,] jedoch dauert dieser Zustand nie lange an[,] da die Unzufriedenheit schnell wieder ansteigt.

Fall 13.1 „Fabian", 1.2.2010

In der Reformation fand ein gesellschaftlicher Wandel statt, welcher von vielen Faktoren beeinflusst wurde. Dieser Wandel zog sich über einen sehr langen Zeitraum,[115] welcher beim Feudalismus begann und die Grundlage für unsere heutige Gesellschaft darstellt[116].[117]

---

105 O: lauf
106 O: tuen
107 O: tretten
108 O: Der
109 Unleserliche Streichung
110 O: Maschinelle
111 O: ist
112 O: neue
113 O: scheinverträge
114 O: ruhig gestellt
115 <sprich>
116 bildet > darstellt
117 <Dieser Wandel>

Die Reformation war sehr stark von der Religion beeinflusst, der Grund[118] dafür war, [dass] die[119] vorherrschende[120] Drei-Stände-Gesellschaft[121] aufgrund der damaligen Religiosität existierte, wobei der Clerus (Priester e[t] c[etera]) die größte Macht besaßen.[122] Der Wandel fand in mehreren Stufen statt, einer der wichtigsten[123] Reformator[en] war Luther, welcher mit seinen 99 Thesen großes Aufsehen erregte. Luther war Mönch und[124] konnte Latein. Dadurch dass er die Bibel gelesen hatte, war er zu der Meinung gekommen, dass das Volk vom Clerus belogen[125] und ausgenutzt wurde, da in[126] der Kirche andere Sachen erzählt wurden[,] als tatsächlich in der Bibel standen. Martin Luther brachte so die Lügen des Adels und des Clerus ans Licht und löste damit[127] große Wut im Volke[128] aus.

[129]Er hingegen wurde von der Kirche als Ketzer bezeichnet. Ein weiterer Faktor war, dass zur gleichen Zeit andere Reformatoren wie Clavin [sic!] in Österreich und weitere in Frankreich ähnliche Ideen hatten. Hinzu kommt, dass die drei Stände in einem starken Ungleichgewicht waren, es waren viel mehr Bauern als Adelige und Cleriker vertreten.[130]

Obwohl Luther gewaltlos gegen die Kirche vorgehen wollte, hielten sich viele seiner[131] Anhänger nicht an seine Vorsätze und wendeten trotzdem Gewalt an. So kam es zu vielen Toten, die Luther eigentlich[132] hatte verhindern wollen[133]. Das Resultat war eine Abschaffung der Drei-Stände-Gesellschaft[134], die allerding[s] mit vielen Toten erkauft worden war.

---

118 Grund > der Grund
119 <in der>
120 vorherrschenden
121 O: 3-Stände-Gesellschaft
122 <In der Reformation>
123 O: Wichtigstes
124 und Er > und
125 <belogen>
126 Unleserliche Streichung
127 und schürte da > und löste damit
128 die Wut des Volkes > große Wut im Volke
129 <Luth>
130 <Die Bauern>
131 Seiner > seiner
132 O: eigentlich
133 wolllen > wollen
134 O: drei-Stände-Gesellschaft

Fall 13.2 „Fabian", 5.7.2010

Das gefühlte 19. Jahrhundert begann mit der französischen Revolution. Bevor diese Revolution jedoch in die deutsch[e] Geschichte eingriff, bestand das heutige Deutschland aus drei Teilen: Preußen, Österreich-Ungarn und den kleindeutschen Staaten.

Ein Mann[,] der eine große Rolle zu dieser Zeit spielte[,] war Napoleon. Dieser war ein Revolutionsführer und hatte es geschafft[,] die regierenden[135] Personen in seiner Heimat abzusetzen[,] und war somit zu einem Revolutionsführer in Frankreich geworden. Als dieser stark genug war[,] griff er das heutige[136] West-Deutschland an, welches zu dieser Zeit (wie oben genannt) noch aus[137] vielen kleinen Staaten bestand.

Diese Staaten hatten zwar kein sonderliches Gemeinschaftsgefühl, hatten jedoch trotzdem |:schon:| Verträge (z[um] B[eispiel]: den[138] Zollverein) untereinander abgeschlossen. Als Napoleon[139] [die Staaten] eingenommen hatte[,] vereinigte er diese. Dies trug maßgeblich zur deutschen Geschichte bei, da diese Vereinigung aufrechterhalten[140] blieb[,] obwohl Napoleon kurze Zeit später in Russland schwere Niederlagen hinnehmen musste und später als Folge dieser Niederlagen entmachtet wurde.

Einen eher kleineren Teil stellt der Weberaufstand dar. Dieser war eine Folge der Industriellen Revolution[141]. Die Industrielle Revolution[142] begann zuerst in England, was dafür sorgte, dass in[143] England Stoffe wesentlich billiger produziert[144] werden konnten als auf dem Kontinent. Diese[145] Stoffe wurden dann in das heutige Deutschland[146] exportiert[,] und die Preise, die für die Stoffe bezahlt wurden[,] sanken rapide, was dafür sorgte, dass die Familien der Weber[147] den ganzen Tag bei der Arbeit helfen mussten und[148] trotzdem[149] das erarbeitete Geld kaum zum Kaufen von Essen

---

135 führenden > regierenden
136 die heutigen > das heutige
137 O: als
138 O: der
139 Napoleon griff nun > Als Napoleon
140 O: aufrecht erhalten
141 O: Industriellenrevolution
142 O: Industriellerevolution
143 dort > in
144 O: Produziert
145 O: , diese
146 Deu > Deutschland
147 Weber > Familien der Weber
148 O: und es
149 <meist>

reichte. Als die Preise somit gesunken waren, dass die Arbeit nicht mehr zum Überleben reichte, griffen die verarmten[150] Weber die Häuser der Fabrikbesitzer an und
verlangten Geld und Essen. Obwohl die Aufständischen |:oft:| bekamen, was sie
wollten[,] rissen sie viele[151] Fabriken und Häuser nieder.

4.2.2 Leitmedium „kombiniertes Lern- und Arbeitsbuch" (Gruppe 2)

Fall 14.1 „Tobias", 01.02.2010

Nach Veröffentlichung [der] 95 Thesen sollte Luther vor Gericht erscheinen. Man
versprach ihm jedoch, dass der dieses als lebendiger Man[n] verlassen dürfe. Von
bestimmten Quellen erfuhr er, dass man ihn anlog und dort verbannen und töten
wollte.

So kam es, dass Luther auf eine Burg entführt wurde. Es war ein vorgetäuschtes
Manöver[,] um die Kläger im Glauben zu lassen[,] er sei überfallen worden. Auf
dieser Burg verweilte[152] er einige Zeit und übersetzte währenddessen[153] die Bibel. In
der Öffentlichkeit wurden[154] seine Werke verbrannt und als Luther davon hörte,
rächte er sich und verbrannte die Bibel. Nun stand er im Krieg mit der Kirche. Luther
bildete, ohne es geplant oder gewusst zu haben[155], eine ganz eigene Religion, das
Evangelium. Die katholische[156] Kirche stand jetzt mit den Protestanten im Konflikt.
Diese veröffentlichten Luther[s] Thesen und machte[n] Aufstände[,] wo sie nur
konnten. Jahre später begann dann ein Krieg[157], der 30 Jahre dauern sollte. An jenem
Krieg war fast ganz Europa beteiligt. 1848 fand dann in Osnabrück eine Friedens-
verhandlung[158] statt, bei der sich der Kaiser und seine Verbündeten einerseits |:und:|
Frankreich, Schweden und die Reichsstände anderseits[159] einigten. Man spricht vom
sogenannten[160] „Westfälischen Frieden".

---

150 Verarmte > verarmten
151 die meis > viele
152 verbrachte > verweilte
153 O: während dessen
154 <mehr>
155 O: zu haben
156 O: Katholische
157 der 30 jährig > ein Krieg
158 Friedensvertrag > Friedensverhandlung
159 O: ändererseits
160 O: sogenennten

Fall 14.2 „Tobias", 5.7.2010

Vor der franz[ösischen] Revolution war Frankreich eine Monarchie, die zuletzt von König Ludwig XVI[.] regiert wurde. Es war die Zeit des Feudalismus und des Absolutismus. Es herrschte die Drei-Stände-Gesellschaft[161], die in Klerus, Adel und Bauern aufgeteilt wurde. Der Klerus und der Adel hatten die Macht, doch die franz[ösische] Rev[olution] veränderte dies. 1789 fand der Ballhausschwur statt. Jener wurde von den Bürgern und Bauern durchgeführt[162], da man ihnen bei der Nationalversammlung trotz der Mehrheit der Personen keine höhere Anzahl an Stimmen an[163] Stimmen zusprach. Der Ballhausschwur war also eine Versammlung, in der die Bürger u[nd] Bauern über die neue Verfassung abstimmten.

Kurz darauf wurde das Staatsgefängnis gestürzt und sämtliche[164] Verbrecher flohen (Sturm auf die Bastille). Die Euphorie verbreitete sich über das gesamte Land. Überall kämpfte man für Menschen- und Bürgerrechte. Sogar Frauen zogen mit Waffen los. Zu dieser Zeit herrschte eine konstitutionelle[165] Monarchie. Ab 1792 übernahm Robespierre, der Anführer der Jakobiner, die Rolle des Führenden[166]. Er regierte für kurze Zeit bis 1794 unter einer Konventsherrschaft, bevor er dann von Napoleon [?] wurde. Napoleon ist ein Symbol für die franz[ösische] Rev[olution][,] da er als einfacher Bürger an die Macht kam.

Einige Jahre später, um 1815, begann dann die Industrialisierung. Zu dieser Zeit setzten[167] sich die Technik und die Massenproduktion durch[168] (Manufaktur am Fließband[)]. Man erfand die Dampfmaschine (b[e]z[iehungs]w[eise] Eisenbahn)[,] welche |:die:|[169] Schlüsselerfindung der Industrialisierung war. Auf einmal war es möglich Menschen[,] vor allem aber auch Güter in geringer Zeit von A nach B zu transportieren. Dadurch war sie auch ausschlaggebend[170] für die Massenproduktion. Nicht nur[,] das[s] man jetzt schnell die nötigen Ressourcen herbeischaffen konnte, sondern es war jetzt erst notwendig[,] in Massen zu produzieren. Zuvor reichte es, wenn man nur für das nähere Umfeld, also Dörfer, produziert.

---

161 O: 3-Stände-Gesellschaft
162 O: durch geführt
163 d > an
164 O: sämmtliche
165 O: Konstitutionelle
166 O: führenden
167 O: setzte
168 <durch>
169 ein > die
170 O: Ausschlaggebend

Durch die wachsende Möglichkeit zu reisen[171] und miteinander in Verbindung zu treten[,] bevorzugen[172] es manche[,] diese Zeit als „das Zeitalter der Kommunikation" zu betrachten.

Aber die[173] Erz- und Kohlevorkommen im Ruhrgebiet spielte[n] eine wichtige Rolle. Durch diese Rohstoffe war die Produktion von Eisen[,] also auch von der Eisenbahn[,] erst möglich.

Fall 18.1 „Daniel", 1.2.2010

Luther, ein Priester der (katholischen) Kirche, schreibt eine neue Übersetzung der Bibel und schafft somit das Neue Testament. Während er sein Testament schreibt[174][,] entdeckt Luther, dass einige Tätigkeiten (z[um] B[eispiel] der Ablasshandel) nicht durch die Heilige Schrift legitimiert sind. So schreibt Luther 95 Thesen, die allesamt gegen die Aktionen der Kirche sprechen, und veröffentlicht diese an einem Kirchentor. Durch die Einführung der neuen Erfindung des Buchdrucks verbreitet |:sich:| Luthers Neues Testament rasant[175] und wird sehr schnell[176] sehr populär. Die Kirche droht Luther und schickt diesem Warnbriefe, doch der Priester verbrennt die Briefe öffentlich und demütigt die Kirche.

Die Bauern, wütend und zornig auf die Lehnsherren, erheben sich gegen diese und benutzen das Neue Testament als Rechtfertigung. Luther erwidert das und hält es sogar für richtig, dass die Bauernaufstände blutig niedergeschlagen werden.

Im späteren Verlauf der Reformation spaltet sich die Kirche in den protestantischen Part, das Evangelium, und in einen katholischen. Als Folge dessen tritt der 30-jährige Krieg zum Vorschein, der viele beteiligte Länder in Armut und Elend treibt. Die kriegsmüden Parteien haben keinen Sieg in Aussicht, so entscheiden diese sich nach 30 Jahre[n] Krieg für einen Waffenstillstand und für Frieden.

Fall 18.2 „Daniel", 5.7.2010

Französische Revolution:

Wegen des Absolutismus, der die gesamte Macht in einem feudalen Staatssystem auf den König konzentriert, und der daraus folgenden Armut des Volkes (verbunden mit Hungersnot und schlechter Hygiene, was zu Seuchen und Krankheiten führte), forderten vor allem die gebildeten Bürger des dritten[177] Standes den König dazu

---

171 O: Reisen
172 O: Bevorzugen
173 O: das
174 O: ,
175 sehr > rasant
176 <und>
177 O: 3.

auf[178], das System abzuschaffen[179] oder zumindest eine nationale Versammlung einzuberufen. Resultat dieser Nationalversammlung, an der am Ende genauso viele[180] Vertreter des dritten[181] Standes anwesend waren[,] wie es Abgeordnete des Klerus und des Adels gab, war eine konstitutionelle Monarchie (wie man diese in England findet). Zeitgleich gab der König [Ludwig] XVI. einem Teil seines Heeres den Befehl[,] nach Paris zu marschieren, um dort gegen |:mögliche:| Aufstände anzukämpfen. Dennoch wurde am 14. Juli 1789, der Tag[,] der als Beginn der französischen Revolution angesehen wird, die Bastille, ein Staatsgefängnis in Paris und Symbol der Macht des Königs (bei dem Sturm auf die Bastille gab es dort kaum Gefangene), von Bürgern, die durch Teile des französischen Heeres unterstützt wurden und, wegen der Eroberung des Waffenarsenals, auch schwer bewaffnet waren, angegriffen[182] und nach verhältnismäßig großen Verlusten eingenommen.

Vorerst gab sich der König Ludwig XVI. mit dem momentanen Staatssystem zufrieden, doch als Frankreich in Kriege verwickelt war, floh er in die feindlichen Länder, um sich von dort aus gegen seine eigene Nation zu richten. Allerdings wurde der König bei einem Fluchtversuch erwischt und aufgehalten.

Schließlich wurde er enthauptet[183].

Robespierre, Vorsitzender der Sansculottes, ein Club[,] der für mehr Gerechtigkeit und Rechte für die Arbeiterklasse plädierte[184], wurde anschließend der mächtigste Mann in Frankreich. Er galt als sehr konsequent und handelte[185] immer so[186][,] wie es seinen Idealen nach Gerechtigkeit und Freiheit entsprach (er war auch verantwortlich für viele Hinrichtungen). Wegen seiner teilweise sehr radikalen und brutalen Aktionen wurde er nach einem Jahr abgesetzt und hingerichtet.

Ihm folgte Napoleon.

Industrielle Revolution:

Deutschland war vorerst nicht so weit fortgeschritten in der Industrialisierung wie Frankreich und England, holte allerdings wegen der großen Kohlevorkommen im Ruhrgebiet in den Bereichen der Eisen- und Stahlindustrie schnell auf.

Otto von Bismarck:

Otto von Bismarck einigte alle deutschen Fürstentümer und schuf so[187] Deutschland.

---

178 O: dazuauf
179 er solle das System abschaffen > das System abzuschaffen
180 O: genau soviele
181 O: 3.
182 <erobert> <eingenommen>
183 O: Enthauptet
184 O: pledierte
185 lebte > handelte
186 O: ,
187 schaft so > schuf

Fall 19.1 „Felix", 1.2.2010

Vor der Reformationsbewegung hatte die katholische Kirche einen sehr großen Einfluss auf das Leben der Menschen dieser Zeit. So war auch der Kaiser des heiligen römischen Reiches deutscher Nation katholisch getauft, da er auch vom Papst die Kaiserwürde erhielt. Die Kirche nutzte[188] ihre Macht gezielt aus, um den Gläubigen das Geld aus der Tasche zu ziehen, indem sie Gott als strafenden Richter darstellte[189]. Wenn man eine Sünde begangen hatte, konnte man sich einen Ablassbrief kaufen, um der Hölle zu entgehen. Die Kirche warb sehr viel für diese Ablassbriefe, sogar in den Predigten. Von dem Erlös der Ablassbriefe wurde dann der Petersdom, die Residenz des Papstes, finanziert.

Die Vorstellung von Gott als strafendem[190] Richter und der Ablasshandel waren die Aktivitäten, welche Luther am meisten an der katholischen Kirche kritisierte. Er interpretierte das Bild Gottes als liebenden[191] Vater und nicht als strafenden[192] Richter. Außerdem verurteilte er die Kirche[,] den Glauben der Kirchenanhänger |:bewusst:| auszunutzen.

Nachdem Luther seine 95 Thesen veröffentlicht hatte, wurde er vom Papst und vom Kaiser aufgefordert, zu widerrufen. Doch Luther hielt an seinen Thesen fest und wurde schließlich exkommuniziert[193].

Auf der Wartburg übersetzte Luther die Bibel in die deutsche Sprache, damit auch die einfache Bevölkerung sie verstand. Außerdem stellte er die „Zwei-Reiche-Lehre" auf, nach der die kirchliche Macht und die weltliche Macht getrennt sind. Aus dieser Lehre folgten die Bauernaufstände. Die Bauern forder[ten] unter anderem Freiheit (also Abschaffung der Leibeigenschaft) und niedrigere Steuern. Diesmal steht Luther auf der Seite der Feudalherren, obwohl die Bauern in ihm eine Art Leitfigur gesehen hatten. Doch auch der Adel[194] war gespalten: Viele Fürsten konnten sich mit Luthers Glauben identifizieren, während andere am katholischen Glauben festhielten, vor allem der Kaiser.

Beim Augsburger Religionsfrieden wurde [der] evangelische Glaube als christlicher Glaube im Reich akzeptiert und [die] Fürsten konnten selbst über ihre Konfession und die ihrer Untertanen bestimmen. Wollte ein Untertan der jeweils anderen Konfession angehören, konnte er in ein anderes Gebiet ziehen.

---

188 setzte > nutzte
189 O: darstellten
190 O: strafender
191 O: liebender
192 O: strafender
193 aus > exkommuniziert
194 im A > der Adel

Vom Protestantismus spalteten sich aber auch kleinere Glaubensgemeinschaften ab wie zum Beispiel die „Täufer (auch Wiedertäufer genannt)".

Fall 19.2 „Felix", 5.7.2010

Laut der Definition Flechtheims basiert eine Revolution auf folgenden Elementen: eine gesamtnationale Krise, ein plötzlicher Umbruch, ein Start als Reformbewegung, eine Verlagerung der Mächte, [eine] Zerstörung von Institutionen und Privilegien, bewaffnete Gruppierungen und neues Denken. All dies trifft vor allem auf die Französische[195] Revolution zu: Die Lücke zwischen Arm und Reich[196] war unvorstellbar groß; eine Mittelschicht gab es nicht. Aufgrund von Missernten wegen Hagelschauern stieg der Brotpreis täglich enorm an und das einfache Volk erlitt eine große Hungersnot, während der Adel und hohe Geistliche sich das teure Hauptnahrungsmittel noch leisten konnten. Außerdem forderten[197] außergewöhnlich kalte und lange Winter viele Menschenleben vom dritten[198] Stand. Trotzdem mussten die leibeigenen Bauern die vollständige Steuer an den Grundherren zahlen, sodass kaum etwas für sie zum Leben übrig blieb. Auch Bitten[199] des dritten[200] Standes an den König, die Steuern zu senken, blieben unbeachtet.[201] Da der Staat hoch verschuldet war, berief König Ludwig XXVI[.] die Drei-Ständeversammlung[202] ein. Vertreter des[203] dritten Standes forderten, dass jeder Einzelne eine Stimme haben sollte[204] und nicht ein gesamter Stand eine Stimme. Daraufhin wurde der dritte[205] Stand von den Tagungen ausgeschlossen und traf sich stattdessen in einem Ballhaus, wo sich auch dem dritten[206] Stand wohlgesinnte Adelige und Kleriker einfanden. Zusammen bildeten sie die Nationalversammlung und leisteten den Ballhausschwur. Die politische Gesamtverantwortung verlagerte sich nun auf die Nationalversammlung.[207] Aus dieser Vereinigung gingen unter anderem drei Gruppierungen |:(Jakobiner, Girondisten und

---

195 Frankreich > Französische
196 O: arm und reich
197 <der>
198 O: 3.
199 Nachrichten > Bitten
200 O: 3.
201 <Daraufhin bildet>
202 O: 3-Ständeversammlung
203 O: 3.
204 O: ,
205 O: 3.
206 O: 3.
207 <Doch sie wollten>

Sansculottes[208]):| hervor, die zunächst zusammenarbeiteten[209]. Sie wollten den König zwar nicht ganz absetzen, schränkten ihn aber in seiner Macht ein (Konstitutionelle Monarchie).

Dennoch war das Volk unzufrieden: die Hungersnot herrschte weiter und die Lebensumstände des Volkes hatten sich nicht gebessert. Im Juli 1789 griffen die Frauen erstmals zu den Waffen und durch die Stürmung der Bastille, der Gefängnisfestung[210], wurde ein Zeichen über den[211] Unmut des Volkes gesetzt. Kirchen und Schlösser wurden zerstört, ihre Bewohner waren ins Ausland geflohen oder[212] wurden gefangen genommen und später mit der Guillotine umgebracht. Allein die Tatsache, „blaues Blut" in den Adern zu haben, reichte aus, schuldig zu sein. Währenddessen unterhielt König Ludwig XXVI[.] heimliche Kontakte ins Ausland und beschwor[213] die Herrscher der Nachbarländer[,] Frankreich militärisch anzugreifen und ihn aus seiner Lage zu befreien. Nach[214] einem gescheiterten Fluchtversuch der königlichen Familie ins Ausland, welchen die französische Bevölkerung als Verrat[215] ansah, wurden der König[216] und seine Familie monatelang abgeurteilt und schließlich getötet. Von da an begann die Konventherrschaft, auch bekannt als Schreckensherrschaft, unter Robespierre.

Fall 23.1 „Hanna", 1.2.2010

Zur Zeit der Reformation gab es große Differenzen zwischen der katholischen Kirche und dem einfachen Volk. Die Kirche besaß ein Drittel des Grund und Bodens und betrieb Ablasshandel[,] gegen den sich Luther richtete/wehrte. Die Bürger konnten für viel Geld Ablassbriefe kaufen, um sich von ihren Sünden zu befreien. |:Auch für gestorbene Menschen konnten diese erworben werden[.]:| Luther behauptete jedoch, dass Gott auch Menschen liebt, die gesündigt haben[,] und erschuf so ein neues Gottesbild.

Zudem konnte man sich die Ämter in der katholischen Kirche erkaufen. Personen, die Kritik an der Kirche äußerten, wurden von ihr verfolgt und als Ketzer verklagt.

Aufgrund dieser Macht der Kirche entstand eine allgemeine Unzufriedenheit bei der übrigen Bevölkerung.

---

208 O: Sanculottes
209 O: zusammen arbeiteten
210 O: Gefängnisfestestung
211 O: die
212 <in>
213 besch > beschwor
214 Nachde > Nach
215 O: verrat
216 <üb>

Die Bauern forderten eine Einschränkung der Abgaben und[217] Dienste, denn die Kirche trat auch als eine Art Feudalherr auf. Der überwiegende Teil der Bürger forderte eine bezahlbare Kirche[,] und der niedere Adel[218] sowie die Territorialfürsten wollten den Besitz der katholischen Kirche entreißen und somit die vollständige Unabhängigkeit vom römischen Papst.

Veranlasst durch die Missstände in der Bevölkerung verfasste Luther, ein Theologe und Professor für Bibelwissenschaften, der in Eisleben geboren ist, die 95 Thesen. Er richtete sich in diesen Thesen gegen den Ablasshandel und wollte die allgemeinen Missstände beheben. Deswegen schickte er die Thesen an Theologen und kirchliche Vorgesetzte[219]. Er hatte nämlich noch nicht vor[,] sie zu veröffentlichen. Dennoch gelangen diese kurze Zeit später[,] |:etwa im Jahre 1613:|[,] an die Öffentlichkeit[,] ohne dass Luther dies[220] wollte. Mit diesem Ereignis brach die Reformation aus. Luther wurde schnell von der römischen Kirche als Ketzer verklagt und zum Reichstag nach Augsburg geladen. Dort wollte Cajetan, dass Luther die Thesen widerruft, doch will Luther dies erst dann tun, wenn ihm sein Irrtum mit Hilfe der heiligen Schrift widerlegt werden kann.

Der Prozess ruht für eine kurze Zeit bis Karl V. Kaiser wird. Er legt eine Bannandrohung auf Luther, die Luther jedoch demonstrativ auf einem öffentlichen Platz verbrennt. Danach, etwa im Jahre 1621, schreibt Luther weitere Schriften. In diesem Jahr wird dann der Bannfluch auf ihn erlegt[221]. Dadurch dass Luther die Befürwortung von vielen Fürsten erlangt, schafft es [der] Kurfürst von Sachsen, dass Luther[222] sich vor dem[223] Wormser Reichstag rechtfertigen darf. Dir Kirche erhoffte, dass die Reise dorthin ein Bußegang für Luther werden würde. Es wurde jedoch ein totaler Triumphzug. Nach dem Wormser Reichstag wird Luther für vogelfrei erklärt. Darauf ließ [der] Kurfürst von Sachsen Luther zum Schein überfallen und brachte ihn[224] auf die Wartburg. Dort übersetzte er die Bibel ins Deutsche, was für die Entwicklung der deutschen Sprache ein großer Fortschritt war. Luther zog sich für ein paar wenig[e] Jahre auf der Wartburg zurück, währenddessen sich die reformatorische Bewegung ein wenig festigen konnte.

In den Jahren 1624/1625 begann dann der Bauernkrieg, bei dem sich die Bauern auf Luthers Lehren berufen hatten.

---

217 O: &
218 O: ,
219 O: kirchlichen Vorgesetzen
220 davon > dies
221 <und für vogelfrei erklärt.>
222 <vorm>
223 O: am
224 O: in

Luther unterstützte diese Bewegung jedoch nicht. Er wollte nicht mit Gewalt seine Ziel[e] durchsetzen. Während diesem Bauernkrieg verfassten diese die 12 Artikel, die für eine Besserstellung der Bauern sorgen sollten[225]. Trotzdem mussten am Ende die Bauern eine bittere Niederlage hinnehmen.

Luther erreichte viel mit diesen 95 Thesen. Er brachte nicht nur ein ganzes Land in Aufruhr, sondern bewirkte letztendlich auch die Kirchenspaltung. So gab es am Ende der Reformation die Protestanten und Katholiken.

Fall 23.2 „Hanna", 5.7.2010

Das 19. Jahrhundert wurde durch die Französische Revolution eingeleitet. Dabei gab es drei[226] Stränge, die an dieser Revolution aktiv teilnahmen. Zum einen gab es die Verfassungsrevolution, die städtische Revolution und[227] zum anderen[228] noch die Revolution auf dem Land.

Es ist darüber zu streiten, welches Ereignis das Schlüsselereignis der Französischen Revolution darstellt. Hier kann der Ballhausschwur am 20. Juni 1789 als Ursache angesehen[229] werden, jedoch auch die Erstürmung der Bastille am 14. Juli 1789. Der Ballhausschwur war das erste Ereignis[,] an dem sich viele Menschen zusammenfanden, um für eine Sache zu kämpfen.[230] Alle schworen[231][,] sich so lange[232] zu versammeln[,] bis eine neue Nationalversammlung zusammengestellt[233] wird. Da der König es nicht befürwortete[,] nach Köpfen anstatt nach Ständen abzustimmen, erklärten sie sich einfach selbst zur Nationalversammlung.

Die Erstürmung der Bastille stellte die erste Bevölkerungsbewegung mit Waffen und Gewalt dar. Daher sind beide Ereignisse von enormer Wichtigkeit.

Zu diesen Ereignissen kam es, da unter dem Volk eine allgemeine Unzufriedenheit herrschte. Die Bevölkerung zur Zeit des Absolutismus[234], welche in drei[235] Stände, den[236] Klerus, den[237] Adel und die[238] Bauern aufgeteilt war, litt unter einer

---

225 O: sollte
226 O: 3
227 Unleserliche Streichung
228 O: Anderen
229 angesehen > als Ursache angesehen
230 <Sie stellten sich >
231 O: schwörten
232 O: so lange
233 O: zusammen gestellt
234 des Absolutismus > zur Zeit des Absolutismus
235 O: 3
236 O: dem
237 O: dem
238 O: den

großen Hungersnot. Dies betraf jedoch nur die unterste Schicht der Bauern. Zudem herrschte eine soziale[239] und wirtschaftliche Ungerechtigkeit. Nur der dritte[240] Stand war von den Steuerzwängen betroffen. All dieser Missmut, welcher sich nicht so schnell verbesserte, entlud sich bei der Erstürmung der Bastille. Ziel war es[,] das Schießpulver, welches dort lagerte, zu entnehmen.

Da der König nichts für die Besserung der sozialen Missstände und speziell nichts gegen die Hungersnot unternahm, stürmten die Fischweiber 1791 die Tuillerien. Kurze Zeit später versuchte der König selber[241] die Truppen niederzuschlagen, damit seine Position als König und die Position des Adels erhalten und sicher bleiben[242]. Denn der König war nicht von dieser Massenbewegung erfreut. Als dieser Versuch aufflog, da er die Bitte mittels eines Briefes einem General sendete, wendete sich das ganze Volk gegen den König.

Als logische Konsequenz versuchte[n] er und seine Frau aus dem Land zu fliehen, doch dieser Versuch scheiterte. So musste er als „Gefangener der Franz[ösischen] Revolution" in Frankreich weiterleben. Während er in der Verfassung von 1791 noch eine Rolle/Position fand, war er in der Verfassung von 1793 nicht mehr vertreten. Dies lag zum anderen[243] aber auch daran, weil er zuvor umgebracht[244] worden war.

Während dieser Zeit von 1789 bis 1793 gab es auch die sogenannten Sansculotten, welche eine Gruppe von Männern der französischen[245] Unterschicht darstellten. Auch die ersten Frauenclubs entstanden. Diese Gesellschaften diskutierten in diesen Gruppen über politische Ereignisse und den Verlauf der Revolution. Es gab auch gehobenere Volksgesandtschaften wie den Jakobinerclub, welche mit den Girondisten eine „Gegenpartei" hatten. Die Jakobiner setzten sich für die Bedürfnisse der Bürger ein, während den Girondisten eher Adelige zugehörten.

So kämpfte der überwiegende Teil für eine soziale und wirtschaftliche Besserstellung der Bürger.

Am Ende war es ein erfolgreicher Prozess, den[n] die Ständegesellschaft und somit das Feudalwesen wurden abgeschafft. Menschen- und Bürgerrechte wurden verfasst und eine neue Gesellschaft entstand. Die Zeit der Monarchie wurde beendet und eine Art Demokratie wuchs heran. Am Ende gab es zwar noch einen Kaiser,

---

239 <Ungerechtig>
240 O: 3
241 Unleserliche Streichung
242 O: bleibt
243 O: Anderen
244 hingerich > umgebracht
245 O: Französischen

dieser setzte sich jedoch auch für die Interessen des Volkes ein. Trotz alledem[246] ging Napoleon auch kriegerisch vor, wurde jedoch vom Volk geliebt.

Fast zeitgleich und parallel zur Französischen Revolution setzte die Industrielle Revolution ein, welche in England ihre[247] Anfänge und zugleich ihr Zentrum fand. Die Anfänge fingen schon 1785 an, während sie um 1800 ihre volle Verbreitung in England fand. Hier könnte man auch von einer Art Reformbewegung sprechen, da weniger kriegerisch vorgegangen wurde. Trotzdem zählt[248] es[249] zu einer Revolution, weil ein wahnsinniger Umbruch geschaffen wurde und somit eine enorme Umstrukturierung der Industrie, aber auch der Gesellschaft. Mit den Erfindungen von Maschinen und weiteren Fortentwicklungen wurde die Produktion revolutioniert. Man erlangte eine Steigerung der Produktivität um fast das 100-fache. Hierbei sind zum einen die Maschinisierung[250] des Webstuhls und die Eisenbahn zu nennen. Denn eine Massenproduktion wäre wertlos gewesen, hätte man die Güter nicht mit der Eisenbahn verbreiten können. Diese mit Kohle betriebene Eisenbahn schuf nicht nur neue Arbeitsplätze[,] sondern [auch] neue Freiheiten. So konnte diese auch wenig später als Reisemittel verwendet werden.

Doch Krisen blieben auch hier nicht aus. Deswegen musste man fortwährend mit der Zeit und den neuen Innovationen mitgehen. Ansonsten blieb man nicht konkurrenzfähig[251][,] verlor den Stand aus der gehobenen Gesellschaft, da man[252] ohne Geld sich nicht in dieser Schicht halten konnte. Denn eine soziale Sicherstellung gab es nicht.

Fall 24.1 „Lara", 1.2.2010

Ausschlaggebend für die Reformation im 18. Jahrhundert war der Ablasshandel. Auf öffentlichen und viel besuchten Orten wie zum Beispiel Marktplätzen[253] wurde[254] mit werbenden Rufen und Sprüchen das Volk aufgerufen[,] sich am Handel zu beteiligen. Das übliche Volk hatte jedoch nicht gerade viel Geld, es herrschten ärmliche Verhältnisse. Doch da die Kirche eine derartige Präsenz[255] hatte und der Papst das[256]

---

246 O: Trotzalledem
247 Unleserliche Streichung.
248 war > zählt
249 <ein>
250 O: maschinisierung
251 Unleserliche Streichung
252 <schnell
253 O: Marktplätze
254 O: wurden
255 O: Presänz
256 Unleserliche Streichung

Oberhaupt aller katholisch Gläubigen war, sammelten die meisten Bürger ihre rest-
lichen Ersparnisse zusammen[,] um wenigstens einem Familienmitglied oder Freund
das Fegefeuer zu ersparen. Verschwiegen wurde jedoch die Information, dass dieser
Handel ausschließlich der Finanzierung des Petersdoms diente. Martin Luther war
sehr gläubig[257], hatte jedoch eine eigene[,] ganz andere Auffassung und Interpretation der Bibel. Dazu kam noch die Missbilligung des Ablasshandels und die damit
verbundene Ausbeutung der gutgläubigen/strenggläubigen und naiven Bürger[258].
Luther fühlte sich verpflichtet[,] die Fehlinterpretation und Verbreitung aufzuklären
und schrieb deshalb einen Brief an die Kirche. Als Anhang erhielt die Kirche 95
Thesen. Jedoch bekam Luther keine Antwort oder[259] Stellungnahme zu seinen Äußerungen. Überall bekannt ist die Geschichte, dass Luther die 95 Thesen an eine
Kirchentür genagelt hatte, jedoch gänzlich falsch[,] da er diese nur an einigen Universitäten verteilte[,] um zu einer Diskussion anzuregen. Dadurch gewann Luther
eine Fülle von Anhängern, die durch den neu erfundenen[260] Buchdruck, Flyer und
Flugblätter leicht in einer noch [nie] dagewesenen Fülle herstellen konnten. Gegen
Luther[s] Willen wurde dieser als Reformator betrachtet und durch die Unterstützung
seiner Anhänger sehr bekannt. Der Ablasshandel wurde unterdrückt und die Kirche
verlor an Glaubwürdigkeit. Da die Kirche nicht ihre Macht und [ihren] Einfluss auf
das Volk verlieren wollte, wurde Luther dazu gezwungen[,] seine Aussagen/Thesen
zu widerrufen[261]. Da Luther dies jedoch nicht einsah, wurde ein Überfall vorge-
täuscht und Luther tauchte bei einem Freund auf der Wartburg unter. Dort übersetzte
er die Bibel vom Lateinischen ins Deutsche. Vor dieser Übersetzung konnten nur
wenige Menschen die Bibel selbst lesen, da die wenigsten einen so hohen Bildungs-
stand hatten[,] um Latein gelernt zu haben. Der normale Bürger musste auf das ver-
trauen[,] was die Kirche erzählte. Mit der Übersetzung hatten die Bürger die Möglichkeit[,] ihre eigenen Regeln, moralischen[262] Richtlinien aus der deutschen Bibel
zu erkennen. Mit Flugblätter[n] und Zeichnungen wurde[263] selbst den Leuten die
Neu[-]Übersetzung nahegelegt[264], die nicht lesen konnten. Daraus folgte die Bildung
des Evangelium[s]. Da die katholische Kirche ihre Macht dadurch bedroht sah[,]
suchte auch diese[265] Anhänger.

---

257 O: gläubisch
258 O: Bürgern
259 Unleserliche Streichung
260 O: neuerfundenen
261 O: zuwiederufen
262 O: Moralischen
263 O: wurde
264 O: nahe gelegt
265 dieser > diese

Mit Unterstützung verschiedener[266] Länder wie Frankreich, England, Dänemark wollten sich beide Zweige vor dem anderen schützen. Die Ausrede [„]Schutz["] wurde unglaubwürdig[,] nachdem beide Seiten militärische Hilfe hatten und aufrüsteten. Daraus folgte dann ein 30-jähriger Krieg, indem ganze Dörfer abgebrannt, geplündert[267] wurden und viel zu viele Menschen starben.

Fall 24.2 „Lara", 5.7.2010

Vor der französischen Revolution um 1789 herrscht in Frankreich der König als absolute Macht. Zudem war die Gesellschaft in drei[268] Klassen unterteilt.

1. Klerus (Geistliche)
2. Adel (König)
3. Bauern (Volk)

Am meisten litten darunter die Bauern und Bürger, welche im untersten Stand keine Rechte oder Privilegien[269][,] sondern nur Lasten zu tragen hatten. Wie zum Beispiel: Abgaben von der Ernte und[270] hohe Steuern. So kam es dazu[,] dass der dritte[271] Stand[272] gegen diese ersten beiden kämpfte[,] um mehr Rechte zu bekommen[273] durch eine gerechtere Verfassung. So kam es dazu[,] dass Vertreter jeden Standes sich zusammenfanden[274] und so lange[275] tagen wollten[,] bis eine neue Verfassung gefunden wurde. Jedoch gab es einige Schwierigkeiten bei den Wahlen, da erst nur einer aus jedem Stand[276] stellvertretend wählen sollte. So bildeten Klerus und Adel immer eine Zwei-Drittel-Mehrheit[277] gegenüber dem dritten[278] Stand. Dies wurde dann durch eine Wahl per Kopf ersetzt und damit gerechter für die zahlenmäßig überlegenen[279] Vertreter der breiten Masse des Volkes. Da der König seine Macht nicht verlieren wollte[,] ging er strikt gegen die Nationalversammlung vor, indem er

---

266 der vers > verschiedener
267 <und>
268 O: 3
269 O: Privelegien
270 O: &
271 O: 3.
272 <sich>
273 O: ,
274 O: zusammen fanden
275 O: solange
276 O: ,
277 O: 2/3 Mehrheit
278 O: 3.
279 O: mehreren

seine Truppen nach Paris schickte[,] um die Reform zu unterbinden[280], musste jedoch später nachgeben[281] b[e]z[iehungs]w[eise] wurde später getötet. Das Volk war bereit[,] für sein[282] Recht zu kämpfen. Dies führte dann am 14.7.1789 zum Sturm auf die Bastille. Das Volk bewaffnete sich[,] indem alles ausgeraubt wurde[,] wo Waffen zu finden waren. Höhepunkt dieser Bewaffnung war dann der Sturm auf die Bastille, was ein Gefängnis mit nur acht[283] Gefangenen war zu diesem Tag. Viel wichtiger waren aber die großen Lager voll mit Schießpulver und Kanonen. Nach einem langen Kampf wurde[284] das Gefängnis geplündert und alle Insassen[285] freigelassen[286]. Darauf folgte eine große Umbruchstimmung in ganz Frankreich.

Einerseits wurde politisch versucht eine Lösung zu finden, andererseits wurde in den Städten und auf dem Land um alles gekämpft. Durch die zunehmende Bevölkerung in den Städten und die Zerstörung der Ernte auf den Feldern war das Getreide knapp. So wurde jeden Tag aufs Neue um jeden Krümel Brot gekämpft. Auch auf dem Land war die Angst, auch „Grand peur" genannt, groß. Man hörte Gerüchte über Truppen[,] die einfallen und alles zerstören würden, von Räubern und Plünderern[287] und von der Rest [?]

Durch Unzufriedenheit und Angst getrieben sammelten sich die Bauern zusammen[,] zerstörten Klöster und Herrenhäuser und verbrannten Adelsbriefe.

Zwischenzeitlich entstand eine neue Verfassung, die den Ansprüchen des dritten[288] Stands mit Wahlrecht und Pressefreiheit entgegenkam. Die[se] wurde jedoch wenige Jahre später aus Sicht des Volkes noch verbessert[,] indem der König an Macht verlor und das Zensuswahlrecht abgeschafft wurde. Es entstand eine konstitutionelle Monarchie. Zuweilen bildeten sich sogenannte Clubs in den Städten[,] wo das gebildete Bürgertum über die Revolution diskutierte[289] und sich zu verschiedenen Gruppen zusammenschloss[290].

Ein Beispiel sind die Sansculottes[,] ein anderes die Jakobiner[,] die sich mit der Bauernpartei zusammenschlossen[291]. Damit begann dann allmählich die Schreckens-

---

280 O: zuunterbinden
281 <und>
282 O: ihr
283 O: 8
284 O: wurden
285 O: Insaßen
286 O: freigelassen
287 O: Plündern
288 O: 3.
289 O: diskutierten
290 O: zusammenschloss
291 O: zusammen schloss

herrschaft der Jakobiner unter der Leitung von Robespierre in Frankreich. Mit Gewalt und Angst brachten die Jakobiner das Volk dazu[,] ihnen zu folgen[292], da jeder Feind der Revolution[293] ohne Prozess geköpft wurde. Jeder noch so kleine Verdacht auf eine Feindschaft wurde mit dem Tod bestraft. So mussten[294] durch Robespierre in sechs[295] Wochen[296] Tausende[297] Menschen ohne jeglichen Prozess sterben. Doch auch Robespierre erlag später diesem Schicksal[,] und die Verfassung setzte sich durch von[298] Napoleon unterstützt.

Industrielle Revolution:

Durch Erfindungen[299] wie den[300] Webstuhl und die Eisenbahn wurde[n] die Produktion und [die] Wirtschaft erst in Engl[and][,] dann in Europa umgestellt. Doch noch mehr Faktoren stellten die |:Entwicklung zur:| Massenproduktion in Fabriken dar.

Einerseits wurde durch neue Erz[-] und Kohlevorkommen besonders im[301] Ruhrgebiet die Fertigung von Eisenbahnen und Gleisen wichtig[302]. Damit verbunden entwickelten sich dadurch neue Transportwege[,] die sehr [viel] billiger waren als zuvor. Durch die neuen Erfindungen in Fabrik und Landwirtschaft stieg einmal die Produktivität[,] aber auch der Nahrungsertrag und die Bevölkerungszahl (verbunden mit der sinkenden Streberate). Damit verbunden war auch ein Wechsel der Macht. Denn jetzt gewannen die Unternehmen, stammend aus dem gebildeten Bürgertum an Ansehen[303].

Nachteilig an der Revolution war die Tatsache, dass Familienunternehmen (Hoesch) durch die gute Infrastruktur nun auch Konkurrenz aus dem Ausland hatte[n]. So steigerte sich die Wettbewerbsfähigkeit nur bei den Firmen[,] die einen guten Standort hatten und mit der schnellen[304] Entwicklung der technischen Möglichkeiten mitkamen

---

292 O: zufolgen
293 <direckt>
294 wurden > mussten
295 O: 6
296 <über>
297 O: tausende
298 O: mit
299 O: ,
300 O: der
301 O: in
302 O: waren
303 O: ansehen
304 O: schnell

5. Die Auswertung der Daten nach Gerhard Kleining

5.1 Die Analyse auf Gemeinsamkeiten hin

Bei den im Rahmen des qualitativen Experiments gewonnenen Forschungsdaten handelte es sich um 48 Schülerdarstellungen von 24 Probandinnen und Probanden. Mittels Transkription wurden sie in einen „analysierbaren Zustand" (Kleining, 2010, S. 71) gebracht und als Auswahl von vermeintlich maximal unterschiedlichen Realisierungen in Kapitel 4 dokumentiert. Als Datenbasis für die Auswertung dienten aber alle erhobenen Schülertextpaare (ebd).

Friedrich Krotz (2005, S. 232) charakterisierte „die Analyse auf Gemeinsamkeiten hin" als „leitendes Kernprinzip der Auswertung der Heuristischen Sozialforschung". Diese hermeneutisch vorgebildeten Menschen zunächst fremde Vorgehensweise zielt eben nicht darauf, die Eigentümlichkeiten in jedem Datensatz zu explorieren und später innerhalb der gesamten Daten und dem Erhebungskontext zu verorten. Vielmehr sollen alle Daten in einem dialogischen Analyseprozess integriert werden (Hundert-Prozent-Regel), indem sie zusammengefasst und abstrahiert werden, um die invariante Grundstruktur des vorläufigen Forschungsgegenstands zu entdecken (Kleining, 2010, S. 68–69). So entstehe ein „textgemäßes und intersubjektiv überprüfbares Ergebnis" (Burkhart, Kleining & Witt, 2010, S. 52).

Eine „Gemeinsamkeit" ist „eine Verallgemeinerung, eine Abstraktion im mathematisch-logischen Sinn, ein Oberbegriff, der dadurch zustande kommt, dass man die gewonnenen Aussagen parallelisiert" (Krotz, 2005, S. 224). Dabei können Aussagen, Eigenschaften oder Sachverhalte „explizite" oder „ungleichartige Gemeinsamkeiten" („Apfel" und „Birne" sind „Obst") aufweisen. Eine „dialektische Gemeinsamkeit" liege vor, wenn ein Struktur- oder Kontextzusammenhang zwischen den Aussagen bestehe („Spaghetti", „Tomatensauce" und „Parmesan" sind „Lebensmittel", sie konstituieren aber auch ein „Gericht"). Von großer Bedeutung für die Analyse sei, ob Gemeinsamkeiten in den Datenaussagen im Forschungsprozess erfragt oder ungefragt beziehungsweise explizit oder implizit mitgeteilt wurden. Auch scheinbare Widersprüche in den Daten können manchmal Gemeinsamkeiten aufweisen, weil sich die widersprüchlichen Aussagen auf je unterschiedliche Kontexte oder Ebenen beziehen. Sofern der vorläufige Forschungsgegenstand mehrere Seiten, Eigenschaften oder Aspekte aufweise, gelten auch unterschiedliche Perspektiven auf denselben Sachverhalt als Gemeinsamkeit. Nach Krotz können die genannten Ausprägungen der Gemeinsamkeiten überlagert oder verschränkt auftreten (2005, S. 222–233).

Die im Rahmen der Qualitativen Heuristik vorgesehene Datenanalyse (Beispiele zu „Professoren und neue Medien" in: Berghaus, 2003; „Vorurteile" in: Kleining, 2004; „Erleben eines Bahnhofs" in: Burkhart, Kleining & Witt, 2010, S. 53–57; „Angst-Erleben" in: Kleining, 2010, S. 72–73) ist in ihrem Ablauf nicht festgelegt. Die Forschergruppe um Gerhard Kleining bietet aber einige Anhaltspunkte: Der Forschungsprozess folge dem Muster eines Puzzles und werde durch „Frage-Antwort-Sequenzen in Bewegung gehalten". Empfehlenswert sei das schrittweise Vorgehen, indem zunächst wenige Daten, die offenkundige Ähnlichkeiten aufweisen, in einen Zusammenhang gebracht werden. Dazu werden entsprechende Textpassagen markiert und mit einer vorläufigen Überschrift, möglichst in der Sprache der zu analysierenden Texte, versehen. Die Integration weiterer Daten erfolge durch fortwährende, mehrstufige Abstraktion, bis alle Textteile einem die jeweiligen Gemeinsamkeiten charakterisierenden „Cluster" zugewiesen seien. Auch Mehrfachzuordnungen seien möglich und verweisen auf Verbindungen zwischen den einzelnen Clustern, die in ihrer Gesamtheit die entdeckte Struktur des (tatsächlichen) Forschungsgegenstands abbilden. Aufgrund des Offenheitspostulats sei der Einsatz einer vorgefertigten Analysesoftware nicht sinnvoll (Krotz, 2005, S. 223; Burkart, Kleining & Witt, 2010, S. 57–59; Kleining, 2010, S. 72–74; vgl. zur computergestützten Analyse die Gegenposition bei Kuckartz & Rädiker, 2010, S. 734–750).

Die Struktur und der Prozess des Forschungsgegenstands sollen im abschließenden Bericht in sechs bis zehn Clustern „dicht" beschrieben und mit ausgewählten Textzitaten belegt werden. Die Ergebnisse werden theoriefähig, wenn sie über das getreuliche Abbild der entdeckten Gemeinsamkeiten hinausweisen. Die Qualitative Heuristik zielt auf interpretative Rekonstruktion von Tiefenbedeutungen der Datenstrukturen, insbesondere auf die sozialen und kulturellen Kontexte der handelnden Menschen, die den Forschungsgegenstand in seiner Bedeutung konstituieren („Beyond the data", Coffey & Atkinson, 1996, S. 139–146; Krotz, 2005, S. 232–233; Burkart, Kleining & Witt, 2010, S. 60). Dieser Anspruch erinnert an die Darstellungspraxis der „dichten Beschreibung" von Clifford Geertz (1983).

Das von Gerhard Kleining im Rahmen der Qualitativen Heuristik entwickelte Auswertungsverfahren hat besonders viele Gemeinsamkeiten mit der Auswertungsstrategie der Grounded Theory von Glaser und Strauss (1967). Beide Forschungsstile bezogen sich zunächst auf die Lazarsfeld-Schule und waren damit der *discovery* verpflichtet. Kleining betonte aber die „gravierenden Unterschiede":

„GT [Grounded Theory] akzeptiert Gemeinsamkeiten und Unterschiede, die Heuristik sucht augenscheinliche Unterschiede zu Gunsten der *Gemeinsamkeiten* zu überwinden. […] GT stellt „W"-Fragen nach was, wie, wo, warum …, die Heuristik verwendet das kontinuierliche Hinterfragen aller Ergebnisse („Dialogprinzip"). […] GT hat ein eher kompliziertes „Coding" und Memo-Verfahren, die Heuristik arbeitet allein mit Gemeinsamkeiten und Gemeinsamkeiten von Gemeinsamkeiten. […] GT ist keine dialektische, kritische Methode, steht soziologisch eher dem amerikanischen Strukturfunktionalismus nahe, Heuristik soll beständig hinterfragen und ist dadurch potenziell kritisch" (2007, S. 8–9).

Da es sich bei der Heuristischen Sozialforschung also um eine „dynamische Methodologie" handelt, geht sie über die Grounded Theory hinaus (ebd.; Krotz, 2005, S. 233).

5.2 Die Gemeinsamkeiten der Schülerdarstellungen in sieben Clustern

Das von Kleining entwickelte und seinen akademischen Schülern explizierte Auswertungsverfahren erwies sich in der Anwendung auf die erhobenen Schülerdarstellungen als anspruchsvoll: Der halboffene Schreibauftrag hatte in Bezug auf Inhalt und Sprache zu sehr disparaten Realisierungen geführt. Erste, eher an der Hermeneutik orientierte Versuche, in den ersten Sätzen der Darstellungen oder in der Orientierung an der Aufgabenstellung Gemeinsamkeiten zu entdecken, waren nicht erfolgreich. Erst die Entscheidung, „unsystematisch" Eindrücken und Vermutungen zu folgen, brachte erste Ideen, die schließlich durch fortwährende Abstraktion und Umformulierung der Clusterüberschriften zur Integration aller Daten führte.

5.2.1 Erstes Cluster: „Freiheit, Gleichheit, Rechte und Gerechtigkeit für die unzufriedenen, unterdrückten und ausgebeuteten Menschen"

Der Dialog des Forschungssubjekts mit den Daten begann mit einer Beobachtung. Marie zeigte Mitleid mit der armen Bevölkerung zur Zeit des Vormärz: „Die Menschen lebten in Armut (Pauperismus) und hatten keinen anderen Ausweg, als etwas dagegen zu unternehmen. [...] Die Familien und die Zimmer [...] sahen sehr schlimm aus. Sie sahen krank, dreckig und traurig aus. Alles war verschmutzt, und es herrschte ein Durcheinander in den Zimmern. Sie kämpften gegen die Reichen, die reich bleiben wollten und die ganze Macht haben wollten" (Fall 8.2, ungedruckt). Die Vermutung, diese der christlichen Tradition entstammende und womöglich in der Schule erwünschte Haltung könnte in allen Schülerdarstellungen erkennbar sein, bewahrheitete sich aber nicht.

Schon der erste Fall zeigte keine explizite Übereinstimmung, da Julia viel nüchterner schrieb: „Die unzufriedenen Bauern wollten die politische, wirtschaftliche und soziale Ordnung so verändern, dass auch sie wie der Adel und die Kleriker von ihnen profitieren konnten" (Fall 1.2, gedruckt in Kap. 4). Ihre weitere Formulierung: „Dem Volk wurden viele Rechte vorbehalten" (ebd.) warf die Frage nach der „Anwaltschaft" der Schülerinnen und Schüler für die unterprivilegierten oder verfolgten Menschen auf. Tatsächlich machte sich Lena zur Fürsprecherin der Pariser Bürger:

„Allen voran demonstrierten die Pariser in ihrer Stadt gegen das gegenwärtige politische System, das ungerecht war, da es sich nach der Geburt richtete und nicht nach der Leistung" (Fall 3.2, ungedruckt). Aber schon im nächsten Text von Annika ergriff diese kaum Partei: „In Frankreich herrscht Unzufriedenheit durch die Benachteiligung durch das Ständesystem" (Fall 4.2, gedruckt in Kap. 4).

In allen Schülerdarstellungen ließen sich schließlich auf der Textoberfläche direkte oder indirekte Aussagen zu den Problemen „Freiheit", „Gleichheit", „Rechte" oder „Gerechtigkeit" ausmachen, die wie auch immer mit „unzufriedenen", „unterdrückten" oder „ausgebeuteten Menschen" in Verbindung gebracht wurden. Jacqueline schrieb: „Die Bevölkerung kam zu neuen Erkenntnissen und wollte von nun an [Frühe Neuzeit] mehr Rechte, mehr Meinungsfreiheit und mehr Mitbestimmung" (Fall 7.1, gedruckt in Kap. 4). Maximilian stellte fest: „Die Bauern bekamen ihre Forderungen beziehungsweise Gerechtigkeit [1789]" (Fall 22.2, ungedruckt). Allgemeiner äußerte sich Hanna: „Veranlasst durch die Missstände in der Bevölkerung verfasste Luther, ein Theologe und Professor für Bibelwissenschaften, der in Eisleben geboren ist, die 95 Thesen. Er richtete sich in diesen Thesen gegen den Ablasshandel und wollte die allgemeinen Missstände beheben" (Fall 23.1, gedruckt in Kap. 4).

Die dialektisch zu erschließende Gemeinsamkeit aller Schülerdarstellungen lag in der Legitimität des Kampfes aller Unterprivilegierten gegen überkommene oder ungerechte Verhältnisse. Insgeheim standen die Schülerinnen und Schüler eben nicht auf der Seite der Institution „Kirche" oder von einem dem Volk wohlgesinnten Monarchen, sondern favorisierten vor dem Hintergrund der Errungenschaften der westlichen Moderne die Perspektive der benachteiligten Menschen.

5.2.2 Zweites Cluster: „Menschen streben nach Verbesserung, Fortschritt, Chancen, Erfolg"

Die in allen Schülerdarstellungen enthaltene Vorstellung, die Geschichte habe sich seit der Reformation trotz Krisen und Rückschlägen grundsätzlich positiv entwickelt, ist entwicklungspsychologisch zu erklären und als nähere Charakterisierung des mit dem Schreibauftrag erfragten „Wandel" zu verstehen: „In fast allen Bereichen gab es enorme Veränderungen und oftmals auch Verbesserungen" (Fall 7.1 Jacqueline, gedruckt in Kap. 4). Diese Vorstellung stand in unmittelbarer Verbindung zu den Inhalten des ersten Clusters. Jana formulierte: „Die Lesereform zum Beispiel am nahen Ende der französischen Revolution war durchaus positiv für die Gesellschaft. Erstmals durften auch Frauen Hochschulen besuchen und generell wurde für mehr Bildung gesorgt" (Fall 11.2, ungedruckt). Maximilian betonte die positiven Effekte infolge der Industriellen Revolution in allen Bereichen der Gesellschaft: „Sie schuf die Grundlagen der modernen Zivilisation. Innovationen wie zum Beispiel der mechanische Webstuhl schufen mehr Arbeitsplätze und eine höhere Produktivität, welche folgend positive Veränderungen mit sich brachten und die Zeit modernisierten" (Fall 22.2, ungedruckt).

Aus Sicht der Lernenden waren es die – nur teils mitgedachten – Menschen der Vergangenheit, die die positive Entwicklung der Geschichte bewirkt hatten. Lena hob die Erfindungen in der Frühen Neuzeit hervor: „Neue Erfindungen bereicherten das Leben der Menschen, vor allem der Buchdruck: Bücher waren jetzt viel mehr Menschen zugänglich, wodurch ein neues Verständnis von Bildung hervortrat" (Fall 3.1, ungedruckt). Julia schrieb: „Luther wollte Gerechtigkeit für sein Volk und glaubte in der Zeit, als er in der Kirche war, dass es zu Veränderungen kommen sollte" (Fall 1.1, gedruckt in Kap. 4). Annika verwies auf den unternehmerischen Pioniergeist während der Industrialisierung: „Große Fabriken wurden gegründet, es war die Zeit der Unternehmer. Einer von ihnen war August Borsig, welcher ein neues Arbeitersystem erfand. Belohnt wurde nach Leistung sowie Pünktlichkeit wurde geschätzt" (Fall 4.2, gedruckt in Kap. 4).

Im Hintergrund wirkte das sicher der sozialen Herkunft der Schülerinnen und Schüler geschuldete Denkmuster, das menschliche Streben nach „Verbesserung", „Fortschritt", „Chancen" und „Erfolg" sei eine Art anthropologische Konstante. Die Lernenden übertrugen die derzeitigen Überzeugungen der Leistungsgesellschaft, insbesondere die Verpflichtung, sich individuell zu entwickeln, auf die Vergangenheit. Philip bemängelte: „Im Namen Gottes war über Jahrhunderte eine Ständegesellschaft integriert, die den Menschen die Chance auf Veränderung und Weiterentwicklung nahm" (Fall 2.1, gedruckt in Kap. 4). Franziska schrieb: „Aber nur die Bürger und Bauern mussten zu dieser Zeit [1789] Steuern zahlen, obwohl sie am wenigsten verdienten und keinerlei Aufstiegsmöglichkeiten hatten" (Fall 15.2). Jacqueline resümierte: „Schon die Erfindung des Buchdrucks brachte die Menschen ungemein voran und durch zusätzliche Universitäten und die Verbesserung des Schulsystems kam auch das gemeine Volk zu einer guten Bildung und später zu guten Berufen" (Fall 7.1, gedruckt in Kap. 4).

5.2.3 Drittes Cluster: „Männer, Gruppen, Institutionen haben Interessen und handeln"

Inspiriert von Annikas erstem Satz: „Die Reformation wurde durch Luther in Gang gesetzt" (Fall 4.1, gedruckt in Kap. 4) stellte sich die Frage nach den Handelnden in den Schülerdarstellungen: Wer macht Geschichte? Die der dialogischen Vorgehensweise entsprechende Datenbefragung ergab, dass vornehmlich einzelne Personen, genauer Männer die Geschichte lenken. Insbesondere Luther erschien in den Schülerdarstellungen als „Macher" der Reformation. So stellte Alexander fest: „[…] für die Reformation war in erster Linie Martin Luther verantwortlich" (Fall 5.1, ungedruckt). Julia sah in Luther den Initiator: „In der Reformation nahm der große Reformator Luther eine wichtige Stelle ein. Er verursachte mit seinen Streitschriften großen Aufstand im Land" (Fall 1.1, gedruckt in Kap. 4). Differenzierter schrieb Lara: „Luther fühlte sich verpflichtet, die Fehlinterpretation [Bibel] und Verbreitung [Ablässe] aufzuklären, und schrieb deshalb einen Brief an die Kirche" (Fall 24.1, gedruckt in Kap. 4). Bei Vanessa „teilte" Luther „die Kirche in Evangelisch und Katholisch" (Fall 6.1, ungedruckt).

Die in den Darstellungen ausgedrückte Überzeugung, der Fortgang der Geschichte werde von einzelnen Personen bestimmt, dokumentierten auch Aussagen zu anderen „großen Männern": „Da ziemliche Unruhe herrschte, berief König Louis XVI. die Generalstände ein, um das Problem zu lösen" (Fall 15.2 Franziska, ungedruckt); „Ein Mann, der eine große Rolle zu dieser Zeit spielte, war Napoleon. Dieser war ein Revolutionsführer und hatte es geschafft, die regierenden Personen in seiner Heimat abzusetzen, und war somit zu einem Revolutionsführer in Frankreich geworden. Als dieser stark genug war, griff er das heutige West-Deutschland an, welches zu dieser Zeit [...] noch aus vielen kleinen Staaten bestand" (Fall 13.2 Fabian, gedruckt in Kap. 4). „Deren [Jakobiner] Anführer war Robespierre, 1793–1794, welcher die Ansichten der niederen Bevölkerungsschicht vertrat. Er schaffte den Absolutismus ab" (Fall 20.2 Dennis, ungedruckt).

Das interessengeleitete, Geschichte machende Handeln wurde besonders (kleinen) gesellschaftlichen Gruppen zugeschrieben, ausgelöst durch die gegebenen Umstände. Hanna berichtete über das Begehren der Bauern in der Frühen Neuzeit: „Während diesem Bauernkrieg verfassten diese die 12 Artikel, die für eine Besserstellung der Bauern sorgen sollten" (Fall 23.1, gedruckt in Kap. 4). Bei Fabian reagierten die Weber auf ihre sich immer weiter verschlechternden Lebensumstände: „Als die Preise somit gesunken waren, dass die Arbeit nicht mehr zum Überleben reichte, griffen die verarmten Weber die Häuser der Fabrikbesitzer an und verlangten Geld und Essen" (Fall 13.2, gedruckt in Kap. 4). Das radikale Handeln eines politischen Klubs hob Lara hervor: „Mit Gewalt und Angst brachten die Jakobiner das Volk dazu, ihnen zu folgen, da jeder Feind der Revolution ohne Prozess geköpft wurde" (Fall 24.2, gedruckt in Kap. 4). Lea thematisierte die politische Partizipation der Frauen: „[...] auch die Frauen fanden sich in Clubs zusammen und griffen zu den Waffen. So kam zum Beispiel der Marsch der Fischweiber zusammen" (Fall 17.2, ungedruckt). Tim hob die Interessen einer Religionsgemeinschaft hervor: „Die Juden demonstrierten ebenfalls in den deutschen Ländern, da sie unterdrückt und nicht anerkannt wurden" (Fall 10.2., gedruckt in Kap. 4).

Die eigentlichen historischen Akteure verschwanden teils gänzlich hinter den handelnden Institutionen: „Luther wurde schnell von der römischen Kirche als Ketzer verklagt und zum Reichstag nach Augsburg geladen" (Hanna 23.1, gedruckt in

Kap. 4). Philip nutzte hierzu eine Synekdoche: „Rom musste reagieren und tat dies in Form von Zensur und Verbot von Luthers Thesen und Schriften, doch der Wandel war nicht mehr aufzuhalten" (Fall 2.1, gedruckt in Kap. 4); Lea hingegen eine Personifizierung: „Auch das Frankfurter Parlament, das zusammenkam, bemühte sich um eine Verfassung" (Fall 3.2, ungedruckt).

5.2.4 Viertes Cluster: „Vergangene Zustände und Entwicklungen haben Ursachen und Folgen"

Vielversprechend war der Darstellungsansatz zu den historischen Transformationen in der Frühen Neuzeit von Jacqueline: „Das Zeitalter der Reformation ist vom Wandel geprägt. In fast allen Bereichen gab es enorme Veränderungen und oftmals auch Verbesserungen. Durch Mathematiker und Naturwissenschaftler wie Kopernikus oder Galileo Galilei gelangte die Bevölkerung an ein völlig neues Weltbild. Auch der Glauben und die Gottessicht der Menschen änderten sich. Luther setzte eine Bewegung in Gang, die schließlich zur Trennung der Glaubensrichtung in Katholisch und Protestantisch führte. [...] Auch durch die Entwicklung der Wirtschaft gab es nun viele neue Möglichkeiten. Bald gab es Handelsnetze (zum Beispiel das der Fugger), die den Austausch von Waren um vieles erleichterten. Die Zeit des Mittelalters war vorbei, und eine neue Zeit war angebrochen" (Fall 7.1, gedruckt in Kap. 4). Doch die Ausgangsfragen nach dem politischen und gesellschaftlichen Wandel zur Zeit der Reformation und nach der Französischen Revolution wurden eben nicht von allen Schülerinnen und Schülern konsequent aufgegriffen und strukturiert bearbeitet.

Dennoch war die Wahrnehmung von „Veränderung" in der Vergangenheit in den Schülertexten allgegenwärtig und eng mit den Vorstellungen des ersten bis dritten Clusters verbunden. Alexander resümierte: „Somit verläuft sich der Wandel auf eine religiöse Veränderung, die in erster Linie durch Luther hervorgerufen wurde" (Fall 5.1, ungedruckt). Marie betonte die Absichten einer gesellschaftlichen Gruppe: „Die Bauern demonstrierten und verlangten mehr Freiheit. Sie wollten die politische und wirtschaftliche Ordnung verändern und waren alle für die Abschaffung des Adels" (Fall 8.2, ungedruckt). Noch einmal Maximilian, der zusammenfassend schrieb: „Die Revolutionen brachten viele Veränderungen mit sich. Die industrielle Revolution brachte Veränderungen aller Bereiche der Gesellschaft mit sich. Sie schuf Grundlagen der modernen Zivilisation. Innovationen wie zum Beispiel der mechanische Webstuhl schufen mehr Arbeitsplätze und eine höhere Produktivität, welche folgend positive Veränderungen mit sich brachten und die Zeit modernisierten" (Fall 22.2, ungedruckt).

Die Schülerinnen und Schüler erklärten Ursachen und Folgen vergangener Zustände und Entwicklungen, die sie auf der Textoberfläche häufig kausal, konsekutiv oder adversativ verbanden. Dabei nahmen die Lernenden eine distanzierte Beobachterposition ein. Hanna beschrieb die Ausgangslage für die reformatorische Bewegung: „Aufgrund dieser Macht der Kirche entstand eine allgemeine Unzufriedenheit bei der übrigen Bevölkerung" (Fall 23.1, gedruckt in Kap. 4). Fabian bilanzierte: „Das Resultat [des Bauernkriegs?] war die Abschaffung der Drei-Stände-Gesellschaft, die allerdings mit vielen Toten erkauft worden war" (Fall 13.1, gedruckt in Kap. 4). Alexander erläuterte ausführlich die Arbeits- und Lebensbedingungen der Arbeiter als Hintergrund der Unruhen in den 1840er Jahren: „Alle diese genannten Faktoren [...] spielten eine große Rolle bei den Ursachen des Weberaufstandes" (Fall 5.2, ungedruckt). Annika erklärte den erhöhten Bedarf an Ressourcen zur Zeit der Industrialisierung: „Da durch den Bau der Eisenbahnen und der Schienen sehr viel Stahl benötigt wurde, boomten die Stahl- und Kohlewerke" (Fall 4.2, gedruckt in Kap. 4). Die vermeintliche Folgenlosigkeit der Revolutionsphase von 1848/49 thematisierte Jana: „Jedoch führte auch die deutsche Revolution zu keinem Erfolg. Theoretiker sagen, ihr Scheitern lag an Unstimmigkeiten der Nationalitäten und besonders prägend war die Ablehnung der Kaiserkrone, welche die Hoffnung des Parlaments auf einen geregelten Staat komplett erlöschte" (Fall 11.2, ungedruckt).

5.2.5 Fünftes Cluster: „Vergangenheit passiert unwillkürlich, zeitlich und räumlich unbestimmt"

Alina verzichtete in einem unvermittelt eingeführten Schlusssatz ihres Textes auf die Nennung jeglicher historischer Akteure: „Es formte sich der deutsche Bund, der Österreich, Ungarn und Schlesien ausschloss und nur die deutschen Staaten umfasste" (Fall 12.2, ungedruckt). Die Beobachtung, die Vergangenheit passiere unwillkürlich, ließ sich mit der dialogischen Vorgehensweise tatsächlich als Gemeinsamkeit der Darstellungen ausmachen. Insbesondere die häufig verwandten „Es"-Konstruktionen, eine Eigenkreation des Vorgangspassivs, bewirkten den Eindruck, die Geschichte verlaufe im *autorun*. Julia betonte die Veränderungen nach dem Wiener Kongress: „Es wurden Verfassungen geschrieben, und die Demokratie wurde erhofft" (Fall 1.2, gedruckt in Kap. 4). Marie stellte fest: „Es herrschte ein religiöser Wandel" (Fall 8.1, ungedruckt). Jana schrieb: „Auch Napoleon dankte ab, und es kam zu weiteren prägenden Reformen" (Fall 11.2, ungedruckt). Saskia berichtete: „Es bildeten sich mehrere Möglichkeiten, sich taufen zu lassen" (Fall 16.1, ungedruckt). Alina drückte die „Selbsttätigkeit" der Geschichte noch auf andere Weise aus: „Der mittelalterliche Lebensstil näherte sich dem heutigen" (Fall 12.1, ungedruckt).

Die Unsicherheiten hinsichtlich der historischen „Agency" (Jessen, 2008, S. 116) setzten sich in der zeitlichen Unbestimmtheit des vergangenen Geschehens fort. Die äußerst sparsame Verwendung von Daten kompensierten die Schülerinnen und

Schüler mit allgemeinen, temporalen Adjektiven, Adverbien und Konjunktionen. Besonders beliebt war das Adverb „schließlich", das bei Jacqueline eine typische Verwendung fand: „Die Menschen sind sauer und wütend. Schließlich beginnt die Märzrevolution ausgehend von Paris und geht auf ganz Europa über" (Fall 7.1, gedruckt in Kap. 4). Ähnlich heißt es bei Daniel: „Schließlich wurde er [Ludwig XVI.] enthauptet" (Fall 18.2, gedruckt in Kap. 4).

Bei Michelle blieb die zeitliche Dimension eines historischen Problems vage: „Die nationale Frage war für lange Zeit ein Problem, weil man nicht wusste, ob man sich auf die großdeutsche oder die kleindeutsche Lösung einigen sollte. Am Schluss einigte man sich auf die kleindeutsche Lösung" (Fall 9.2, ungedruckt). Ebenso bei Jacqueline: „Neue Verfassungen entstehen und die Regierung muss sich immer wieder aufs Neue Gedanken machen, da das Bürgertum immer wieder Druck ausübt. Durch Scheinverträge wird die Bevölkerung immer wieder für kurze Zeit ruhiggestellt, jedoch dauert dieser Zustand nie lange an, da die Unzufriedenheit schnell wieder ansteigt" (Fall 7.2, gedruckt in Kap. 4). Auch Vanessa verzichtete auf die Nennung eines genauen Zeitpunkts: „Nachdem Luther die Bibel übersetzt hatte, brachen die Bauernkriege aus" (Fall 6.1, ungedruckt). Philip nutzte hingegen ein Adjektiv umgangssprachlich, um ein Zeitverhältnis auszudrücken: „Schnell war Deutschland stark geteilt, die Grafschaften und Fürstentümer waren sich sehr uneinig" (Fall 2.1, gedruckt in Kap. 4).

Die Schülerinnen und Schüler verorteten das vergangene Geschehen kaum im historischen Raum. Diese Gemeinsamkeit der Darstellungen bestand in zu wenigen oder fehlenden Aussagen zu Regionen, Städten, Territorien und Grenzen (Osterhammel, 2008, S. 93–95), insbesondere zu einzelnen historischen Orten. Franziska verschwieg dem Leser, wo genau Luther angeblich tätig geworden war: „Um diese zu verbreiten, nagelte er die Thesen an ein Kirchentor" (Fall 15.1, ungedruckt). Tim brachte das Hambacher Fest nicht mit dem Schloss in Verbindung: „Aus fast allen Städten der deutschen Länder strömten Redner zum Hambacher Fest, welches auf einer Burg stattfand" (Fall 10.2, ungedruckt). Lea kannte Luthers Aufenthaltsort nicht: „Während er versteckt lebte, übersetzte er die Bibel" (Fall 17.1, ungedruckt).

Die Darstellung der Geschichte im Präteritum stellte sich als Gemeinsamkeit vieler, aber nicht aller Schülertexte heraus. Einige Schülerinnen und Schüler wechselten vom Präteritum in das trivial wirkende „historische Präsens": „Somit kam die Revolution europaweit ins Rollen. 1804 krönt sich Napoleon selbst zum Kaiser" (Fall 4.2 Annika, gedruckt in Kap. 4); „1789 begann in Paris die Französische Revolution. Die Unzufriedenheit der Bevölkerung wächst und schließlich setzt sie sich zur Wehr. Die Bürger gehen gegen die Regierung vor und kämpfen für ihre Rechte" (Fall 7.2 Jacqueline, gedruckt in Kap. 4). Daniel verfasste eine seiner Darstellungen durchgehend im Präsens: „Luther, ein Priester der (katholischen) Kirche, schreibt eine neue

Übersetzung der Bibel und schafft somit das Neue Testament. Während er sein Testament schreibt, entdeckt Luther, dass einige Tätigkeiten (zum Beispiel der Ablasshandel) nicht durch die Heilige Schrift legitimiert sind" (Fall 18.1, gedruckt in Kap. 4). Weiter abstrahiert bestand die Gemeinsamkeit aller Darstellungen daher in den Tempora der Vergangenheit, die die Schülerinnen und Schüler sowohl im Prätertium als auch im „historischen Präsens" erblickten.

5.2.6 Sechstes Cluster: „Geschehenes mit allgemeinen Adjektiven und Numeralen beschreiben und bewerten"

Die Lernenden nutzten allgemeine Adjektive, um historische Personen, Zustände und Prozesse zu charakterisieren. Besonders beliebt war das Adjektiv „groß": „Zur Zeit der Reformation gab es große Differenzen zwischen der katholischen Kirche und dem einfachen Volk" (Fall 23.1 Hanna, gedruckt in Kap. 4); „In der Reformation nahm der große Reformator Luther eine wichtige Stelle ein. Er verursachte durch seine Streitschriften großen Aufstand im Land" (Fall 1.1 Julia, gedruckt in Kap. 4); „Nachdem er [Luther] seine Schriften veröffentlichte, in denen er seine Meinung und seine Denkweise schrieb, herrscht ein großer Aufstand" (Fall 8.1 Marie, ungedruckt); „Der Wandel fand in mehreren Stufen statt, einer der wichtigsten Reformatoren war Luther, welcher mit seinen 99 Thesen großes Aufsehen erregte" (Fabian 13.1, gedruckt in Kap. 4).

Die Schülerinnen und Schüler neigten in ihren Darstellungen zu unbestimmten Numeralen wie dem Zahlwort „viele": „Im Rheinland gilt der „Code Civil", das eigens entworfene Gesetzbuch Napoleons, welches sehr fortschrittlich für diese Zeit war und auf welches viele unserer heutigen Gesetzbücher aufbauen" (Fall 4.2 Annika, gedruckt in Kap. 4); „Im Jahre 1789 war der Beginn der französischen Revolution. Diese beinhaltet viele Ereignisse, welche positive, jedoch auch negative Auswirkungen auf die Menschen in Frankreich, Preußen und den deutschen Ländern hatte" (Fall 11.2 Jana, ungedruckt); „Obwohl Luther gewaltlos gegen die Kirche vorgehen wollte, hielten sich viele seiner Anhänger nicht an seine Vorsätze und wendeten trotzdem Gewalt an. So kam es zu vielen Toten, die Luther eigentlich hatte verhindern wollen" (Fall 13.1 Fabian, gedruckt in Kap. 4); „Er [August Borsig] besaß viele Fabriken und ließ seine Arbeiter durch schlechte Bezahlung im Elend versinken" (Fall 5.2 Alexander, ungedruckt).

In einer Darstellung von Jacqueline zeigten sich die Clusterinhalte besonders verdichtet. Mit dem Adjektiv „neu" und dem Numeral „viel" versuchte sie, die Qualität der „enormen Veränderungen" zur Zeit der Reformation zu konkretisieren: „neues Weltbild", „neue Erkenntnisse", „neue Wege", „neue Erfindungen", „viele neue Möglichkeiten" und schließlich „neue Zeit" (Fall 7.1, gedruckt in Kap. 4).

Um die Intensität einer Veränderung auszudrücken, griffen die Schülerinnen und Schüler auf die umgangssprachliche Verwendung einiger Adjektive zurück: „Die Zeit vor der Reformation wurde stark von dem religiösen Glauben beeinflusst" (Fall 20.1 Dennis, ungedruckt); „Schnell war Deutschland stark geteilt, die Grafschaften und Fürstentümer waren sich sehr uneinig" (Fall 2.1 Philip, gedruckt in Kap. 4); „Trotzdem zählt es [Industrialisierung] zu einer Revolution, weil ein wahnsinniger Umbruch geschaffen wurde und somit eine enorme Umstrukturierung der Industrie, aber auch der Gesellschaft" (Fall 23.2 Hanna, gedruckt in Kap. 4).

5.2.7 Siebtes Cluster: „Über Geschichtswissen informieren und wahre Aussagen machen"

Die Schülerinnen und Schüler verfassten ihre Darstellungen in einer sachlich-distanzierten Schreibhaltung. Sie vermieden ausnahmslos die Ich-Form und verfügten über einen überwiegend treffend angewandten Fachwortschatz. Lea schrieb fachangemessen: „Zwischen den Jacobinern und den Girondisten entwickelte sich ein Streit, der in Blutbädern endete. Die Jacobiner erzielten den Sieg über die Girondisten und richteten alle Anhänger öffentlich hin. Die Regentschaft übernahm Robespierre. Auch der König wurde von diesen verfolgt und schließlich wegen Hochverrats hingerichtet" (Fall 17.2, ungedruckt). Dennis formulierte als vorläufiges Ergebnis der Französischen Revolution: „Es entstand eine Gewaltenteilung, eine Konventherrschaft mit einer Judikative, Exekutive und Legislative. Auch die Wahlberechtigung verbesserte sich, es durften nun alle Männer wählen durch Direktwahlen" (Fall 20.2, ungedruckt).

Es war das Anliegen der Lernenden, ihr Geschichtswissen durch die Darstellung gegenüber ihrer Lehrerin und ihrem Lehrer zu artikulieren. Unter Geschichtswissen verstanden sie Informationen über die vergangenen Verhältnisse und deren Veränderung durch das Handeln von Personen, Gruppen und Institutionen (Cluster 1–4). Sie verwandten dabei Fachbegriffe, die sie im Idealfall mit einer Erklärung einführten. Philip erläuterte: „In einem Tauschhandel mit verschiedenen Bankhäusern, zum Beispiel mit dem der Fugger in Augsburg, lieh sich die Kirche Geld und überließ im Gegenzug einzelnen Adeligen die Einnahmen aus dem Ablasshandel, dafür übernahmen die Adeligen die Refinanzierung bei den Bankhäusern. Diese zunehmende Simonie löste in dem stark gläubigen Mönch Luther im frühen 16. Jahrhundert einen erheblichen Zweifel an der Richtigkeit der katholischen Kirche aus" (Fall 2.1, gedruckt in Kap. 4). Felix eröffnete seine Darstellung: „Laut der Definition Flechtheims basiert eine Revolution auf folgenden Elementen: eine gesamtnationale Krise, ein plötzlicher Umbruch, ein Start als Reformbewegung, eine Verlagerung der

Mächte, eine Zerstörung von Institutionen und Privilegien, bewaffnete Gruppierungen und neues Denken. All dies trifft vor allem auf die Französische Revolution zu" (Fall 19.2, gedruckt in Kap. 4).

Die Textfunktion der Wissensartikulation konnte auf der Textoberfläche zusätzlich anhand des „Begriffsdroppings" identifiziert werden. Weil den Schülerinnen und Schülern einige Begriffsinhalte aber nicht gegenwärtig waren, machten sie teils sinnlose oder sachlich falsche Aussagen: „Das größte Interesse war an der Demokratie gefolgt vom Liberalismus" (Fall 1.2 Julia, gedruckt in Kap. 4); „Des Weiteren war die Julirevolution 1830 in Paris, die Restauration sowie Biedermeier" (Fall 6.1 Vanessa, ungedruckt); „Wie man weiß, war die Revolution auch von der Industrialisierung geprägt" (Fall 11.2 Jan, ungedruckt); „Als die Katholiken gegen die Protestanten, die Luthers Anhänger waren, kämpften, entstanden die Zwei-Reiche-Lehre und der Ablasshandel" (Fall 22.1 Maximilian, ungedruckt).

Eine implizite Gemeinsamkeit bestand in der „thematischen Einstellung" (Brinker, 2010, S. 92; vgl. „propositionale Einstellung" in der Sprechakttheorie) der Schülerinnen und Schüler zu ihren Darstellungsinhalten: Sie formulierten wahre Aussagen, da sie auf Adverbien, die den Wahrheitsgehalt oder den Sicherheitsgrad ihres Geschichtswissens signalisiert hätten, verzichteten: „Seine [Luthers] Thesen trieben die Religionen in den Krieg" (Fall 3.1 Lena, ungedruckt); „Er schrieb die 95 Thesen, in welchen er den eigentlichen Willen Gottes präsentierte" (Fall 4.1 Annika, gedruckt in Kap. 4); „Mit der Eisenbahn begann die Industrialisierung" (Fall 9.2 Michelle, ungedruckt); „Die Französische Revolution war ein Vorreiter für viele Länder in ganz Europa" (Fall 21.2 Nadine, ungedruckt).

Auch die wertenden Aussagen zur Geschichte des 19. Jahrhunderts („wertende Einstellungen"; Brinker, 2010, S. 92) zeugten von einem ungebrochenen Wahrheitsanspruch. Aufgrund fehlender sprachlicher Indikation konnte das Wissen der Schülerinnen und Schüler um Urteile außerhalb der eigenen nicht unterstellt werden. Michelle meinte: „Diese Revolution [1848] scheiterte aber, da die Revolutionäre kein richtiges Zentrum hatten, in dem sie sich hätten organisieren können. Außerdem fand keine richtige Zusammenarbeit zwischen den deutschen Ländern statt" (Fall 9.2, ungedruckt). Hanna urteilte: „Am Ende war es ein erfolgreicher Prozess, denn die Ständegesellschaft und somit das Feudalwesen wurden abgeschafft. Menschen- und Bürgerrechte wurden verfasst und eine neue Gesellschaft entstand. Die Zeit der Monarchie wurde beendet und eine Art Demokratie wuchs heran. Am Ende gab es zwar noch einen Kaiser, dieser setzte sich jedoch auch für die Interessen des Volkes ein. Trotz alledem ging Napoleon auch kriegerisch vor, wurde jedoch vom Volk geliebt" (Fall 23.2, gedruckt in Kap. 4). Lara meinte: „Zwischenzeitlich entstand eine neue Verfassung, die den Ansprüchen des dritten Stands mit Wahlrecht und Pressefreiheit entgegenkam. Diese wurde jedoch einige Jahre später aus Sicht des Volkes noch verbessert, indem der König an Macht verlor und das Zensuswahlrecht abgeschafft wurde. Es entstand eine konstitutionelle Monarchie" (Fall 24.2, gedruckt in Kap. 4).

5.3 Die Diskussion der Befunde

Die vorliegende Studie befasste sich mit einem Schlüsselproblem erfolgreichen Geschichtsunterrichts, der historisch-narrativen Kompetenz der Schülerinnen und Schüler. Um diesen vorläufigen Forschungsgegenstand aus der Schülerperspektive weiter zu explorieren, wurde versucht, ihn in einem halbjährigen, qualitativen Unterrichtsexperiment durch gravierende experimentelle Eingriffe (neuer Unterrichtsgegenstand, alternatives Leitmedium und Implementierung adäquater methodischer Figuren, neue Lehrkraft in der geteilten Lerngruppe) strukturell zu beeinflussen. Besonderes Augenmerk galt dabei dem Effekt der Lektüre einer Ganzschrift und gleichzeitiger Implementierung einer Aufgabensammlung, die auf die Analyse der Komposition der Darstellung zielte, in einer Teillerngruppe.

Die im Experiment erhobenen Schülerdarstellungen waren nach Inhalt und Ton eindeutig dem Geschichtsunterricht zuzuordnen und somit domänenspezifisch. Die Lernenden setzten den Schreibauftrag mit dem Operator „darstellen" und den geschichtswissenschaftlichen Konzepten „Wandel", „Revolution" und „Reform" mit ihren Möglichkeiten um: Sie verfassten an die Lehrerin und an den Lehrer gerichtete Texte in einer Art „Geschichtsunterrichtssprech", einer Imitation des Schreibduktus von Historikerinnen und Historikern. Die erfragten geschichtswissenschaftlichen Konzepte übersetzten sie annehmbar als „Veränderung". Dies bestätigt den von Olaf Hartung (2013) erforschten Zusammenhang zwischen der Schreibaufgabe und dem Schreibhandeln der Lernenden, auch wenn die mit dem Operator „darstellen" intendierten Anforderungen nicht gänzlich eingelöst wurden.

Die im dialogischen Forschungsprozess gewonnenen Daten wurden zunächst auf der Textoberfläche (Performanz) auf Gemeinsamkeiten hin untersucht. Dies führte mittels Abstraktion zur Entdeckung von Strukturzusammenhängen, die auch auf den Forschungsgegenstand der historisch-narrativen Kompetenz der Lernenden verwiesen. Die Darstellung der heuristisch identifizierten Struktur des Forschungsgegenstands in sieben Clustern mit unscharfen Rändern war die Folge mehrdeutiger Datenbefunde.

Die Gesamtheit der Cluster repräsentierte das allen Schülerdarstellungen zugrunde liegende, bei der Operation, Geschichte darzustellen, aktivierte Wissensgefüge der Lernenden dieser Gruppe. Die in den Clustern enthaltenen, domänenspezifischen Vorstellungen und Einstellungen der Schülerinnen und Schüler im Sinne der

Conceptual Change-Forschung im Einzelnen als noch „naiv" oder schon „fachadä-quat" einzustufen erschien aufgrund des darüber nicht herstellbaren innerdisziplinä-ren Konsenses geschichtsdidaktisch nicht weiterführend.

Festzuhalten blieb jedoch, dass sich das bei den Schülerinnen und Schülern sicher vorhandene, sich schon im Kindesalter entwickelnde „Geschichtenschema" (Bou-eke, Schülein, Büscher, Terhart & Wolf, 1995) im Gegensatz zu den Darstellungen von Historikerinnen und Historikern nicht auf der performativen Ebene aller Schü-lertexte zeigte. Im Moment der Datenerhebung war es offenkundig nicht bei allen Lernenden verfügbar und wurde auch nicht durch die in den Arbeitsaufträgen ent-haltenen Signalwörter (Wandel, Revolution, Reform) aktiviert. Folglich waren die noch elaborierteren Sinnbildungstypen nach Jörn Rüsen auf der Ebene der Textper-formanz kaum zu identifizieren (vgl. die Befunde von Rüsen, Fröhlich, Horstköt-ter & Schmidt, 1991) und stellten auch keine Gemeinsamkeit aller Schülerprodukte dar.

Die Clusterinhalte bestätigten teils die Befunde älterer und neuerer empirischer Studien, beinhalteten aber in Einzelaspekten andere Gewichtungen und neue Vari-anten. Das erste Cluster „Freiheit, Gleichheit, Rechte und Gerechtigkeit für die un-zufriedenen, unterdrückten und ausgebeuteten Menschen" könnte einerseits wie bei Bodo von Borries (1995) als „sozial erwünschte", „menschen- und bürgerrechtsori-entierte" Konvention (S. 400) im System Schule verstanden werden. Andererseits verwies der Clusterinhalt auch auf die altersentsprechende Fähigkeit und Bereit-schaft der Lernenden zur historischen Perspektivenübernahme (Hartmann, 2008, S. 91) oder zur „Empathie" (Martens, 2010, S. 307–310). In Kombination mit den im zweiten Cluster geäußerten Überzeugungen: „Menschen streben nach Verbesse-rung, Fortschritt, Chancen, Erfolg" erfuhr diese Fähigkeit jedoch eine Einschrän-kung, indem die Lernenden ihr persönliches *pursuit of happiness* zu einer auf die Vergangenheit übertragbaren anthropologischen Konstante machten (vgl. das Stu-fenmodell von Ashby & Lee, 1987).

Im Fall des dritten Clusters „Männer, Gruppen, Institutionen haben Interessen und handeln" überlagerte sich in den Texten der Lerngruppe die von Bodo von Borries diagnostizierte Vorliebe der Schülerinnen und Schüler für Personengeschichte (1995, S. 317), die sich zur „Personalisierung des Geschehens" steigern kann (Schö-nemann, Thünemann & Zülsdorf-Kersting, 2010, S. 83), mit der gesamtgesellschaft-lichen Betrachtungsweise nach dem Vorbild der im Experiment eingesetzten Leit-medien. Im Befund des vierten Clusters, der kausalen, konsekutiven und adversati-ven Verknüpfung von Ursachen und Folgen vergangener Zustände und Entwicklun-gen durch Adverbien, Präpositionen und Konjunktionen, spiegelten sich Olaf Har-tungs Ergebnisse: In seinem Gesamtkorpus waren der kausale (18 Prozent), der ad-versative (12 Prozent) und der konsekutive (9 Prozent) „Relationstyp" neben den beiden additiven Typen besonders häufig vorhanden (2013, S. 307–314).

Die im fünften Cluster „Vergangenheit passiert unwillkürlich, räumlich und zeitlich unbestimmt" beschriebenen Gemeinsamkeiten der Schülerdarstellungen zeigten sich hinsichtlich der fehlenden historischen *agency* weniger in der Personalisierung von Begriffen (vgl. zum „anthropomorphen Akteur": Schönemann, Thünemann & Zülsdorf-Kersting, 2011, S. 83), sondern vielmehr in „Es-Konstruktionen" mit historischem Selbsttätigkeitscharakter. Neben der Verwendung von „Alltagssprache" (ebd., S. 63–64) erwiesen sich aber die von den Schülerinnen und Schülern gewählten allgemeinen Adjektive, Adverbien und Konjunktionen als größtes Hindernis, um vergangenes Geschehen zu beschreiben und zu bewerten (sechstes Cluster) und in Raum und Zeit zu verorten (fünftes Cluster).

Die Inhalte des siebten Clusters „Über Geschichtswissen informieren und wahre Aussagen machen" korrespondierten mit der von Matthias Martens (2010) in Gruppendiskussionen rekonstruierten Basisorientierung (*tertium comparationis*) im Umgang mit dargestellter Geschichte: „[d]ie grundsätzliche Orientierung an definierbarer und darstellbarer historischer Wirklichkeit" (S. 141). Die Schülertexte zeugten auch im vorliegenden Experiment von allzu großer Sicherheit, wahre Aussagen über die Vergangenheit zu treffen: Für die Einsicht in den Konstruktcharakter von Geschichte gab es jedenfalls auf der performativen Ebene keine Anhaltspunkte.

Die in den Clustern abstrahierten Geschichtsvorstellungen und Darstellungspraktiken repräsentierten zumindest in Teilen die historisch-narrative Kompetenz der Schülerinnen und Schüler. Ihre Abbildung auf der performativen Ebene war abhängig von der Art des Schreibauftrags. Die erhobenen Schülerprodukte waren Ausdruck des kognitiven Entwicklungsstands der Probandinnen und Probanden und ließen vermuten, dass ihre historisch-narrative Kompetenz im Alter von 15 bis 18 Jahren noch nicht voll ausgebildet war. Offen blieb, ob es sich bei der historisch-narrativen Kompetenz nicht eigentlich um eine spezifische Intelligenz handelt, den vorgegebenen Schreibauftrag fachgerecht zu lösen.

Das qualitative Experiment beinhaltete keine Wirkungsprüfung im Sinne quantitativer Interventionsforschung mit dem Ziel, verallgemeinerbares Wissen darüber zu erlangen, was im Geschichtsunterricht wirkt. Die Implementierung des darstellungsorientierten Geschichtsunterrichts mittels Ganzschrift und Aufgabensammlung erfolgte in der Absicht, den vorläufigen Forschungsgegenstand der historisch-narrativen Kompetenz der Schülerinnen und Schüler strukturell zu variieren. Nicht verallgemeinerbare Aussagen über den Effekt der Ganzschrift in der Teilgruppe konnten dennoch getroffen werden.

Die Sorge vor der Überwältigung der Schülerinnen und Schüler durch die Ganzschrift erwies sich als unbegründet, da die Deutungsmuster von Joachim Rohlfes und Rüdiger Hachtmann kaum reproduziert wurden. Die Schülerinnen und Schüler nutzten die Lektüre aber passagenweise als Vorbild für den Aufbau ihrer Darstellung. Allein Philip übernahm den gesamten Erzählplan und imitierte den Sprachduktus der

Vorlage (Fall 2.2, gedruckt in Kap. 4), andere Lernende borgten sich einzelne Formulierungen oder eingängige Tropen (zum Beispiel „Kathedralen der neuen Zeit" für repräsentative Bahnhöfe, Fall 4.2 Annika, gedruckt in Kap. 4, nach Hachtmann, 2002, S. 81). Anscheinend konnten besonders lesekompetente Schülerinnen und Schüler von der Geschichtsdarstellung im Sinne des Modelllernens profitieren. Diese punktuellen, kleinen Erfolge des darstellungsorientierten Geschichtsunterrichts ermutigten dazu, die Rolle der domänenspezifischen Lesekompetenz für den Erwerb historisch-narrativer Kompetenz genauer zu erforschen.

Die Versuchsanlage bot hinsichtlich der gewonnenen Schülerdaten mehrere Vergleichsebenen. Interessant erschien besonders die Progression der historisch-narrativen Kompetenz nach den experimentellen Eingriffen sowohl innerhalb der Gruppe 1 als auch im Vergleich zur Gruppe 2. Leider waren die auf der Ebene der Performanz erfassbaren Effekte, über die mit Interratern kaum Einigkeit erzielt werden konnte, nicht alle eindeutig auf die strukturelle Variation des Forschungsgegenstands zurückzuführen. Die epistemologischen Überzeugungen in Bezug auf die adäquate Erledigung des Schreibauftrags waren abgesehen von der Tagesform der Probandinnen und Probanden recht stabil. Der Grad der inhaltlichen Verschiedenheit der Schülerdarstellungen aus Gruppe 1 und 2 verblüffte jedoch: Die Texte zeigten sich als Abbild der unterschiedlichen inhaltlichen Unterrichtsschwerpunkte in den beiden Lerngruppen. Sie verdeutlichten den hohen Wert, den die Schülerinnen und Schüler dem „Stoff" im Fach Geschichte zubilligten (vgl. zur anhaltenden „geheimen Stofforientierung": von Borries, 2013, S. 16).

Interessant war, dass die in der Geschichtsdidaktik vielbesprochene Genderspezifik (vgl. zu Interessen: von Borries, 1995, S. 361–364; zu Vorstellungen und Denkstilen: Martens, 2010, S. 314–323) sich auf der performativen Ebene der erhobenen Schülerdaten allenfalls äußerst schwach zeigte: Sowohl die Probanden als auch die Probandinnen hoben in ihren Texten auf eine Art historisches Strukturwissen ab und zeigten sich gleichermaßen schreibkompetent. Vermutlich hing dieser Befund mit dem Alter der Probandinnen und Probanden (15-18 Jahre), den Themen und mit der Art des Schreibauftrags zusammen. Unterschiede in der Realisierung der Schülerdarstellungen waren eher auf individuelle Dispositionen der Schülerinnen und Schüler als auf ihr Geschlecht zurückzuführen.

6. Leistungen und Grenzen der Qualitativen Heuristik im Kontext des Unterrichtsexperiments

Gerhard Kleinings Methodologie der Qualitativen Heuristik steht mit ihren Grundmethoden „qualitatives Experiment" und „dialogische Introspektion" – obwohl sie die Interpretation von Daten beinhaltet – nicht in der hermeneutischen Tradition. Erkenntnistheoretisch geht sie auf die naturwissenschaftlich-empirische Heuristik des 19. Jahrhunderts zurück, insbesondere auf die Entdeckungsverfahren und Gedankenexperimente der Physiker Ernst Mach und Albert Einstein. Der Forschungsstil nimmt zudem Anleihen des (Symbolischen) Interaktionismus und der Grounded Theory sowie der Phänomenologie und der Ethnomethodologie.

Die Methodologie besticht durch vier genialisch einfache Regeln, die sich im Kontext des vorliegenden Unterrichtsexperiments aber als durchaus anspruchsvoll erwiesen: die Offenheit der Forschungsperson (Regel 1), die Offenheit des Forschungsgegenstands (Regel 2), die maximale strukturelle Variation der Perspektiven auf den Forschungsgegenstand (Regel 3) und die Analyse der Daten auf Gemeinsamkeiten hin (Regel 4). Wie in jedem anderen Forschungsprozess blieb die absolute Offenheit der Versuchsleiterin und des Forschungsgegenstands ein Ideal. Aufgrund des Bewusstseins der Versuchsleiterin für die Bedeutung ihres Theoriewissens und ihrer Präkonzepte (vgl. Abschnitt 2.5) als stille Kriterien für den Forschungsprozess und insbesondere für die Datenanalyse lag eine reflektierte Offenheit der Forschungsperson vor. Auch der vorläufige Forschungsgegenstand war daher nur relativ offen. Im Verlauf des Experiments gelang es der Versuchsleiterin jedoch, ihre von der geschichtsdidaktischen Theorie geprägten, normativen Vorstellungen der historisch-narrativen Kompetenz der Schülerinnen und Schüler an die Gegebenheiten in den Daten anzupassen.

Das Offenheitspostulat, die Forderung nach der maximalen strukturellen Variation der Perspektiven auf den vorläufigen Forschungsgegenstand und das Dialogprinzip zwischen den Forschenden und ihrem Gegenstand machen qualitativ-heuristisch angelegte Studien zu echter, nahezu ergebnisoffener Forschung. Die maximale Variation aller denkbaren Perspektiven wird jedoch in vielen Fällen nicht realisierbar sein. So waren die experimentellen Eingriffe im vorliegenden Experiment durch das System „Schule" und den institutionalisierten Geschichtsunterricht limitiert. Beispielsweise wäre es ethisch nicht vertretbar gewesen, einer Teillerngruppe ein Schulhalbjahr lang keinen Geschichtsunterricht zu erteilen. Die grundsätzlich hohe interne Validität des qualitativen Experiments (Hussy, Schreier & Echterhoff, 2010, S. 267) war daher eingeschränkt.

Innerhalb des Systems „Schule" gedacht, waren die experimentellen Eingriffe in die Struktur des vorläufigen Forschungsgegenstands durch die Variation der Unterrichtsgegenstände, des Leitmediums und der Lehrkräfte jedoch beachtlich. Die Eingriffe besaßen jeweils einen kleinen Hypothesencharakter (vgl. Hussy, Schreier & Echterhoff, 2010, S. 207) und beruhten auf dem an dieser Stelle notwendigen Vorwissen der Versuchsleiterin: dem vermuteten größtmöglichen Effekt auf die historisch-narrative Kompetenz oder Performanz der Lernenden. Die Variation der Perspektiven erinnert an die „Triangulation" im weiteren Sinne, ohne Daten- oder Methodentriangulation zu sein (Krotz, 2005, S. 216; Hussy, Schreier & Echterhoff, 2010, S. 276; Flick, 2011).

Die erhobenen Schülerdarstellungen waren nach Inhalt und Form sehr unterschiedlich. Daher erwies sich die Analyse auf Gemeinsamkeiten nach der Hundert-Prozent-Regel als anspruchsvoll, wurde aber mithilfe des induktiven und deduktiven Schließens erfolgreich durchgeführt. Die Abstraktion der Gemeinsamkeiten in sieben Clustern, die sich teils überlagerten, lieferte die Struktur der historisch-narrativen Performanz in der Lerngruppe mit Verweisen auf die historisch-narrative Kompetenz. In der gelungenen Integration aller Daten zeigte sich die Sättigung. Die Untersuchung der Daten auf Gemeinsamkeiten hin war besonders durch den ständigen Datenbezug ein solides diagnostisches Verfahren, ohne Defizitanalyse zu sein. Es war reliabel, weil die im Forschungsprozess erzeugten Perspektiven des Forschungsgegenstands in der Suche nach Gemeinsamkeiten überwunden wurden.

Infolge des Abstraktionsprozesses gingen allerlei Eigentümlichkeiten der Schülerdarstellungen in den Clustern auf, die aber aus der Perspektive von hermeneutisch arbeitenden Geschichtsdidaktikerinnen und Geschichtsdidaktikern hervorhebenswert gewesen wären. Beispielsweise schrieb Philip sehr distanziert über Martin Luthers angeblichen Thesenanschlag: „Der Legende nach soll er diese an ein Kirchentor geschlagen haben" (Fall 2.1, gedruckt in Kap. 4). Annika und andere Schülerinnen und Schüler verwandten einen unhistorischen Bürgerbegriff: „Sie [die Kirchen] nahmen die Bürger schamlos aus, indem sie ihnen erzählten, mit den Ablassbriefen könne man sich von seinen Sünden freikaufen" (Fall 4.1, gedruckt in Kap. 4). Später schrieb sie in Umgangssprache über die Stimmung zur Zeit des Vormärz: „Die Menschen sind sauer und wütend" (Fall. 4.2, gedruckt in Kap. 4).

Allein Jana reproduzierte Rüdiger Hachtmanns hartes Urteil über die deutsche Revolution von 1848/49, wobei sie ihn als „Theoretiker" begriff: „Jedoch führte auch die deutsche Revolution zu keinem Erfolg. Theoretiker sagen, ihr Scheitern lag an Unstimmigkeiten der Nationalitäten und besonders prägend war die Ablehnung der Kaiserkrone, welche die Hoffnung des Parlaments auf einen geregelten Staat komplett erlöschte" (Fall 11.2, ungedruckt). Felix leitete seine Darstellung mit einer Definition des Revolutionsbegriffs von Ossip K. Flechtheim ein, die er auf die Französische Revolution anwandte: „Laut der Definition Flechtheims basiert eine Revolution auf folgenden Elementen: eine gesamtnationale Krise, ein plötzlicher Umbruch, ein Start als Reformbewegung, eine Verlagerung der Mächte, [eine] Zerstörung von Institutionen und Privilegien, bewaffnete Gruppierungen und neues Denken. All dies trifft vor allem auf die Französische Revolution zu" (Fall 19.2, gedruckt in Kap. 4).

Hanna fragte nach dem Auslöser der Französischen Revolution: „Es ist darüber zu streiten, welches Ereignis das Schlüsselereignis der Französischen Revolution darstellt. Hier kann der Ballhausschwur am 20. Juni 1789 als Ursache angesehen werden, jedoch auch die Erstürmung der Bastille am 14. Juli 1789" (Fall 23.2, gedruckt in Kap. 4).

Bei dem durchgeführten Unterrichtsexperiment handelte es sich um einen außergewöhnlich kreativen Prozess, der durch ausgewählte, von Gerhard Kleining vorgeschlagene Forschungsstrategien (Transformation des Unterrichtsgegenstands, Intensivierung der Narration im Leitmedium, Substitution der Lehrkraft) in Gang gehalten wurde. Die Samplestrategie musste am Forschungsgegenstand und an den Rahmenbedingungen des institutionalisierten Geschichtsunterrichts orientiert werden. Die zu explorierende historisch-narrative Kompetenz der Lernenden setzte ein hohes Level an allgemeiner Lese- und Schreibkompetenz voraus, die weder bei Schülerinnen und Schülern aller Altersstufen noch aller Schulformen vorausgesetzt werden konnte. Ein halbjähriges Experiment mit einem bewusst gezogenen Extremgruppensample aus Lernenden verschiedener höherer Jahrgangsstufen, mit unterschiedlicher sozialer Herkunft, mit verschiedener kultureller Orientierung und aus verschiedenen deutschsprachigen Städten und Regionen konnte aus institutionellen Gründen nicht realisiert werden. Mit der Lerngruppe wurden aber indirekt Schülerinnen und Schüler ausgewählt, die sich in ihrer Perspektive auf den Forschungsgegenstand deutlich unterschieden, insbesondere in der Vorliebe und Abneigung der Lehrererzählung und dem Interesse an einer Geschichtsdarstellung als Lektüre.

Die Studie zeigte einmal mehr die Schwierigkeit, Effekte des Geschichtsunterrichts auf die Performanz oder Kompetenz der Schülerinnen und Schüler empirisch zu fassen. Die in den Clustern abstrahierten Gemeinsamkeiten sind vorläufig und trotz aller Wahrscheinlichkeit nicht auf die historisch-narrative Kompetenz anderer Schülerinnen und Schüler übertragbar. Dazu würde es der Erweiterung des Samples bedürfen. Mit Verweis auf Clifford Geertz kann die Entscheidung über die Verallgemeinerbarkeit der Ergebnisse aber auch den Rezipienten überlassen werden (vgl. Schreier, 2010, S. 248). Infolge der infrage stehenden Übertragbarkeit der Ergebnisse können allgemeine Empfehlungen für den Geschichtsunterricht nicht abgegeben werden.

Mit dem qualitativen Experiment wurde die größtmögliche Annäherung an die historisch-narrative Kompetenz der Lernenden einer Lerngruppe versucht. Der An-

spruch eines wirklichkeitsgetreuen Abbilds dieser Kompetenz wurde dabei nicht verfolgt. Durch die transparente Vorgehensweise und Darstellung sind die Ergebnisse
intersubjektiv überprüfbar und diskutierbar. Besonders interessant erscheint, wie das
epistemologische Wissen und die sprachliche Ausdrucksfähigkeit dieser Probandinnen und Probanden im Hinblick auf die fachadäquate Bearbeitung eines Darstel-
lungsauftrags gefördert werden könnten.

Gerhard Kleinings Qualitative Heuristik stellt wie im vorliegenden Fall einen be-
achtenswerten methodologischen Zugang zu geschichtsdidaktisch Unentdecktem
dar. Seine Methoden, das qualitative Experiment und die dialogische Introspektion,
sind für jetzt anstehende geschichtsdidaktische Fragestellungen besonders interessant: das Denken, Fühlen und Erleben der Schülerinnen und Schüler im alltäglichen
Geschichtsunterricht. Trotz der Kritik an Kleinings Einstellung zur Hermeneutik
(Laege, 2010, S. 20–25) und zu seinem Wirklichkeitsbegriffs (Klotter, 2000, S. 81–
82) liegt sein Verdienst in der Erinnerung an die Einheit der wissenschaftlichen Methoden und in der Ermutigung, auch außerhalb der Naturwissenschaften entdeckend
vorzugehen. Der Geschichtsdidaktik wären jedenfalls mehr Entdeckerinnen und Entdecker zu wünschen.

Literatur

American Psychological Association (2010). Publication Manual (6. Aufl.). Washington: APA.

Ashby, R. & Lee, P. (1987). Children's Concepts of Empathy and Understanding in History. In: C. Portal (Hrsg.), The History Curriculum for Teachers (S. 62–88). London: Falmer Press.

Bahr, F. (Hrsg.) (2003). Horizonte II. Geschichte für die Oberstufe. Von der französischen Revolution bis zum Beginn des 21. Jahrhunderts (Bd. 2). Braunschweig: Westermann.

Barricelli, M. (2005). Schüler erzählen Geschichte. Narrative Kompetenz im Geschichtsunterricht. Schwalbach/Taunus: Wochenschau.

Baumert, J. & Stanat, P. (2006). Internationale Schulleistungsvergleiche. In: D. H. Rost (Hrsg.), Handwörterbuch Pädagogische Psychologie (3. überarb. und erw. Aufl., S. 291–302). Weinheim u. a.: Beltz.

Becher, U. (1982). Didaktische Prinzipien der Geschichtsdarstellung. In: K.-E. Jeismann & S. Quandt (Hrsg.), Geschichtsdarstellung (S. 22–38). Göttingen: Vandenhoeck & Rupprecht.

Beilner, H. (2002). Empirische Zugänge zur Arbeit mit Textquellen in der Sekundarstufe I. In: B. Schönemann & H. Voit (Hrsg.), Von der Einschulung bis zum Abitur. Prinzipien und Praxis des historischen Lernens in den Schulstufen (S. 84–86). Idstein: Schulz-Kirchner.

Bellmann, J. & Müller, T. (Hrsg.). (2011). Wissen, was wirkt. Kritik evidenzbasierter Pädagogik. Wiesbaden: Verlag für Sozialwissenschaften.

Berghaus, M. (2003). Professoren und „neue Medien". Ergebnisse einer qualitativen Befragung von Universitätsprofessoren über Computer, Internet und die virtuelle Hochschule. In: O. Hagemann & F. Krotz (Hrsg.), Suchen und Entdecken. Beiträge zu Ehren Gerhard Kleinings (S. 89–117). Berlin: Rhombus.

Bohnsack, R. (1991). Rekonstruktive Sozialforschung. Einführung in qualitative Methoden. Opladen: Leske und Budrich.

Borries, B. v. (1983). Legitimation aus Geschichte oder Legitimation trotz Geschichte? Zu einer Hauptfunktion von Geschichtsbewußtsein. In: Geschichtsdidaktik, 8, S. 9–21.

Borries, B. v. (1995). Das Geschichtsbewußtsein Jugendlicher. Eine repräsentative Untersuchung über Vergangenheitsdeutungen, Gegenwartswahrnehmungen und Zukunftserwartungen von Schülerinnen und Schülern in Ost- und Westdeutschland. Weinheim u. a.: Juventa.

Borries, B. v. (2008). Historisch Denken lernen – Welterschließung statt Epochenüberblick. Geschichte als Unterrichtsfach und Bildungsaufgabe. Opladen u. a.: Budrich.

Borries, B. v. (2013). Zurück zu den Quellen? Plädoyer für die Narrationsprüfung. In: Aus Politik und Zeitgeschichte, 63 (42–43), S. 12–18.

Bortz, J. & Döring, N. (2006). Forschungsmethoden und Evaluation für Human- und Sozialwissenschaftler (4. überarb. Aufl.). Heidelberg: Springer.

Bosch, M. (Hrsg.) (1977). Struktur und Persönlichkeit in der Geschichte. Düsseldorf: Schwann.

Boueke, D., Schülein, F., Büscher, H., Terhart, E. & Wolf, D. (1995). Wie Kinder erzählen. Untersuchungen zur Erzähltheorie und zur Entwicklung narrativer Fähigkeiten. München: Fink.

Breuer, F. (2003). Subjekthaftigkeit der sozial-/wissenschaftlichen Erkenntnistätigkeit und ihre Reflexion: Epistemologische Fenster, methodische Umsetzungen. In: Forum Qualitative Sozialforschung, 4 (2), Art. 25. Verfügbar unter http://nbnresolving.de/urn:nbn:de:0114-fqs0302258 (11.6.2014).

Breuer, F. (2010). Reflexive Grounded Theory. Eine Einführung in die Forschungspraxis (2. Aufl.). Wiesbaden: Verlag für Sozialwissenschaften.

Brinker, K. (2010). Linguistische Textanalyse. Eine Einführung in Grundbegriffe und Methoden (7. Aufl.). Berlin: Erich Schmidt.

Bruckmüller, E. & Hartmann, C. (2001). Putzger. Historischer Weltatlas (103. Aufl.). Berlin: Cornelsen.

Brunner, O., Conze, W. & Koselleck, R. (Hrsg.). (2004). Geschichtliche Grundbegriffe. Historisches Lexikon zur politisch-sozialen Sprache in Deutschland (8 Bde.). Stuttgart: Klett-Cotta.

Bühler, K. (1908). Antwort auf die von W. Wundt erhobenen Einwände gegen die Methode der Selbstbeobachtung an experimentell erzeugten Erlebnissen. In: Archiv für die gesamte Psychologie, 12, S. 93–123.

Bundesministerium für Bildung und Forschung (Hrsg.) (2007). Zur Entwicklung nationaler Bildungsstandards. Expertise. Verfügbar unter www.bmbf.de/pub/zur_entwicklung_nationaler_bildungsstandards.pdf (11.6.2014).

Burkart, T. (2005). Das qualitative Experiment in der Entwicklungspsychologie am Beispiel von Jean Piaget. In: G. Mey (Hrsg.), Handbuch Qualitative Entwicklungspsychologie (S. 477–495). Köln: Studien Verlag.

Burkart, T. (2010). Qualitatives Experiment. In: G. Mey & K. Mruck (Hrsg.), Handbuch Qualitative Forschung in der Psychologie (S. 253–262). Wiesbaden: Springer.

Burkhart, T., Kleining, G. & Witt, H. (2010). Dialogische Introspektion. Ein gruppengestütztes Verfahren zur Erforschung des Erlebens. Wiesbaden: Verlag für Sozialwissenschaften.

Caravita, S. & Halldén, O. (1994). Re-framing the Problem of Conceptual Change. In: Learning and Instruction, 4, S. 89–111.

Carretero, M. L., Jacott, L., Limón, M., Lopez-Manjon, A. & Leon, J. (1994). Historical Knowledge: Cognitive and Instructional Implications. In: M. Carretero & J. Voss (Hrsg.), Cognitive and Instructional Processes in History and the Social Sciences (S. 357–376). Hillsdale, NJ: Lawrence Erlbaum.

Chomsky, N. (1965). Aspects of Theory of Syntax. Cambridge/Mass.: MIT.

Chomsky, N. (1968). Language and Mind. New York: Harcourt, Brace & World.

Coffey, A. & Atkinson, P. (1996). Making Sense of Qualitative Data: Complementary Research Strategies. Thousand Oaks: Sage.

Daniel, H., Le Quintrec, G. & Geiss, P. (Hrsg.) (2008). Histoire/Geschichte. Europa und die Welt vom Wiener Kongress bis 1945. Leipzig: Klett.

Demandt, A. (1984). Ungeschehene Geschichte. Ein Traktat über die Frage: Was wäre geschehen, wenn …? Göttingen: Vandenhoeck & Rupprecht.

Deutsche Gesellschaft für Psychologie. (2007). Richtlinien zur Manuskriptgestaltung (3. überarb. und erw. Aufl.). Göttingen: Hogrefe.

Deutsche PISA-Konsortium (Hrsg.) (2001). Pisa 2000. Basiskompetenzen von Schülerinnen und Schülern im internationalen Vergleich. Opladen: Leske und Budrich.

Dilthey, W. (1883). Einleitung in die Geisteswissenschaften. Versuch einer Grundlegung für das Studium der Gesellschaft und der Geschichte. Leipzig: Duncker & Humblot.

El Darwich, R. (1991). Zur Genese von Kategorien des Geschichtsbewußtseins im Alter von 5 bis 14 Jahren. In: B. v. Borries, H.-J. Pandel & J. Rüsen (Hrsg.), Geschichtsbewußtsein empirisch (S. 24–52). Pfaffenweiler: Centaurus.

Fieberg, K., Fleitner, E., Fleitner, R. & Scheele-von Alven, J. (2005). Die Revolutionen Europas 1789–1989 (Geschichte und Geschehen – Exempla). Stuttgart: Klett.

Flechtheim, O. K. (1967). Art. Revolution. In: E. Fraenkel & K. D. Bracher (Hrsg.). Das Fischer Lexikon (Bd. 2: Staat und Politik, S. 297–298). Frankfurt am Main: Fischer.

Flick, U. (2011). Triangulation. Eine Einführung (3. Aufl.). Wiesbaden: Verlag für Sozialwissenschaften.

Flick, U., Kardoff, E. v., Keupp, H., Rosenstiel, L. v. & Wolff, S. (Hrsg.) (1995). Handbuch qualitative Sozialforschung (2. Aufl.). Weinheim: Psychologische Verlagsunion.

Gautschi, P. (2009). Guter Geschichtsunterricht. Grundlagen, Erkenntnisse, Hinweise. Schwalbach/Taunus: Wochenschau.

Gautschi, P., Moser, D., Reusser, K. & Wiher, P. (Hrsg.) (2007). Geschichtsunterricht heute. Eine empirische Analyse ausgewählter Aspekte. Bern: hep.

Geertz, C. (1983). Dichte Beschreibung. Beiträge zum Verstehen kultureller Systeme. Frankfurt am Main: Suhrkamp.

Glaser, B. G. & Strauss, A. L. (1967). The Discovery of Grounded Theory. New York: Aldine.

Goethe, J. W. v. (1949). Der Versuch als Vermittler von Objekt und Subjekt (1792). In: E. Beutler (Hrsg.), J. W. Goethe. Gedenkausgabe der Werke, Briefe und Gespräche (Bd. 16, S. 844–855). Zürich: Artemis.

Goette, J.-W., Januschke, B., Warner, K.-F. & Schwalm, E. (1982). Die Industrielle Revolution (Politische Weltkunde, Bd. 2). Stuttgart: Klett.

Günther-Arndt, H. (2006). Conceptual-Change Forschung: Eine Aufgabe für die Geschichtsdidaktik? In: H. Günther-Arndt & M. Sauer (Hrsg.), Geschichtsdidaktik empirisch. Untersuchungen zum historischen Denken und Lernen (S. 251–277). Berlin: LIT.

Günther-Arndt, H. (2012). Auf der Suche nach Qualitätsmerkmalen guten Unterrichts – Eine vergleichende Betrachtung. In: J. Meyer-Hamme, H. Thünemann & M. Zülsdorf-Kersting (Hrsg.), Was heißt guter Geschichtsunterricht? Perspektiven im Vergleich (S. 213–236). Schwalbach/Taunus: Wochenschau.

Günther-Arndt, H. & Sauer, M. (Hrsg.). (2006). Geschichtsdidaktik empirisch. Untersuchungen zum historischen Denken und Lernen. Berlin: LIT.

Hachtmann, R., Rohlfes, J. & Ullrich, Volker (2002). Wie wir wurden, was wir sind. 19. Jahrhundert. Klett: Stuttgart.

Hagemann, O. (2003). Qualitativ-heuristische Methodologie im Lehr-Dialog. In: O. Hagemann & F. Krotz (Hrsg.), Suchen und Entdecken. Beiträge zu Ehren Gerhard Kleinings (S. 31–88). Berlin: Rhombus.

Hagemann, O. & Krotz, F. (Hrsg.) (2003). Suchen und Entdecken. Beiträge zu Ehren Gerhard Kleinings. Berlin: Rhombus.

Hager, W. & Westmann, R. (1983). Planung und Auswertung von Experimenten. In: J. Bredenkamp & H. Feger (Hrsg.), Hypothesenprüfung. Enzyklopädie der Psychologie (Bd. 5, S. 24–238). Göttingen: Hogrefe.

Halldén, O. (1986). Learning History. In: Oxford Review of Education, 12, S. 53–66.

Halldén, O. (1994). On the Paradox of Understanding History in an Educational Setting. In: O. Halldén, G. Leinhardt, I. L. Beck & C. Stainton (Hrsg.), Teaching and Learning in History (S. 27–46). Hillsdale: Erlbaum.

Halldén, O. (1997). Conceptual Change and the Learning of History. In: International Journal of Educational Research, 27 (3), S. 201–210.

Handro, S. (2010). Historische Erkenntnisverfahren. In: H. Günther-Arndt (Hrsg.), Geschichtsmethodik. Handbuch für die Sekundarstufe I und II (3. Aufl., S. 25–45). Berlin: Cornelsen.

Hardtwig, W. (1990). Geschichtskultur und Wissenschaft. München: Dtv.

Hartmann, U. (2008). Perspektivenübernahme als eine Kompetenz historischen Verstehens. Verfügbar unter https://ediss.uni-goettingen.de/bitstream/.../00.../hartmann.pdf?... (11.6.2014).

Hartung, O. (2011). Rez. Hans-Jürgen Pandel. Historisches Erzählen. Narrativität im Geschichtsunterricht. In: Zeitschrift für Geschichtsdidaktik, 10, S. 200–204.

Hartung, O. (2013). Geschichte Schreiben Lernen. Empirische Erkundungen zum konzeptionellen Schreibhandeln im Geschichtsunterricht. Berlin: LIT.

Hasberg, W. (2000). Empirische Forschung in der Geschichtsdidaktik. Nutzen und Nachteil für den Geschichtsunterricht (2 Bde.). Neuried: ars una.

Hasberg, W. (2005). Von PISA nach Berlin. Auf der Suche nach Kompetenzen und Standards historischen Lernens. In: Geschichte in Wissenschaft und Unterricht, 56, S. 684–702.

Hasberg, W. (2007). Im Schatten von Theorie und Pragmatik – Methodologische Aspekte empirischer Erforschung in der Geschichtsdidaktik. In: Zeitschrift für Geschichtsdidaktik, 6, S. 9–40.

Hasberg, W. (2013). Jutta oder Johanna – oder wer macht hier Geschichte(n)? Grundlegende Bemerkungen zur Narrativität historischen Lernens. In: Zeitschrift für Didaktik der Gesellschaftswissenschaften, 4 (4), S. 55–82.

Hasberg, W. & Körber, A. (2003). Geschichtsbewusstsein dynamisch. In: A. Körber (Hrsg.), Geschichte – Leben – Lernen. Bodo von Borries zum 60. Geburtstag (S. 177–200). Schwalbach/Taunus: Wochenschau.

Hascher, T. & Schmitz, B. (Hrsg.). (2010). Pädagogische Interventionsforschung. Theoretische Grundlagen und empirisches Handlungswissen. München/Weinheim: Juventa.

Hattie, J. (2013). Lernen sichtbar machen. Überarbeitete deutschsprachige Ausgabe von „Visible Learning" besorgt von Wolfgang Beywl und Klaus Zierer. Baltmannsweiler: Schneider Hohengehren.

Helmke, A. (2006). Was wissen wir über guten Unterricht? Über die Notwendigkeit einer Rückbesinnung auf den Unterricht als dem „Kerngeschäft" der Schule. In: Pädagogik, 58 (2), S. 42–45.

Heuer, C. (2011). Gütekriterien für kompetenzorientierte Lernaufgaben im Fach Geschichte. In: Geschichte in Wissenschaft und Unterricht, 62, S. 443–458.

Hodel, J., Waldis, M. & Ziegler, B. (Hrsg.) (2013). Forschungswerkstatt Geschichtsdidaktik 12. Beiträge zur Tagung „geschichtsdidaktik empirisch 12". Bern: hep.

Hodel, J., Waldis, M., Zülsdorf-Kersting, M. & Thünemann, H. (2013). Schülernarrationen als Ausdruck historischer Kompetenz. In: Zeitschrift für Didaktik der Gesellschaftswissenschaften, 4 (4), S. 121–145.

Hodel, J. & Ziegler, B. (Hrsg.) (2009). Forschungswerkstatt Geschichtsdidaktik 07. Beiträge zur Tagung „geschichtsdidaktik empirisch 07". Bern: hep.

Hodel, J. & Ziegler, B. (Hrsg.) (2011). Forschungswerkstatt Geschichtsdidaktik 09. Beiträge zur Tagung „geschichtsdidaktik empirisch 09". Bern: hep.

Hoffmann-Riem, C. (1980). Die Sozialforschung einer interpretativen Soziologie. Der Datengewinn. In: Kölner Zeitschrift für Psychologie und Sozialpsychologie, 32, S. 339–372.

Huber, E. R. (Hrsg.) (1978). Dokumente zur deutschen Verfassungsgeschichte I (3. neubearb. Aufl., S. 91–99). Stuttgart: Kohlhammer.

Huber, O. (2013). Das psychologische Experiment. Eine Einführung (6. überarb. Aufl.). Bern: Huber.

Hussy, W. & Jain, A. (2002). Experimentelle Hypothesenprüfung in der Psychologie. Göttingen: Hogrefe.

Hussy, W., Schreier, M. & Echterhoff, G. (2010). Forschungsmethoden in Psychologie und Sozialwissenschaften. Heidelberg: Springer.

Iffert, M. (2005). Die Inhaltsstruktur des Geschichtsbewusstseins. Empirische rekonstruktionslogische Analyse und Theoriebildung. Hamburg: Dr. Kovač.

Jahoda, M., Lazarsfeld, P. & Zeisel, H. (1933). Die Arbeitslosen von Marienthal. Ein soziographischer Versuch über die Wirkungen langandauernder Arbeitslosigkeit. Leipzig: Hirzel.

Jeismann, K.-E. (1988). Geschichtsbewußtsein als zentrale Kategorie der Geschichtsdidaktik. In: G. Schneider (Hrsg.), Geschichtsbewußtsein und historisch-politisches Lernen (S. 1–24). Pfaffenweiler: Centaurus.

Jeismann, K. E., Kosthorst, E., Schäfer, B., Schlöder, B., Teppe, K. & Wasna, M. (1987). Die Teilung Deutschlands als Problem des Geschichtsbewußtseins. Eine empirische Untersuchung über Wirkungen von Geschichtsunterricht auf historische Vorstellungen und politische Urteile. Paderborn: Schöningh.

Jessen, R. (2008). Dimensionen. In: G. Budde, D. Freist & H. Günther-Arndt (Hrsg.), Geschichte. Studium – Beruf – Wissenschaft (S. 102–120). Berlin: Akademie.

Klauer, K. J. (2005). Das Experiment in der pädagogisch-psychologischen Forschung. Eine Einführung (Reprint). Münster: Waxmann.

Klauer, K. J. (2006). Situiertes Lernen. In: D. H. Rost (Hrsg.), Handwörterbuch Pädagogische Psychologie (3. überarb. und erw. Aufl., S. 699–705). Weinheim u. a.: Beltz.

Kleining, G. (1982). Umriss zu einer Methodologie qualitativer Sozialforschung. In: Kölner Zeitschrift für Soziologie und Sozialpsychologie, 34, S. 224–253.

Kleining, G. (1986). Das qualitative Experiment. In: Kölner Zeitschrift für Psychologie und Sozialpsychologie, 38, S. 724–750.

Kleining, G. (1991). Das qualitative Experiment. In: U. Flick, E. v. Kardoff, H. Keupp, L. v. Rosenstiel & S. Wolff (Hrsg.), Handbuch qualitative Sozialforschung (S. 263–266). München: Psychologische Verlags Union.

Kleining, G. (1994). Qualitativ-heuristische Sozialforschung. Schriften zur Theorie und Praxis. Hamburg: Rolf Fechner.

Kleining, G. (1995). Lehrbuch Entdeckende Sozialforschung. Von der Hermeneutik zur qualitativen Heuristik. Weinheim: Beltz/PVU.

Kleining, G. (2001). Offenheit als Kennzeichen entdeckender Forschung. In: Kontrapunkt. Jahrbuch für kritische Sozialwissenschaft und Philosophie, 1, S. 27–36.

Kleining, G. (2004). Qualitative Experimente über Vorurteile. In: H.-W. Hoefert & C. Klotter (Hrsg.), Neue Wege der Psychologie. Eine Wissenschaft in der Veränderung (S. 15–32). Heidelberg: Asanger.

Kleining, G. (2007a). Der qualitative Forschungsprozess. In: G. Naderer & E. Balzer (Hrsg.), Qualitative Marktforschung in Theorie und Praxis, Grundlagen, Methoden und Praxis (S. 189–230). Wiesbaden: Springer.

Kleining, G. (2007b). Qualitative Heuristik. Analyse der Befragung und Bericht (3. Berliner Methodentreffen Qualitative Forschung, 29.–30.6.2007). Verfügbar unter http://www.qualitative-forschung.de/methodentreffen/.../kleining.pdf (14.6.2014).

Kleining, G. (2010). Qualitative Heuristik. In: G. Mey & K. Mruck (Hrsg.), Handbuch Qualitative Forschung in der Psychologie (S. 65–78). Wiesbaden: Springer.

Klieme, E. & Hartig, J. (2007). Kompetenzkonzepte in den Sozialwissenschaften und im erziehungswissenschaftlichen Diskurs. In: Zeitschrift für Erziehungswissenschaft, Sonderheft 8, S. 11–29.

Klotter, C. (2000). Rez. Gerhard Kleining, Lehrbuch entdeckende Sozialforschung. Von der Hermeneutik zur qualitativen Heuristik. In: Journal für Psychologie, 8 (1), S. 81–82. Verfügbar unter http://nbn-resolving.de/urn:nbn:de:0168-ssoar-33774 (11.6.2014).

Klüsener, S. (2010). Qualitative Heuristik. Strukturierendes Entdecken. Verfügbar unter http://www.kluesener-net.de/Deutsch/Pdf/Qualitative_Heuristik.pdf (11.6.2014).

Köhler, W. (1917). Intelligenzprüfungen an Anthropoiden (3 Bde.). Berlin: Verlag der Königlichen Akademie der Wissenschaften.

Kölbl, C. (2004). Geschichtsbewusstsein im Jugendalter. Grundzüge einer Entwicklungspsychologie historischer Sinnbildung. Bielefeld: transcript.

Kölbl, C. (2010). Qualitative und quantitative Zugänge in der Erforschung historischen Lernens: Potentiale und Grenzen. In: Geschichte in Wissenschaft und Unterricht, 61, S. 476–487.

Körber, A. (2008). Sind Kompetenzen historischen Denkens messbar? In: V. Frederking (Hrsg.), Schwer messbare Kompetenzen. Herausforderungen für die empirische Fachdidaktik (S. 65–84). Baltmannsweiler: Schneider Hohengehren.

Krotz, F. (2003). Perspektivität und abstrakte Bestimmung. Überlegung zu einer Grundlegung heuristischer Forschung. In: O. Hagemann, O. & F. Krotz (Hrsg.), Suchen und Entdecken. Beiträge zu Ehren Gerhard Kleinings (S. 271-294). Berlin: Rhombus.

Krotz, F. (2005). Neue Theorien entwickeln. Eine Einführung in die Grounded Theory, die heuristische Sozialforschung und die Ethnographie anhand von Beispielen aus der Kommunikationsforschung. Köln: Herbert von Halem.

Kuckartz, U. & Rädiker, S. (2010). Computergestützte Analyse. In: G. Mey & K. Mruck (Hrsg.), Handbuch Qualitative Forschung in der Psychologie (S. 734–750). Wiesbaden: Springer.

Laege, S. (2010). Heureka! – Über die qualitativ-heuristische Sozialforschung Gerhard Kleinings. Verfügbar unter http://www.heureka-hamburg.de/Laege_Heureka!_0810.pdf (11.6.2014).

Lamnek, S. (2010). Qualitative Sozialforschung (5. überarb. Aufl.). Weinheim: Psychologische Verlagsunion.

Lee, P. & Shemilt, D. (2003). A Scaffold not a Cage: Progression and Progression Models in History. In: Teaching History, 113, S. 13-24.

Lee, P. J. & Ashby, R. (2000). Progression in Historical Understanding among Students Ages 7–14. In: P. Stearns, P. Seixas & S. Wineburg (Hrsg.), Knowing, Teaching, and Learning History: National and International Perspectives (S. 199-222). New York u. a.: New York University.

Lee, P. J., Dickinson, A. & Ashby, R. (1997). Just Another Emporer: Understanding Action in the Past. In: International Journal of Educational Research, 27, S. 233–244.

Leinhardt, G. & McCarthy Young, K. (1996). Two Texts, Three Readers: Distance and Expertise in Reading History. In: Cognition and Instruction, 14, S. 441–486.

Lendzian, H-.J. (Hrsg.) (2007). Zeiten und Menschen. Geschichte Oberstufe (2 Bde.). Paderborn: Schöningh.

Lendzian, H.-J. & Mattes, W. (Hrsg.) (2001). Zeiten und Menschen (Bd. 3). Paderborn: Schöningh.

Lettau, A. & Breuer, F. (2007). Forscher/innen-Reflexivität und qualitative sozialwissenschaftliche Methodik in der Psychologie. In: Journal für Psychologie, 15 (2), S. 1-30.

Levstik, L. & Barton, K. (1996). The Still Use Some of the Past: Historical Salience in Elementary Children's Chronological Thinking. In: Journal of Curriculum Studies, 28, S. 531–576.

Limón, M. (2000). Motivación y cambio conceptual. Implcationes para el aprendizaje y la ensenanza de las Ciencias Naturales, la Historia y la Etica en la E.S.O. [Motivation und Conceptual Change. Implikationen für die Didaktiken der Naturwissenschaften, der Geschichte und der Ethik]. Madrid: Cide.

Limón, M. (2002). Conceptual Change in History. In: M. Limón & L. Mason (Hrsg.), Reconsidering Conceptual Change. In: Issues in Theory and Practice (S. 259-289). Dordrecht: Kluwer.

Limón, M. & Carretero, M. (1998). Evidence Evaluation and Reasoning Abilities in the Domain of History: An Empirical Study. In: J. F. Voss & M. Carretero (Hrsg.), Learning and Reasoning in History (S. 252–271). London: Woburn.

Limón, M. & Carretero, M. (1999). Conflicting Data and Conceptual Change in History Experts. In: W. Schnotz, S. Vosniadou & M. Carretero (Hrsg.), New Perspectives on Conceptual Change (S. 137–160). Amsterdam: Pergamon/Elsevier.

Lorenz, C. (1997). Die Konstruktion der Vergangenheit. Eine Einführung in die Geschichtstheorie. Köln u. a: Böhlau.

Mach, E. (1905). Erkenntnis und Irrtum. Skizzen zur Psychologie der Forschung. Leipzig: Barth.

Magull, G. (2000). Sprache oder Bild? Unterrichtsforschung zur Entwicklung von Geschichtsbewusstsein. Schwalbach/Taunus: Wochenschau.

Martens, M. (2010). Implizites Wissen und kompetentes Handeln. Die empirische Rekonstruktion historischen Verstehens im Umgang mit Darstellungen von Geschichte. Göttingen: Vandenhoeck & Ruprecht.

Martens, M. (2012). Rekonstruktion historischer Sinnbildung: Zum Nutzen qualitativer Forschung für die geschichtsdidaktische Lehr-/Lernforschung. In: Zeitschrift für Geschichtsdidaktik, 11, S. 233–250.

Martens, M. & Asbrand, B. (2009). Rekonstruktion von Handlungswissen und Handlungskompetenz – auf dem Weg zu einer qualitativen Kompetenzforschung. In: Zeitschrift für Qualitative Forschung, 2, S. 201–217.

Mayring, P. (2002). Einführung in die qualitative Sozialforschung. Eine Anleitung zum qualitativen Denken (5. Aufl.). Weinheim/Basel: Beltz.

Mayring, P. (2010). Design. In: G. Mey & K. Mruck (Hrsg.), Handbuch Qualitative Forschung in der Psychologie (S. 225–237). Wiesbaden: Springer.

Meinecke, F. (1948). 1848. Eine Säkularbetrachtung. Berlin: Blanvalet.

Memminger, J. (2007). Schüler schreiben Geschichte. Kreatives Schreiben im Geschichtsunterricht zwischen Fiktionalität und Faktizität. Schwalbach/Taunus: Wochenschau.

Memminger, J. (2013). Rez. Hans-Jürgen Pandel. Geschichtsdidaktik. Eine Theorie für die Praxis. Verfügbar unter http://hsozkult.geschichte.hu-berlin.de/rezensionen/2013-3-108 (11.6.2014).

Mey, G. & Mruck, K. (2010) (Hrsg.). Handbuch Qualitative Forschung in der Psychologie. Wiesbaden: Springer.

Mey, G. & Mruck, K. (2011). Grounded Theory Reader (2. Aufl.). Wiesbaden: Verlag für Sozialwissenschaften.

Meyer-Hamme, J. (2009). Historische Identitäten und Geschichtsunterricht. Fallstudien zum Verhältnis von kultureller Zugehörigkeit, schulischen Anforderungen und individueller Verarbeitung. Idstein: Schulz-Kirchner.

Ministerium für Schule und Weiterbildung des Landes Nordrhein-Westfalen (Hrsg.) (2014). Kernlehrplan für die Sekundarstufe II. Frechen: Ritterbach.

Ministerium für Schule und Weiterbildung, Wissenschaft und Forschung des Landes Nordrhein-Westfalen (Hrsg.) (1999). Richtlinien und Lehrpläne für die Sekundarstufe II. Geschichte. Frechen: Ritterbach.

Ministerium für Schule und Weiterbildung, Wissenschaft und Forschung des Landes Nordrhein-Westfalen (Hrsg.) (2010 ff.). Zentralabitur NRW. Verfügbar unter http://www.standardsicherung.nrw.de/abitur/ (14.6.2014).

Mommsen, W. J. (1984). Die Sprache des Historikers. In: Historische Zeitschrift, 238 (1), S. 57–81.

Niegemann, H. (2006). Lehr-Lern-Forschung. In: D. H. Rost (Hrsg.), Handwörterbuch Pädagogische Psychologie (3. überarbeitete und erweiterte Aufl., S. 386–292). Weinheim u. a.: Beltz.

Nünning, J. (2007). Erinnerung – Erzählen – Identität. Perspektiven einer kulturwissenschaftlichen Erzählforschung. In: H. V. Geppert & H. Zapf (Hrsg.), Theorien der Literatur (Bd. 3, S. 33–59). Tübingen: Francke.

Oevermann, U., Allert, T., Konau, E. & Krambeck, J. (1979). Die Methodologie einer „objektiven Hermeneutik" und ihre allgemeine forschungslogische Bedeutung in den Sozialwissenschaften. In: H-J. Soeffner (Hrsg.), Interpretative Verfahren in den Sozial- und Textwissenschaften (S. 352–434). Stuttgart: Metzler.

Osterhammel, J. (2008). Räume. In: G. Budde, D. Freist & H. Günther-Arndt (Hrsg.), Geschichte. Studium – Beruf – Wissenschaft (S. 86–101). Berlin: Akademie.

Pandel, H.-J. (1982). Entwicklung der didaktischen Darstellung: Katechese – Erzählung – narrative Rekonstruktion. In: K.-E. Jeismann & S. Quandt (Hrsg.), Geschichtsdarstellung (S. 39–42). Göttingen: Vandenhoeck & Rupprecht.

Pandel, H.-J. (1987). Dimensionen des Geschichtsbewußtseins. Ein Versuch, seine Struktur für Empire und Pragmatik diskutierbar zu machen. In: Geschichtsdidaktik, 12, S. 130–142.

Pandel, H.-J. (1994). Zur Genese narrativer Kompetenz. Empirische Untersuchungen bei Kindern und Jugendlichen. In: B. v. Borries & H.-J. Pandel (Hrsg.), Zur Genese historischer Denkformen. Qualitative und quantitative empirische Zugänge (S. 99–121). Pfaffenweiler: Centaurus.

Pandel, H.-J. (2010). Historisches Erzählen. Narrativität im Geschichtsunterricht. Schwalbach/Taunus: Wochenschau.

Pandel, H.-J. (2013). Geschichtsdidaktik. Eine Theorie für die Praxis. Schwalbach/Taunus: Wochenschau.

Plachta, B. (2006). Editionswissenschaft (2. Aufl.). Stuttgart: Reclam.

Quandt, S. & Süssmuth, H. (Hrsg.). (1982). Historisches Erzählen. Göttingen: Vandenhoeck & Rupprecht.

Rauthe, S. (2003). „Scharfe Gegner". Die Disziplinierung kirchlicher Mitarbeitender durch das Evangelische Konsistorium der Rheinprovinz und seine Finanzabteilung von 1933 bis 1945. Bonn: Dr. Habelt.

Rost, D. H. (2007). Interpretation und Bewertung pädagogisch-psychologischer Studien. Eine Einführung (2. Aufl.). Weinheim/Basel: Beltz.

Rüsen, J. (1982). Geschichtsdidaktische Konsequenzen aus einer erzähltheoretischen Historik. In: S. Quandt & H. Süssmuth (Hrsg.). Historisches Erzählen (S. 129–170). Göttingen: Vandenhoeck & Rupprecht.

Rüsen, J. (1994). Was ist Geschichtskultur? In: K. Füßmann, H. T. Grütter & J. Rüsen (Hrsg.), Historische Faszination. Geschichtskultur heute (S. 3–26). Köln u. a.: Böhlau.

Rüsen, J. (1997). Historisches Erzählen. In: K. Bergmann, K. Fröhlich, A. Kuhn, J. Rüsen & G. Schneider (Hrsg.), Handbuch der Geschichtsdidaktik (5. überarb. Aufl., S. 59–63). Seelze-Velber: Kallmeyer.

Rüsen, J. (2008). Historisches Lernen. Grundlagen und Pardigmen (2. überarb. u. erw. Aufl.). Schwalbach/Taunus: Wochenschau.

Rüsen, J., Fröhlich, K., Horstkötter, H. & Schmidt, H.-G. (1991). Untersuchungen zum Geschichtsbewußtsein von Abiturienten im Ruhrgebiet. In: B. v. Borries, H.-J. Pandel & J. Rüsen (Hrsg.), Geschichtsbewußtsein empirisch (S. 221–344). Pfaffenweiler: Centaurus.

Sauer, M. (2013). Quellenarbeit im Geschichtsunterricht. Empirische Befunde. In: Zeitschrift für Geschichtsdidaktik, 12, S. 176–197.

Schmid, H. D., Lampl, M. & Rothenhöfer, D. (Hrsg.) (1975). Fragen an die Geschichte. Lehrerbegleitband 1. Frankfurt am Main: Hirschgraben.

Schmidt, H.-G. (1987). „Eine Geschichte zum Nachdenken." Erzähltypologie, narrative Kompetenz und Geschichtsbewußtsein von Schülern der Sekundarstufe I (Unter- und Mittelstufe). In: Geschichtsdidaktik, 12, S. 28–35.

Schnotz, W. (2006) Conceptual Change. In: D. H. Rost (Hrsg.), Handwörterbuch Pädagogische Psychologie (3. überarb. und erw. Aufl., S. 77–82). Weinheim u. a.: Beltz.

Schönemann (2012). Geschichtsbewusstsein – Theorie. In: M. Barricelli & M. Lücke (Hrsg.), Handbuch Praxis des Geschichtsunterrichts (Bd. 1, S. 98–111). Schwalbach/Taunus: Wochenschau.

Schönemann, B. & Thünemann, H. (2010). Schulbucharbeit. Das Geschichtslehrbuch in der Unterrichtspraxis. Schwalbach/Taunus: Wochenschau.

Schönemann, B., Thünemann, H. & Zülsdorf-Kersting, M. (2010). Was können Abiturienten? Zugleich ein Beitrag zur Debatte über Kompetenzen und Standards im Fach Geschichte. Berlin: LIT.

Schörken, R. (1972). Geschichtsdidaktik und Geschichtsbewußtsein. In: Geschichte in Wissenschaft und Unterricht, 23, S. 81–89.

Schreiber, W. (2002). Förderung eines reflektierten und (selbst-)reflexiven Geschichtsbewusstseins als Qualitätsmerkmal von Geschichtsunterricht aller Schulstufen und Schularten. In: B. Schönemann & H. Voit (Hrsg.). Von der Einschulung bis zum Abitur. Prinzipien und Praxis historischen Lernens in allen Schulstufen (S. 19–47). Idstein: Schulz-Kirchner.

Schreiber, W. (2007). Historische Narrationen de-konstruieren – den Umgang mit Geschichte sichtbar machen: Ein neues Aufgabenfeld für forschend-entdeckendes Lernen. In: W. Hasberg & W. Weber (Hrsg.), Geschichte entdecken. Karl Filser zum 70. Geburtstag (S. 285–311). Berlin: LIT.

Schreiber, W. u. a. (2006). Historisches Denken. Ein Kompetenz-Strukturmodell. Neuried: ars una.

Schreier, M. (2006). Qualitatives Untersuchungsdesign. In: N. Groeben & B. Hurrelmann (Hrsg.), Empirische Unterrichtsforschung in der Literatur- und Lesedidaktik. Ein Weiterbildungsprogramm (S. 343–359). Weinheim/München: Juventa.

Schreier, M. (2007). Qualitative Stichprobenkonzepte. In: G. Naderer & E. Balzer (Hrsg.), Qualitative Marktforschung in Theorie und Praxis. Grundlagen, Methoden, Anwendungen (S. 233–245). Wiesbaden: Betriebswirtschaftlicher Verlag Dr. Gabler.

Schreier, M. (2010). Fallauswahl. In: G. Mey & K. Mruck (Hrsg.), Handbuch Qualitative Forschung in der Psychologie (S. 239–251). Wiesbaden: Springer.

Schröder, H. (2004). Karikaturen verstehen und deuten – gewusst wie. In: M. Epkenhans u. a., Geschichte und Geschehen. Sekundarstufe I. NRW (Bd. 3, S. 194–195). Leipzig: Klett.

Schulministerium NRW (2006). Operatorenübersicht für das Zentralabitur NRW im Fach Geschichte. Verfügbar unter http://www.standardsicherung.schulministerium.nrw.de (14.6.2014).

Schütze, F. (1976). Zur Hervorlockung und Analyse von Erzählungen thematisch relevanter Geschichten im Rahmen soziologischer Feldforschung. In: Arbeitsgruppe Bielefelder Soziologen (Hrsg.), Kommunikative Sozialforschung (S. 159–260). München: Fink.

Schütze, F. (1983). Biografieforschung und narratives Interview. In: Neue Praxis, 13 (3), S. 283–293.

Seixas, P. (1997). Mapping the Terrain of Historical Significance. In: Social Education, 61, S. 28–31.

Spitzer, Manfred (2010). Medizin für die Schule. Plädoyer für eine evidenzbasierte Pädagogik. Heidelberg: Spektrum.

Straub, J. (2000). Biographische Sozialisation und narrative Kompetenz. Implikationen und Voraussetzungen lebensgeschichtlichen Denkens in der Sicht einer narrativen Psychologie. In: E. M. Hoerning (Hrsg.), Biographische Sozialisation (S. 137–163). Stuttgart: Lucius & Lucius.

Straub, J. (2011). Erzählung, Identität und historisches Bewusstsein: Die psychologische Konstruktion von Zeit und Geschichte. Frankfurt am Main: Suhrkamp.

Strauss, A. & Corbin, J. (1996). Grounded Theory. Grundlagen qualitativer Sozialforschung. Weinheim: Psychologie Verlags Union.

Süssmuth, H. (1980). Geschichtsdidaktik. Göttingen: Vandenhoeck & Ruprecht.

Thünemann, H. (2013). Historische Lernaufgaben. Theoretische Überlegungen, empirische Befunde und forschungspragmatische Perspektiven. In: Zeitschrift für Geschichtsdidaktik, 12, S. 141–155.

Uffelmann, U. (Hrsg.) (1999). Neue Beiträge zum Problemorientierten Geschichtsunterricht. Idstein: Schulz-Kirchner.

Van Drie, J. & van Boxtel, C. (2003). Developing Conceptual Understanding through Talk and Mapping. In: Teaching History, 110, S. 27–31.

VanSledright, B. & Limón, M. (2006). Learning and Teaching Social Studies: A Review of Cognitive Research in History and Geography. In: P. A. Alexander & P. H. Winne (Hrsg.), Handbook of Educational Psychology (2. Aufl., S. 545–570). Mahwah u. a.: Lawrence Erlbaum.

Verlag Mohr Siebeck. (2014). Editionsregeln Max-Weber-Gesamtausgabe. Verfügbar unter http://www.mohr.de/soziologie/editionen-textausgaben/max-weber-gesamt ausgabe/editionsregeln/edi1.html (14.6.2014).

Vollmers, B. (1992). Kreatives Experimentieren. Die Methodik von Jean Piaget, den Gestaltpsychologen und der Würzburger Schule. Wiesbaden: Deutscher Universitätsverlag.

Vollmers, B. (2003). Handeln und Denken – Bezugspunkte zwischen Gerhard Kleinings qualitativer Heuristik und Jean Piagets genetischer Epistemologie. In: O. Hagemann & F. Krotz (Hrsg.), Suchen und Entdecken. Beiträge zu Ehren Gerhard Kleinings (S. 242–225). Berlin: Rhombus.

Wehler, H.-U. (1973). Deutsche Geschichte. Das Deutsche Kaiserreich 1871–1918 (Bd. 9). Göttingen: Vandenhoeck & Ruprecht.

Wehler, H.-U. (1995). Deutsche Gesellschaftsgeschichte. Von der „deutschen Doppelrevolution" bis zum Beginn des Ersten Weltkriegs. 1849–1914 (Bd. 3). München: Beck.

White, H. (1991). Metahistory. Die historische Einbildungskraft im 19. Jahrhundert in Europa. Frankfurt am Main: Klett Cotta.

Wineburg, S. S. (1991a). Historical Problem Solving: A Study of the Cognitive Processes Used in the Evaluation of Documentary and Pictorial Evidence. In: Journal of Educational Psychology, 83, S. 73–87.

Wineburg, S. S. (1991b). On the Reading of Historical Texts: Notes on the Breach between School and Academy. In: American Educational Research Journal, 28, S. 495–519.

Wineburg, S. S., Martin, D. & Monte-Sano, C. (2011). Reading like a Historian: Teaching Literacy in Middle and High School History Classrooms. New York: Teachers College.

Witt, H. (2004). Von der Marktforschung zur akademischen Lehre – eine ungewöhnliche Karriere. Gerhard Kleining im Interview mit Harald Witt. Forum Qualitative Sozialforschung, 5 (3), Art. 40. Verfügbar unter http://www.qualitative-research.net/fqs-texte/3-04/04-3-40-d.htm (11.6.2014).

Wundt, W. (1907). Über Ausfrageexperimente und über die Methoden zur Psychologie des Denkens. In: Psychologische Studien, 3, S. 301–360.

Centaurus Buchtipp

Friedemann Scriba

Ein Essay über historisches Verstehen

Bemerkungen zu Hermeneutik und Geschichtsdidaktik

Reihe Geschichtsdidaktik, Band 14
2014, 364 S., ISBN 978-3-86226-265-6, € 28,80

Es kommt darauf an, die Nachhaltigkeit von historischen Lernprozessen im Unterricht und anderen Formen von Geschichtsvermittlung zu verbessern. Dazu nutzt der Autor Hans-Georg Gadamers Philosophie der Hermeneutik für geschichtsdidaktische Diskurse und verknüpft sie mit Konzepten Reinhart Kosellecks, der französischen Annales-Historiker und historischer Anthropologen. Außerdem bezieht er bildwissenschaftliche Konzepte mit ein. Für die Unterrichtspraxis schlägt er neu strukturierte Fragenkataloge zu historischen Themen vor und skizziert Grundsätze für verstehensfreundliche Lehrbuchtexte. Konkrete Beispiele illustrieren das Konzept in einem Anhang.

Über den Autor:
Dr. Friedemann Scriba, geboren 1960, hat über Antikerezeption im italienischen Faschismus promoviert und arbeitet seit zwei Jahrzehnten als Geschichts- und Lateinlehrer an Gymnasien. Zuletzt hat er eine Ausbildung als Personal Coach abgeschlossen.